2022

wan guo万国 深蓝法考

讲义版 ④

国家统一法律职业资格考试

万国专题讲座

民事诉讼法

蔡辉◎编著

万国深蓝法考研究中心◎组编

中国法制出版社

CHINA LEGAL PUBLISHING HOUSE

图书在版编目（CIP）数据

民事诉讼法 / 蔡辉编著；万国深蓝法考研究中心组编. —北京：中国法制出版社，2022.1
2022国家统一法律职业资格考试万国专题讲座：讲义版
ISBN 978-7-5216-2245-4

Ⅰ.①民… Ⅱ.①蔡… ②万… Ⅲ.①民事诉讼法—中国—资格考试—自学参考资料 Ⅳ.①D925.104

中国版本图书馆CIP数据核字（2021）第213130号

责任编辑：成知博   封面设计：李 宁

民事诉讼法
MINSHI SUSONGFA
编著 / 蔡辉
组编 / 万国深蓝法考研究中心
经销 / 新华书店
印刷 / 保定市中画美凯印刷有限公司
开本 / 787毫米×1092毫米　16开   印张 / 15.5　字数 / 358千
版次 / 2022年1月第1版   2022年1月第1次印刷

中国法制出版社出版
书号ISBN 978-7-5216-2245-4   定价：42.00元

北京市西城区西便门西里甲16号西便门办公区   传真：010-63141852
邮政编码：100053
网址：http://www.zgfzs.com   编辑部电话：010-63141813
市场营销部电话：010-63141612   印务部电话：010-63141606
（如有印装质量问题，请与本社印务部联系。）
如有二维码使用问题，请与万国深蓝法考技术部联系。二维码使用有效期截至2022年12月31日。电话：400-155-1220

总序

精准学习，锚定法考通关之路

丢掉考试中40%的分数仍可能通关，貌似宽松；但实际上，过往的法考（司考）每年通过率不到20%，八成以上考生被拒之门外。高容错率、低通过率，似乎是难题太多；而在历年考题中，高难度、易丢分的题目却又屈指可数。这就是法考（司考）的奇特属性，也是被蒙蔽了接近二十年的不解之谜。这一不解之谜所造成的痛苦达到二十年多之顶峰，也加剧了考生的无所适从（刚出考场就开始在网上吐槽）。

2018年，法考在诸多方面出现了划时代的重大变化——主观题、客观题分开考，主观题开卷考，机考方式改革，内容结构调整等；2019年，考试时间提前，客观题分两批次考试；2020年，考试延期，主观题考试实现全面机考，采用电子法条形式，并出现民法学科与商法学科、民法学科与民事诉讼法学科交叉考查的新形式；2021年，考试再度延期，考生们在延期等待中苦苦坚持、又在坚持中对将会出现的变化迷茫无措。我们不禁疑问，法考还会出现哪些变革？

在迷雾中，我们已经探索了二十多年，从传统的培训，到基于移动互联网的培训。我们现在确信：以往荒唐的备考方式，是真正的、唯一的谜底。

以往备考是这样的：买上摞起来差不多一米高的书，尽早开始，在两个月内将所有学科快速学完一遍，之后无限循环，在考前达到五轮甚至六轮以上的重复。这种备考方式可称为"消耗式学习"，它需要大量时间，透支备考者的体力、精力，但是否能真正掌握知识点，却是"混沌"的。

"消耗式学习"的另一个场景，是在时间超长的名师视频课件中点播，然后像网络追剧般看完每一个视频。视频课件中"名师"带来的微妙心理暗示，给备考者营造出最舒适的备考体验。然而视频即使全部看完，考题正确率却仍旧难以提升。

"消耗式学习"的失败，在于它试图通过机械式重复学习来谋求理解上的深入，只关注知识的"强行灌输"过程，甚少关注消化与否的结果；只关注知识的"输入"，甚少关注知识的"输出"（即在记忆、理解知识的基础上运用知识）；知识"输入"时只考虑到大多数考生的共性问题，甚少涉及每个考生的个性化问题。

彻底揭开不解之谜的谜底，让备考高效的解决之道应当是：在备战法考的全过程中，能始终对考生各知识掌握情况持续测量，之后全面评估考生的掌握程度分布，从而有针对性地安排接下来的学习重点。这样的路径在考生的个体维度独立建立，便意味着每个人都拥有了对自己而言效率最高且独一无二的备考过程。

万国，以此构建"深蓝法考"。

从2017年开始，深蓝法考APP开始帮助每年备考的考生们通过客观题，再通过主观题！实现了他们法考过关的梦想。"精准学习＋个性化定制"的备考方式，让进入深蓝的考生们，无法再回到过去的备考模式中，深蓝把备考的一切装进考生的口袋，它是所向披靡的法考通关工具。深蓝成为那些没有非常充足时间、复习时间碎片化且亟需复习效率的在职备考人员的贴心人。

深蓝法考APP客观题备考学习阶段

进入深蓝法考APP的学习，第一步是对考生的实际学习需求进行测评，定制出个性化的学习计划，在此基础上，进入"基础学习＋考前冲刺"的深蓝全程学习。学习模式包括：初阶的"学＋测"；高阶的"学＋测＋补"。

随着学习内容及学习阶段的不断推进，深蓝及时安排考生完成与学习进度相同学科的测试卷。测试卷的作用是帮助考生查找学习薄弱环节；接下来，深蓝私教安排考生进入一对一的深蓝问诊课堂，通过课后定制的解决方案，帮助考生将学习中的薄弱环节学懂、掌握。深蓝在每个学习节点上，都推出法考多学科不同主题的直播授课。进入考前冲刺，深蓝问诊课是考生高效、精准学习的强大学习工具，确保考生对高频考点的全面掌握。

"基础学习＋考前冲刺"的深蓝全程学习内容，全部都在考生各自的定制计划中以动态调整的形式不断完美实现，这就是考生们在深蓝法考APP的帮助下，顺利通过的重要原因。

深蓝法考APP主观题备考学习阶段

深蓝依据历年主观题考试内容，将攻克主观题所要具备的能力，归纳为通关核心三大能力，这三大能力是：（1）对主观题具体问题的定性与判断的知识能力；（2）答案定位于法条，确定法言法语关键词的能力；（3）知识答案＋法言法语关键词形成表述的能力。

三大能力的学习与训练完美地体现在深蓝"精准学习＋个性化定制"的法考主观题应试学习产品之中：首先，深蓝通过课前测试对考生学习需求进行初步归因和归类；其次，通过深蓝"学练测＋问诊课"，定制出个性化的学习计划；再次，将考生在深蓝题库或学练测中所展示的学习薄弱点，关联到三大能力项下，进行数据整合，以周为单位推出考生主观题三大能力学习数据报告；最后，指导考生进行精准地查漏补缺学习。

同时，深蓝主观题的人工视频批改是目前法考主观题产品中成效显著、口碑极佳的学习通关工具，它的批改效果极大提高了考生对上述三大能力的掌握效率。

深蓝清晰而精准地记录了每一位深蓝考生客观题、主观题学习的全部过程，包括学习上的进步、学习中途的停滞，以及放弃学习之后的倒退等每一个细小环节，生成每一位深蓝考生的学习数据轨迹。这些学习数据迅速提供给深蓝教研团队，帮助他们不断开发新的法考学习产品，造福更多的考生通过考试，实现梦想！

北美冰球手韦恩·格雷茨基的一句话隐喻了远见，令我受益匪浅："我向冰球将要到达的地方滑去，而不是它曾经过的地方。"教育与技术深度结合形成了完美交集，我喜欢这个交集，也确信"深蓝法考"所做的一切已是个正确的开始。

2021 年 11 月

编写说明

　　《万国专题讲座》是我们万国学校经过二十多年法考（司考）培训之摸索、锤炼，由我们优秀的授课老师和专业的研发中心人员共同创造出来的品牌，它已经成为国内法考培训领域中经典系列之一。

　　自2016年起，《万国专题讲座》引入互联网技术，打造完成"深蓝法考"学习平台，在传统图书培训环境中加入手机扫码，实现移动互联网式学习。《万国专题讲座》已经升级成为"会讲课""会刷题""会答疑"的全新法考学习通关模式。

　　《万国专题讲座·讲义版》由一线资深授课老师严格按照法考大纲的要求，全面系统编写而成。对于考生而言，是法考通关最基础的学习内容。本套书具有如下特点：

1.重要考点课程表

　　我们与授课老师反复沟通打磨，为广大考生全新呈现了"重要考点课程表"这一版块。

　　依托于"深蓝法考"APP的大数据学习模型，结合授课老师多年丰富授课经验，提炼历年司考真题及法考模拟题所涉高频考点，重要考点课程表归纳总结了法考学科的重要核心考点。同时，为助力考生全面系统学习，我们与授课老师一道，为重要考点课程表所涉考点配备了相应的视频（音频）课程。考生可通过扫描图书封面的二维码（一书一码），进入"深蓝法考"APP获取相关资源。

　　在"深蓝法考"APP上，考生可以获得个性化的定制学习：反复学习授课老师讲解的课件视频（音频）内容；就相关内容提出疑问，提交"深蓝"获取解答；在深蓝题库中刷题，检测自己的学习情况；在法条库中查找法条，初步建立起学科体系。

　　实现高效、精准学习，这就是深蓝法考2022年学习包讲义版相较同类品种的最大差异与优势。

2.知识体系图

　　在每一专题里，我们根据学科特点及授课老师的教学模式，以不同形式建立知识体系图。考生在这一知识体系图中可以清晰、直观地了解各个知识点（考点）之间的关系，同时还可以根据授课老师的讲解，在图上标注出重点、难点和自己需要反复学习的知识点，打造一份属于考生自己的法考学习笔记。

3.命题点拨

命题点拨包括三部分内容：本专题内考试大纲要求掌握的重点知识点（考点）、考试所出现的高频次考查内容以及对考试内容命题趋势的预测。

在此重点提醒考生，一定要仔细审读"命题点拨"的内容。在这一部分中，授课老师针对以上内容予以说明并给出复习建议，认真读懂这部分内容能帮助考生实现事半功倍的复习效果。

4.知识点详解

此部分为本书主干，是授课老师结合学科特点对各科内容的具体讲解。考生在学习初期，应先通读该部分内容，打好基础；继而根据授课老师针对重点知识点的考查角度、详细内容的讲解阐述，透彻理解掌握相关制度规则。

本部分有如下特点：一是授课老师将教学中考生所提出的疑难问题、易混淆问题进行集中讲解，配置详细的解析，帮助考生明晰哪些是重点考查的知识点，使考生在备考中能够做到明确重点、有的放矢；二是对于易混淆的知识点，我们设置了"注意"版块，从多视角进行解析，帮助考生绕开考点陷阱；三是对于需要重点记忆的内容，多以图表方式呈现，为考生记忆提供便利。

按照上述思路进行体系化学习后，考生可以清楚地将专题中的重点、易混淆、要背诵的知识点（考点）内容集中总结，按照学习计划从容备考。

5.经典考题

本书所收录的"经典考题"是近年来的司考真题及法考模拟题。遴选试题的标准是考点考查频次必须是2次以上；题目严谨，不能有较大歧义，同时要尽量方便考生查询。其作用是实现同步练习的目的。对于"经典考题"，我们在书中均给出了答案与解析，考生可以仔细阅读。

在此提醒考生，一定要及时刷题，找出学习中的漏洞；同时通过做题，体会重点考点、易混淆点、难点的内容，巩固并掌握知识点。

《万国专题讲座·讲义版》与《万国专题讲座·重点法条记忆版》《万国专题讲座·题库版》《万国专题讲座·精粹背诵版》组成超强的万国学习包提供给广大考生，祝福考生们心想事成，实现法考通关目标！

万国深蓝法考研究中心

2021 年 12 月

目录

○ 重要考点课程表 ○

序号	重要考点	序号	重要考点
1	基本原则	27	对妨害民事诉讼的强制措施
2	基本制度	28	受理
3	管辖概述	29	庭审程序
4	地域管辖与级别管辖	30	普通程序中的审理阻碍
5	裁定管辖与管辖权异议	31	简易程序
6	诉	32	小额诉讼
7	共同诉讼	33	上诉的提起与受理
8	代表人诉讼	34	上诉案件的审理
9	当事人概述	35	基于诉权的申请再审
10	当事人适格	36	基于检察监督权的抗诉提起再审
11	原告与被告地位确定	37	再审案件的审判程序
12	公益诉讼	38	民事裁判
13	第三人	39	确认调解协议案件
14	第三人撤销之诉	40	特别程序
15	诉讼代理人	41	督促程序
16	证据的法定种类	42	公示催告程序
17	证据的学理分类	43	执行程序的启动
18	自认	44	执行程序的进行
19	证明责任	45	执行程序的结束
20	证明程序	46	执行错误的救济
21	法院调解	47	涉外民事诉讼程序
22	调解书及调解的效力	48	仲裁与仲裁法的基本原理及仲裁协议
23	保全	49	仲裁程序
24	期间	50	申请撤销仲裁裁决
25	送达	51	仲裁裁决的执行与不予执行
26	先予执行		

专题一　民事诉讼与民事诉讼法

命题点拨

本专题在历年的考试中不是重点。相对比较重要的知识点为：民事纠纷解决方式；民事诉讼法的公法、程序法、部门法、基本法属性；民事诉讼法的效力：只要在中国法院进行民事诉讼，必须适用中国的民事诉讼法。但近年来对本部分的考查力度和难度有上升趋势，不再局限于围绕单一知识点进行客观题考查：例如2013年卷四部分考查了"调解与审判在社会转型时期的关系"，2020年客观题考查了劳动争议的纠纷解决方式。

知识体系图

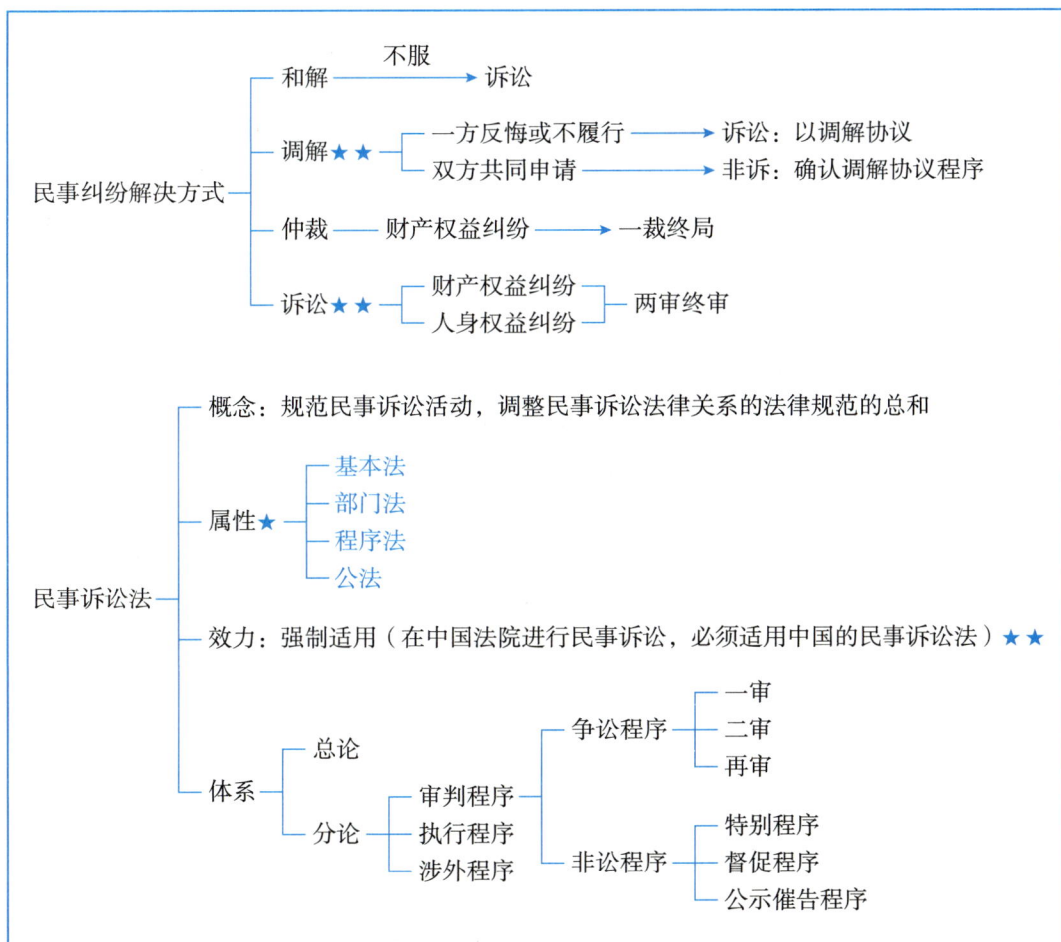

一、民事诉讼

1.民事诉讼，是指人民法院、当事人和其他诉讼参与人，为解决民事纠纷、保护合法权益而依法进行的全部诉讼活动，以及在这些活动中所产生的各种诉讼法律关系的总和。

民事诉讼=诉讼活动+诉讼法律关系

诉讼活动，即民事诉讼行为，是发生在人民法院、当事人和其他诉讼参与人之间的行为。

诉讼法律关系：在诉讼活动过程中，人民法院与当事人、其他诉讼参与人之间的诉讼权利与诉讼义务关系即为诉讼法律关系。

【注意1】民事诉讼行为和民事诉讼法律关系的主体，一定有一方是人民法院，否则该行为不是诉讼行为和诉讼法律关系。

例1：当事人和委托诉讼代理人之间签订委托合同的行为不是诉讼行为，是民事行为，是平等主体的行为，没有一方主体是法院。

【注意2】诉讼行为和诉讼法律关系的一方主体是法院，另一方主体是当事人、其他诉讼参与人，法院内部的行为不是诉讼行为。

例2：法官向上级法院汇报案件的行为、合议庭向审判委员会的请示行为等则属于法院的内部行为，不属于诉讼行为。

例3：法院向当事人以及证人送达诉讼文书的行为，证人向法院提供证言的行为，甲公司代理人向法院提交证据，当事人在法庭的质证行为均属于诉讼行为。

例4：原告与其代理人之间的法律关系，证人与被告之间的法律关系，原告律师与被告律师之间的法律关系，这些关系没有发生在法院和当事人、诉讼参与人之间，不是诉讼法律关系；人民法院与鉴定人之间的法律关系属于诉讼法律关系。

2.民事纠纷解决方式。

（1）和解：纠纷当事人自行协商并达成协议，从而解决纠纷的方式。和解是一种基于当事人合意的私力救济方式。和解协议不具有强制执行力。

（2）诉讼外调解：在第三方介入下，当事人就纠纷的解决协商一致，达成调解协议的纠纷解决方式，是一种基于当事人合意的社会救济方式。法院调解书、仲裁调解书具有强制执行力，其他的调解协议没有强制执行力，只能依赖于当事人的自愿履行；但经过人民法院确认有效的调解协议具有强制执行力。

【注意】调解分为诉讼内调解和诉讼外调解两种。诉讼内的调解和仲裁调解达成后，制作的调解书具有强制执行力。诉讼外的调解协议不具有强制执行力，达成后当事人只能自愿履行，如果反悔不履行，则应就原民事纠纷向法院起诉；人民调解协议达成后，如果反悔不履行，可就人民调解协议向法院起诉。

例：张三和李四的5万元的借贷纠纷，张三向法院起诉李四，诉讼中达成调解协议只偿还3万元即可，根据该调解协议制作了调解书。李四不给付3万元，则张三可以向法院申请强制执行该调解书。

如上述纠纷是通过仲裁解决的，并且在仲裁中达成调解协议，制作了调解书。张三也可以向法院申请强制执行调解书。

　　如上述纠纷是通过人民调解委员会解决的，达成调解协议只偿还3万元，李四不履行，则张三可以就人民调解协议向法院起诉，而不能就借贷纠纷向法院起诉。因为人民调解协议具有合同效力，相当于张三和李四之间以新的合同权利义务的方式替代了原有的借贷合同权利义务关系。即使胜诉，张三也只能拿到3万元，而不能再拿到5万元。

　　如上述纠纷是通过居委会、村委会或公安机关解决的，达成调解协议只偿还3万元，李四不履行，则张三只能就借贷合同（原民事法律关系）向法院起诉，调解协议既没有强制执行力，也没有合同效力。

　　（3）仲裁：平等主体之间就财产关系的纠纷达成协议，将纠纷提交仲裁机构予以解决，并受其生效的法律文书约束的纠纷解决方式。仲裁法律文书具有强制执行力。

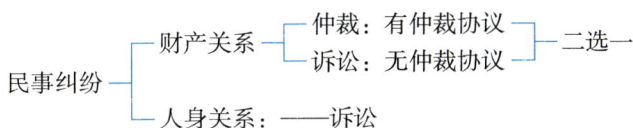

```
                     ┌── 仲裁：有仲裁协议 ──┐
           ┌ 财产关系 ┤                    ├── 二选一
  民事纠纷 ─┤         └── 诉讼：无仲裁协议 ──┘
           └ 人身关系：——诉讼
```

　　【注意】这里的仲裁仅指民商事案件的仲裁，不包括劳动争议仲裁。劳动争议仲裁是强制仲裁，不要求当事人之间达成仲裁协议才能申请仲裁，发生争议后直接向劳动争议仲裁委员会申请仲裁；劳动争议仲裁是行政仲裁，需要向单位所在地的劳动争议仲裁委员会申请仲裁，不能任意选择仲裁机构；劳动争议仲裁实行先裁后诉，对仲裁裁决不服的，可以向法院起诉。

```
        ┌──────── 劳动仲裁 ────────┬──── 诉讼 ────→
        申请仲裁      必经程序       起诉
```

　　民商事案件的仲裁是自愿仲裁，当事人需要在纠纷发生前或发生后达成仲裁协议方可申请仲裁；民商事案件的仲裁是民间仲裁，当事人可以选择其认为合适的仲裁机构申请仲裁，无论是国内还是外国仲裁机构；民商事案件的仲裁实行或裁或诉，当事人在仲裁和诉讼之间只能选择其中之一进行，不允许先裁后诉。

　　例1：张三和甲公司签订了劳动合同，甲公司6个月没有支付劳动报酬，张三要求甲公司支付劳动报酬，需先向劳动争议仲裁委员会申请仲裁，对裁决不服的，才能再向法院起诉。如果不经仲裁直接向法院起诉，法院应裁定不予受理。

　　例2：北京的张三和上海的李四签订了买卖大米的合同，现李四不支付合同货款50万元。张三和李四在合同中约定如发生争议由广州仲裁委员会仲裁。张三欲要回合同款项，只能选择向广州仲裁委员会申请仲裁。如果向法院起诉，法院裁定不予受理。

　　例3：张某与李某产生邻里纠纷，张某将李某打伤。为解决赔偿问题，双方同意由人民调解委员会进行调解。经调解员黄某调解，双方达成赔偿协议。张某如反悔不履行协议，李某可就协议向法院提起诉讼，而不能就原民事纠纷（人身损害赔偿）提起诉讼，也不能向法院申请强制执行调解协议。（10年·卷三·35题）

　　（4）诉讼：人民法院介入平等主体之间的财产关系或人身关系的争议，从而解决纠纷的纠纷解决方式。法院的生效法律文书具有强制执行力。

民事纠纷解决方式的问题，作为民事诉讼基本理论之一，容易在主观论述题中出现，应加以注意。

【注意1】民商事案件的仲裁只能解决平等主体之间的财产关系的争议。平等主体间的人身关系的争议，如离婚、收养、继承等案件，只能诉讼，不能仲裁。

例1：张三和李四之间的离婚案件，当事人协议由北京仲裁委员会仲裁。该仲裁协议无效，当事人就离婚案件，只能向法院起诉。

【注意2】诉讼是最后一道救济屏障，但不一定是最佳的纠纷解决方式，不同的纠纷解决方式适用于不同类型的纠纷。如邻里纠纷，家庭、婚姻、继承等身份关系的纠纷，首先不能仲裁，其次应当尽量优先适用调解等有利于维护当事人关系的纠纷解决方式。

【注意3】调解和判决作为人民法院审理民事案件的两种方式，其关系应当是能调则调，调解不成的，应当及时判决。

例2：甲公司职工黎某因公司拖欠其工资，根据现行法律规定，黎某解决甲公司拖欠工资问题的途径有：（1）与甲公司协商解决；（2）请工会或第三方与甲公司协商解决；（3）向调解组织申请调解；（4）向劳动争议仲裁委员会申请仲裁；（5）如果不服劳动仲裁，可以向法院起诉。（11年·卷四·第5题）①

二、民事诉讼法

（一）民事诉讼法的概念

民事诉讼法，是国家制定的规范民事诉讼活动，调整民事诉讼法律关系的法律规范。

狭义的民事诉讼法指《中华人民共和国民事诉讼法》。广义的民事诉讼法指《中华人民共和国民事诉讼法》以及所有规范性法律文件中有关民事诉讼的规定，包括宪法、民事实体法、仲裁法中的规定及民事诉讼的相关司法解释。

广义民事诉讼法中，《民法典》在当事人适格和证据制度、一审程序的起诉和受理中经常适用，考生应加以关注。

（二）民事诉讼法的属性

1.基本法。根据其在法律体系中的地位，民事诉讼法的地位仅次于宪法，与民法、刑法、刑事诉讼法、行政诉讼法等同属于基本法。

2.部门法。根据其调整的社会关系，民事诉讼法调整的社会关系是人民法院与一切参与人之间的民事诉讼法律关系，民法调整公民、法人、其他组织之间的财产关系和人身关系，各自都是独立的部门法。

3.程序法。根据其规定的内容，实体法规定主体的实体权利与义务，程序法规定因实体权利义务发生争议的解决办法和程序，民事诉讼法是程序法。

4.公法。根据公法与私法的划分标准，三大诉讼法都是公法，因其都涉及国家权力的行使，即审判权的行使和规制问题，民事诉讼法是国家解决民事纠纷的司法手段，具有强制性，属于公法的范畴。

---

① 提示：主观题中的开放性题目答题一定要全面，很多考生遗漏了和解和调解这两种纠纷解决方式，只回答了先裁后诉，那就只答到了劳动争议仲裁和诉讼两种最重要的解决方式。

（三）民事诉讼法的效力

民事诉讼法的效力，是指民事诉讼法对什么人、什么事、在什么时间和空间发生效力。民事诉讼法的效力也称民事诉讼法的适用范围。在中国法院进行民事诉讼，必须适用中国的民事诉讼法。

【注意】在中国法院进行民事诉讼，可以选择适用外国的民事实体法，但必须适用中国的民事诉讼法。在中国的仲裁机构进行仲裁，实体法和仲裁法均可以选择适用外国法律。

例：中国人张三和美国人约翰的买卖合同纠纷，当事人在日本签订合同。现就合同履行发生纠纷，张三向中国法院起诉，中国法院就此案审理中，对于诉讼法必须适用中国的民事诉讼法；但对合同效力问题，当事人约定适用合同签订地的日本民法典确定合同效力，法院可以适用日本民法典确定合同效力。

（四）民事诉讼法的体系

我国现行民事诉讼法的特点是总分式立法，分论中审判程序和执行程序并立，审判程序又分为争讼程序和非讼程序。争讼程序的目的在于解决当事人之间的纠纷，存在针锋相对的双方当事人，适用辩论和调解原则，包括一审、二审、再审程序；非讼程序的目的不在于解决纠纷，而在于确认某种法律事实，一般只有一方当事人，因此辩论、调解原则均不适用，包括特别程序、督促程序、公示催告程序。执行程序的目的在于实现当事人已被生效法律文书确立的权益，因此执行程序中辩论、调解原则也都不适用。民事诉讼法的框架如下：

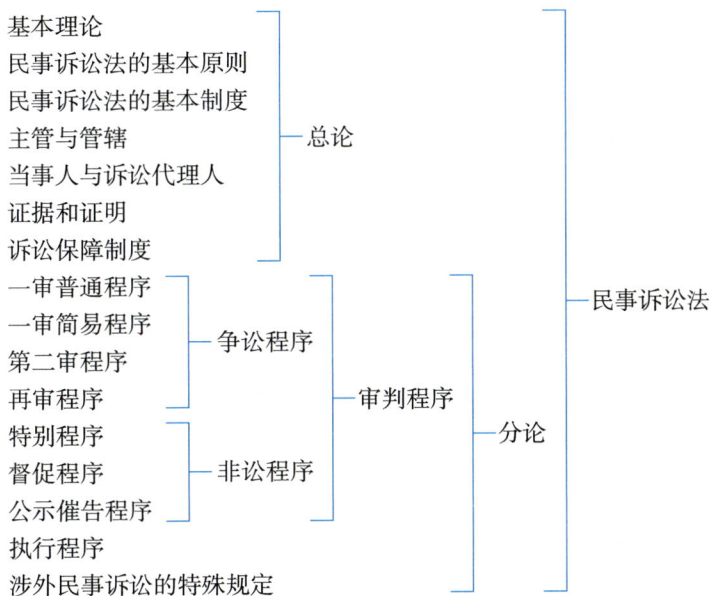

【注意】适用特别程序审理的案件不一定都是非讼案件。特别程序的案件包含选民资格案件，选民资格案件涉及的是公民的宪法权利，既不是诉讼程序，也不是非讼程序。但因为我国没有宪法诉讼，只有放在民事诉讼法中的非讼程序中，因此，应表述为：适用特别程序审理的案件除选民资格案件外，属于非讼案件。

经典考题： 公司聘请一个外国技术人员马里奥从事研发工作，签订劳动合同，约定年薪800万元，后公司经营不善，无力支付其薪资，拖欠马里奥1200万元，当地1000万元以上标的额的案件归中级法院管。问：马里奥可选择哪些方式救济权利？（2020年仿真题，多选）①

A.向区调解委员会请求调解　　　　　B.向区法院申请支付令

C.可向中级法院提起诉讼　　　　　　D.向当地仲裁委提请仲裁

---

① 【答案】ABCD

【考点】纠纷解决方式

【解析】A选项：民事纠纷的解决包括协商解决、调解解决、诉讼解决、仲裁解决。调解解决是指在有关组织（如人民调解委员会）或中间人的主持下，在平等、自愿、合法的基础上分清是非、明确责任，并通过摆事实、讲道理，促使双方当事人自主达成协议，从而解决纠纷。由此可知，马里奥可以向区调解委员会申请调解。故A选项正确。B选项：《劳动合同法》第30条规定，用人单位应当按照劳动合同约定和国家规定，向劳动者及时足额支付劳动报酬。用人单位拖欠或者未足额支付劳动报酬的，劳动者可以依法向当地人民法院申请支付令，人民法院应当依法发出支付令。《民诉解释》第429条规定，基层人民法院受理申请支付令案件，不受债权金额的限制。由此可知，马里奥和公司之间的工资纠纷符合支付令的申请条件，并且基层人民法院受理申请支付令案件不受金额的限制，即使超过了基层法院的审理范围，依然可以申请，故B选项正确。C选项：中级法院管辖的案件是标的额为1000万元以上的，因此马里奥和公司的纠纷属于中级法院管辖，故C选项正确。D选项：《劳动争议调解仲裁法》第5条规定，发生劳动争议，当事人不愿协商、协商不成或者达成和解协议后不履行的，可以向调解组织申请调解；不愿调解、调解不成或者达成调解协议后不履行的，可以向劳动争议仲裁委员会申请仲裁；对仲裁裁决不服的，除本法另有规定的外，可以向人民法院提起诉讼。由此可知，马里奥可以向仲裁委员会申请仲裁。综上所述，本题答案为ABCD。本题的易错点有三个：一是想到劳动争议就想到"先裁后诉"，遗漏调解、和解这些纠纷解决方式；二是想到诉讼就想到直接诉讼，想不到还可以通过督促程序，发支付令的方式解决争议；三是想到了其他纠纷解决方式，但是和具体的管辖结合起来的时候，容易遗漏基层法院管辖适用非讼程序审理的案件、中级法院管辖的案件按标的额大小区分等知识点，从而导致失分。本题充分体现了综合性考查和细节考查结合，缺一不可。

专题二　民事诉讼法的基本原则与基本制度

命题点拨

基本原则的考点集中在辩论原则、处分原则和调解原则上，并且往往综合多个原则一起考查。诚信原则、检察监督原则是重点。四大基本制度中，合议、回避制度是高频考点。重要内容有：合议庭的组成与权限；回避的法定情形与决定权；不公开审理的案件范围；两审终审制度的例外。2021年《民事诉讼法》修正新增民事诉讼在线诉讼制度，考生须掌握。

知识体系图

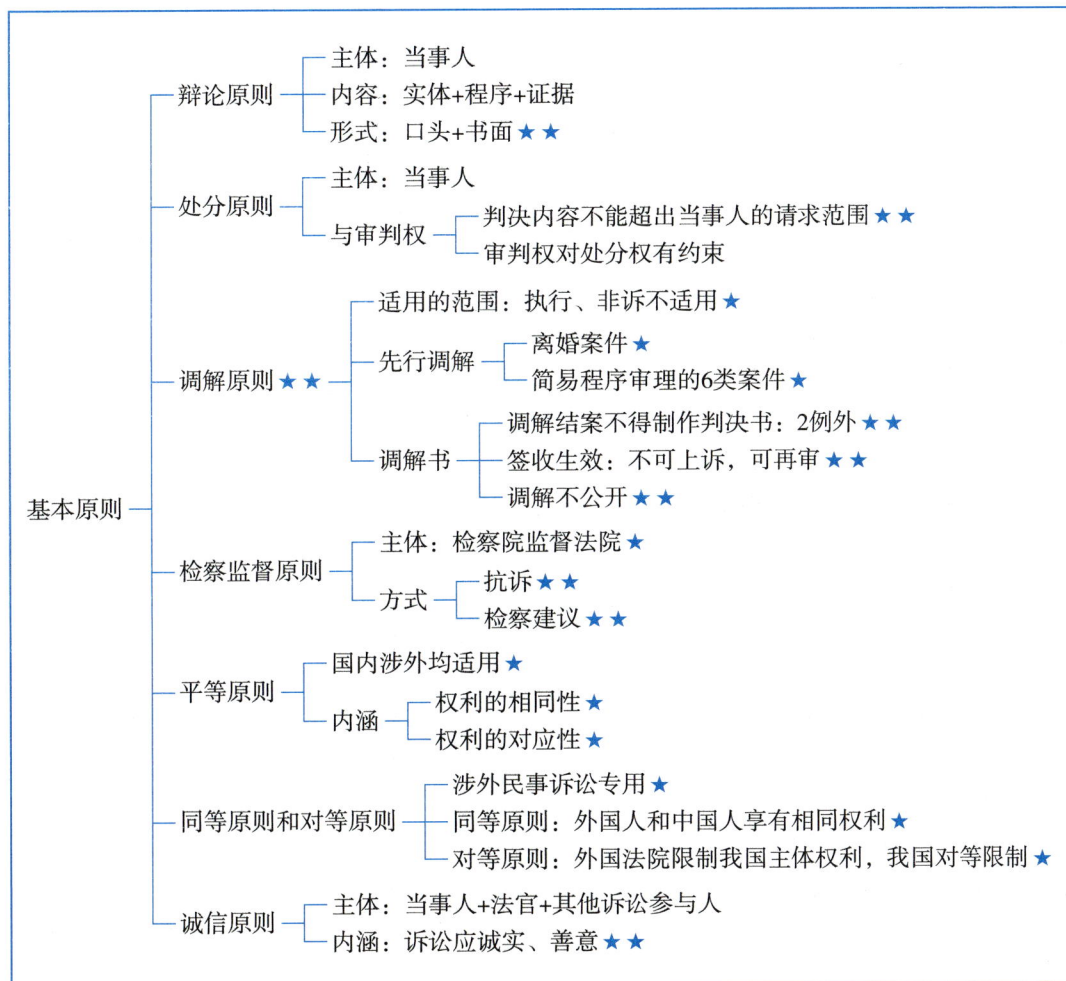

```
                    ┌── 适用：争讼程序+部分非讼程序★★
        ┌─ 合议制度 ─┼── 少数服从多数★
        │           └── 审判长：院长、庭长担任或指定审判员担任★
        │
        │           ┌── 对象：审判人员（包括审判人员和人民陪审员）、执行员、检察
        │           │        人员、书记员、翻译人员、鉴定人、勘验人★
        │           ├── 回避的情形：11种★★
        ├─ 回避制度 ─┼── 回避的决定★★
        │           ├── 方式：自行+申请+指令★★
基本制度 ─┤           └── 救济：复议★
        │
        │           ┌── 审判过程的公开：审判结果一律公开★
        ├ 公开审判制度 ┼── 不公开审理的案件★★
        │           └── 裁判文书的公开★★
        │
        └─ 两审终审制度 ── 一审终审的案件★
```

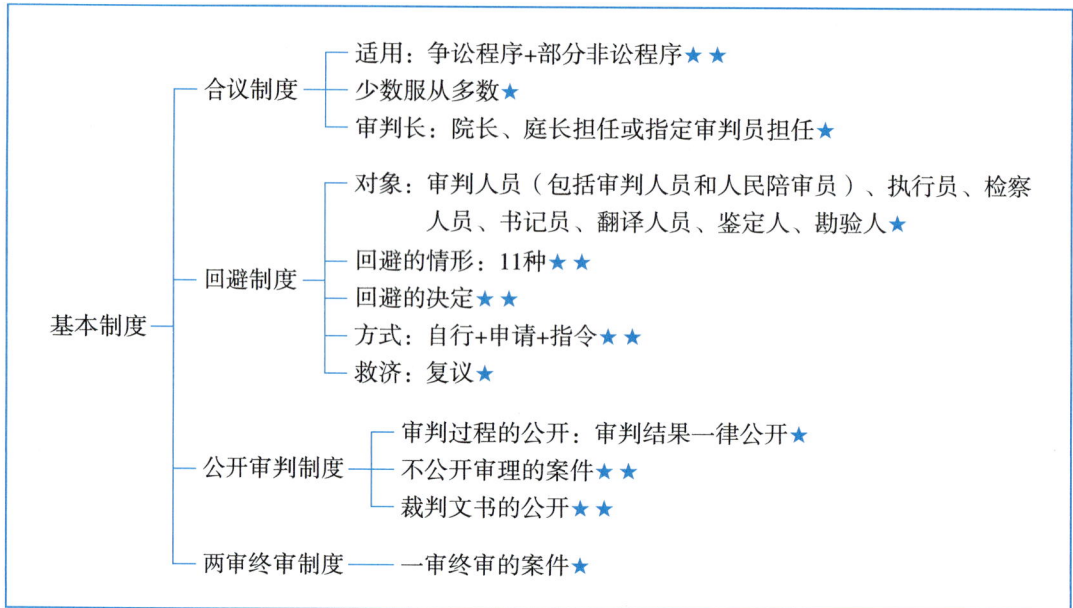

一、民事诉讼法的基本原则

民事诉讼法的基本原则，是在民事诉讼的整个过程中，或者在重复的诉讼阶段，起指导作用的准则。

（一）辩论原则

辩论原则，是指在人民法院的主持下，当事人有权就案件事实和争议的问题，各自陈述自己的主张和根据，互相进行反驳和答辩。辩论原则的内容包括：

1.在主体方面，只有当事人才能享有辩论权。法定诉讼代理人、委托诉讼代理人、证人等其他诉讼参与人均无权行使。代理人只是基于代理权，有权以当事人的名义进行辩论，并不意味着代理人本身享有辩论权。

例：证人出庭陈述证言是证人履行作证义务，而不是行使辩论权。

2.在内容方面，辩论的内容包括实体问题（如当事人是否违约）、程序问题（如法院是否有管辖权）和证据问题。

3.行使辩论权的表现形式及方式多样，既可以口头形式进行，也可以书面形式表达。

口头辩论又称言辞辩论，主要集中在法庭审理阶段，是最集中最全面的辩论，也是辩论原则最重要的体现。

书面辩论表现为相关的诉讼文书，如当事人向法院提交的起诉状和答辩状，诉讼代理人提交代理意见等。

辩论的时间可以在开庭审理阶段之前和之后进行。

4.辩论原则贯穿于诉讼的全过程。此处的诉讼是指狭义的诉讼，即仅指争讼程序，包括一审、二审和再审程序，不包括非讼程序和执行程序。

【注意】非讼程序（特别程序、督促程序、公示催告程序）中由于没有对权利义务有争议的对方当事人，因此辩论原则在非讼程序中不适用。

例：A县法院对甲诉乙侵权纠纷一案未经开庭审理即作出了判决，该审判行为直接违反辩论原则。辩论可以以书面和口头方式进行，一审案件未经开庭审理即作出判决，剥夺了当事人进行口头辩论的机会，违反了辩论原则。（08年四川·卷三·49题）

（二）处分原则

处分原则，是指当事人在诉讼过程中有权在法律规定的范围内对自己的<u>实体权利和诉讼权利</u>依法予以支配。

有关处分原则的主要内容包括以下4个方面：

1.只有当事人才能享有处分权。法定诉讼代理人、委托诉讼代理人、证人等其他诉讼参与人均无权行使。代理人可以代为承认、放弃、变更诉讼请求等行为，均是来源于法律规定或当事人授权，将当事人的处分权由他人行使。

2.处分的内容包括实体权利和诉讼权利。

（1）处分实体权利，例如承认、放弃、变更诉讼请求。

（2）处分诉讼权利，例如，放弃聘请诉讼代理人。

（3）通过对诉讼权利的处分来实现对实体权利的处分，例如，接受调解。

3.处分原则贯穿于诉讼的全过程。这里的诉讼是广义的诉讼，包括审判阶段和执行阶段，例如，是否起诉、是否上诉、是否接受调解、胜诉后是否申请强制执行，均体现了处分原则。

【注意】处分原则在非讼程序中也适用。

4.处分权与审判权的关系。

（1）处分权对审判权有制约，表现为：判决内容不能超出当事人的请求范围；但调解的内容可以超出当事人的请求范围，因为调解结案恰好体现了处分原则。

（2）审判权对处分权有约束，表现为：处分必须在法律规定的范围内进行，处分原则是相对的、有限的。例如，法院对于当事人的撤诉申请，审查后决定准予撤诉还是不准予撤诉，即体现了处分权的相对性。

例1：甲向法院起诉，要求判决乙返还借款本金2万元。在案件审理中，借款事实得以认定，同时，法院还查明乙逾期履行还款义务近一年，法院遂根据银行同期定期存款利息，判决乙还甲借款本金2万元，利息520元。该判决不符合法律规定，违反了民事诉讼的处分原则。（08年·卷三·38题）

【对比】处分原则和辩论原则都涉及当事人的行为对法院具有约束力。但是强调的侧重点不同，处分原则和辩论原则的细微区分如下：

（1）在诉讼中，法院超出了当事人的诉讼请求而作出裁判，违反的是处分原则。

（2）在诉讼中，法院以当事人没有主张的事实作为裁判的依据，违反辩论原则。

（3）既超事实，又超请求，两者都违反。

判断：法院未根据当事人的自认进行事实认定，违背了处分原则。（×）（12年·卷三·45题）

分析：自认涉及的是事实问题，法院未根据当事人的自认进行事实认定，说明当事人主张的事实，对法院认定事实没有约束力，是法院没有以当事人主张的事实作为裁判依据，而不是超出当事人的诉讼请求作出裁判，因而违反的是辩论原则，不是处分原则。

例2：王某与钱某系夫妻，因感情不和王某提起离婚诉讼，一审法院经审理判决不准予离婚。王某不服提出上诉，二审法院经审理认为应当判决离婚，并对财产分割与子女抚养一并作出判决。关于二审法院的判决，第一，原告的诉讼请求仅限于解除婚姻关系，不涉及财产分割和子女抚养问题，而法院超出原告诉讼请求，对子女抚养和财产分割问题一并作出判决，显然违反处分原则；第二，若要处理财产分割和子女抚养问题，需要对相关财产状况和子女生活状况等事实进行认定，而原告只主张解除婚姻关系，并未主张财产分割和子女抚养，自然只是对婚姻关系事实进行了主张，没有主张有关财产和子女事实，法院的裁判显然超出了当事人主张的事实，擅自以当事人未加主张的事实（即财产状况和子女状况）作为裁判依据，违背了辩论原则；第三，原告的离婚请求经过了两级法院审理，但是子女抚养和财产分割问题只经过了二审法院一级法院审理，对于子女抚养和财产分割问题的审理违反了两审终审制度。（10年·卷三·88题）

（三）法院调解原则

1.法院调解适用的范围。

法院调解原则适用的情形为争讼程序：（1）一审普通和简易程序；（2）二审程序；（3）再审程序。

法院调解原则不适用的情形：（1）非讼程序：特别程序、督促程序、公示催告程序、企业法人破产还债程序；（2）执行程序，但允许当事人之间进行执行和解；（3）婚姻关系、身份关系的确认案件。

【注意】婚姻关系、身份关系的确认案件不适用调解；但是婚姻、身份关系的变更案件是可以调解的，而且离婚案件必须先调解。

调解原则和辩论原则的适用范围均为民事诉讼程序中的争讼程序。

例：公示催告程序、执行程序不适用法院调解，发回重审后的诉讼程序、由人民检察院提起抗诉引起的再审程序适用法院调解原则。（03年·卷三·67题）

2.调解作为必经程序的情况。

（1）离婚案件。

（2）适用简易程序审理的下列案件：婚姻家庭纠纷和继承纠纷、劳务合同纠纷、交通事故和工伤事故引起的权利义务关系较为明确的损害赔偿纠纷、宅基地和相邻关系纠纷、合伙协议纠纷、诉讼标的额较小的纠纷。

（3）其他适宜调解，且当事人不拒绝调解的案件。《民事诉讼法》规定，当事人起诉到人民法院的民事纠纷，适宜调解的，先行调解，但当事人拒绝调解的除外。

3.调解书中可以出现担保，载明担保人之后，向其送达时，如果担保人不签收，不影响调解书的效力。将来能不能执行担保人的财产，只需看担保是否符合法律规定的条件即可。

例：张某与李某的借款纠纷经法院调解达成协议，同时经王某同意并在调解协议中约定由王某提供担保，保证李某履行调解协议。在送达调解书时，张某与李某签收后，王某拒绝签收调解书。虽然王某拒绝签收调解书，但调解书仍发生法律效力；李某拒不履行义务时，张某可以申请执行李某的财产；调解书约定的条件成就时，张某可以申请执行王某的财产。（08年四川·卷三·87题）

4.法院调解结案后，只能制作调解书，而不能制作判决书；仲裁中当事人达成调解协议后，可以要求仲裁庭制作调解书，也可以要求制作裁决书。

（1）一审中调解结案可以不制作调解书的情形：①调解和好的离婚案件；②调解维持收养关系的案件；③能够即时履行的案件；④其他不需要制作调解书的案件：当事人各方同意在调解协议上签名或者盖章后即发生法律效力的，经法院审查确认后，记入笔录或者将调解协议附卷，并由当事人、审判人员、书记员签名或者盖章后即具有法律效力；当事人请求制作调解书的，人民法院审查确认后可以制作调解书送交当事人，当事人拒收调解书的，不影响调解协议的效力。（双方同意，三方签章）对不需要制作调解书的协议，应当记入笔录，由双方当事人、审判人员、书记员签名或者盖章后，即具有法律效力（与调解书一样具有强制执行效力）。

【注意】二审和再审中调解结案，一律需要制作调解书。因为二审和再审中的调解书，除确定双方当事人权利义务以外，还具有否定原判决、裁定的作用。二审、再审中调解结案的，一审、原审裁判视为撤销。

（2）调解结案，但可以制作判决书的情形：①无民事行为能力人的离婚案件，法定代理人与对方达成协议要求发给判决书的；②涉外民事诉讼中调解结案的。

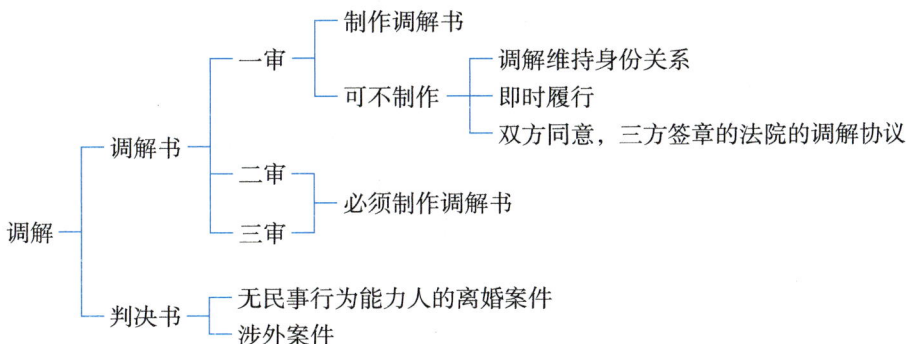

```
                        ┌─ 制作调解书
              ┌─ 一审 ──┤              ┌─ 调解维持身份关系
              │         └─ 可不制作 ───┤─ 即时履行
        ┌─ 调解书        │              └─ 双方同意，三方签章的法院的调解协议
        │     ├─ 二审 ┐
调解 ──┤     └─ 三审 ┴─ 必须制作调解书
        │
        └─ 判决书 ──┬─ 无民事行为能力人的离婚案件
                     └─ 涉外案件
```

5.调解书在当事人签收后生效。调解未能达成协议或者当事人一方在调解书送达时拒绝签收的，人民法院应当及时判决，不能久调不决。

例：调解书送达当事人后发生法律效力。（√）（16年·卷三·85题）

6.对调解书的**救济**：不可上诉；可再审，但离婚案件的调解书除外。

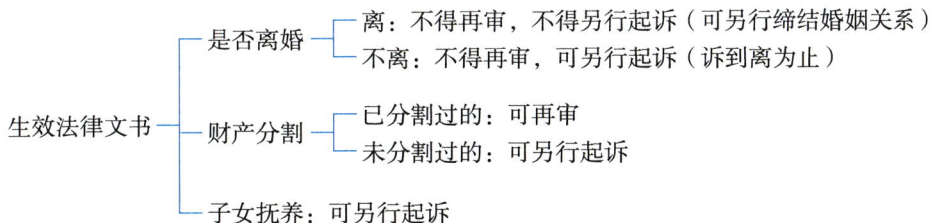

```
                    ┌─ 是否离婚 ──┬─ 离：不得再审，不得另行起诉（可另行缔结婚姻关系）
                    │              └─ 不离：不得再审，可另行起诉（诉到离为止）
  生效法律文书 ──┤
                    ├─ 财产分割 ──┬─ 已分割过的：可再审
                    │              └─ 未分割过的：可另行起诉
                    └─ 子女抚养：可另行起诉
```

例：某夫妻解除婚姻关系的调解书生效后，一方不得以违反自愿为由申请再审。（15年·卷三·42题）

【注意】离婚案件的调解书和判决书，如果是解除婚姻关系的，则当事人既不能申请再审，也不能另诉；如果是维持婚姻关系的，当事人不能申请再审，但可以另诉，另

诉时对原告诉权行使有限制，无新情况、新理由，原告在6个月内向法院起诉的，人民法院不予受理。

7.调解不公开：

（1）调解过程不公开，但当事人同意公开的除外。

（2）调解协议内容不公开，但为保护国家利益、社会公共利益、他人合法权益，人民法院认为确有必要公开的除外。

8.股东派生诉讼中的调解。

调解协议经公司股东（大）会（章程无规定，首选股东会）、董事会决议通过后，法院才能出具调解书予以确认。

（四）检察监督原则

1.抗诉：生效判决、裁定和调解书。

2.检察建议：（1）法院制作的生效判决、裁定和调解书；（2）法院的民事执行活动；（3）审判监督程序以外的审判程序中审判人员的违法行为，包括：判决、裁定确有错误，但不适用再审程序纠正的；调解违反自愿原则或者调解协议的内容违反法律的；符合法律规定的起诉和受理条件，应当立案而不立案的；审理案件适用审判程序错误的；保全和先予执行违反法律规定的；支付令违反法律规定的；诉讼中止或者诉讼终结违反法律规定的；违反法定审理期限的；对当事人采取罚款、拘留等妨害民事诉讼的强制措施违反法律规定的；违反法律规定送达的；审判人员接受当事人及其委托代理人请客送礼或者违反规定会见当事人及其委托代理人的；审判人员实施或者指使、支持、授意他人实施妨害民事诉讼行为，尚未构成犯罪的；其他违反法律规定的情形。

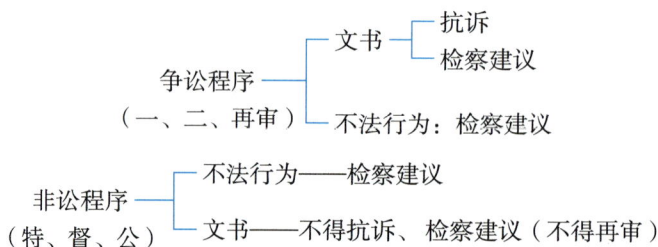

```
争讼程序 ── 生效法律文书 ┬ 抗诉（上抗下） ──────→ 一定再审
（一、二、再审）          └ 检察建议（同级对同级）→ 不一定再审

争讼程序 ┐
非讼程序 ┼ 不法行为 ──── 检察建议（同级对同级）→ 不一定纠正
（特、督、公）
执行程序

                              ┌ 文书 ┬ 抗诉
争讼程序 ─────┤      └ 检察建议
（一、二、再审）└ 不法行为：检察建议

          ┌ 不法行为 ── 检察建议
非讼程序 ─┤
（特、督、公）└ 文书 ── 不得抗诉、检察建议（不得再审）
```

【注意】人民检察院只能对法院审判人员的行为进行监督，不能对当事人或其他诉讼参与人、仲裁人员的诉讼行为进行监督。

【总结】针对生效的判决、裁定、调解书，检察机关既可以抗诉，也可以提出检察建议。区别在于提出抗诉的主体是生效法律文书作出法院的上级检察院，而提出检察建议的主体则是生效法律文书作出法院的同级检察院；抗诉一定启动再审程序，检察建议提出后，可能启动再审程序，也可能启动不了。

例1： 甲县检察院认为乙县法院的生效判决适用法律错误，对其提出检察建议是错误的。甲县检察院只能对甲县法院的生效判决提出检察建议，不能对乙县法院的生效判决提出检察建议。（13年·卷三·49题）

例2： 丁县检察院认为丁县法院某法官在制作除权判决时收受贿赂，向该法院提出检察建议。法官是审判人员，在除权判决中的不当行为是审判程序中的行为，因此丁县检察院向该法院提出检察建议是正确的。

例3： 戊县检察院认为戊县法院认定某公民为无民事行为能力人的判决存在程序错误，报请上级检察院提起抗诉是错误的。认定公民无民事行为能力案件属于特别程序的案件，非讼程序的文书不得再审，所以不能抗诉，也不能提出检察建议。

例4： 陪审员丁某、证人马某在合同纠纷案件的过程中接受当事人礼金1000元，检察院不能监督。陪审员的不法行为不属于检察院监督的对象。（05年·卷三·37题）

例5： 法官周某就某仲裁案件向仲裁员提供了对该案件当事人红星公司有利的咨询意见，红星公司以咨询费名义付给周法官6000元，法官陈某长期为某公司免费做法律顾问，检察院都不得监督。法官是民事检察监督针对的主体，但是法官提供咨询意见的行为和做法律顾问不是审理案件中的行为，属于审判程序以外的违法行为，不属于民事检察监督的范围。（05年·卷三·37题）

（五）平等原则

1.平等原则：民事诉讼当事人诉讼地位平等。人民法院审理民事案件应当平等地保障双方当事人行使诉讼权利，对当事人适用法律上一律平等。

2.当事人诉讼权利平等的含义包括两个方面：

一是诉讼权利的相同性。例如在诉讼过程中，双方当事人都可以委托代理人、向法院提交证据、参与庭审等。

二是诉讼权利的对应性。例如原告享有起诉权，被告享有答辩权；原告选择管辖，被告提出管辖权异议；原告提出、放弃、变更诉讼请求，被告承认、反驳诉讼请求等。

【注意】 平等原则是从不同诉讼地位的当事人角度界定当事人权利的享有状况。

判断： 当事人诉讼地位平等，双方当事人就拥有完全相同的诉讼权利。（×）

分析： 当事人享有相同的诉讼权利体现了平等原则，但是平等原则并不意味着双方当事人就享有完全相同的权利，也不可能不同地位的当事人享有的权利完全相同。

（六）同等和对等原则

1.同等和对等原则适用于涉外民事诉讼中，是国民待遇原则在《民事诉讼法》中的体现。

2.同等原则指中国主体与外国主体享有同样待遇；对等原则指外国法院限制我国主体权利、义务的，我国法院也同样地限制外国主体对等的权利义务。

【注意】 1.平等原则适用于所有民事诉讼中，同等和对等原则只适用于涉外民事诉讼程序中。

2.平等原则是从不同诉讼地位的当事人角度界定当事人权利的享有状况，同等原则是从不同性质的当事人角度界定当事人权利的享有状况。原告、被告享有相同的权利体现的是平等原则，而中国人和外国人享有相同的权利体现的是同等原则。

（七）支持起诉原则

《民事诉讼法》规定，机关、社会团体、企事业单位对损害国家、集体或者个人民事权益的行为，可以支持受损害的单位或者个人向人民法院起诉。支持起诉必须要具备三个条件：

1.支持起诉的主体只能是机关、社会团体、企业事业单位，不能是自然人。例如，共青团支持受害青年，妇联支持受害妇女，工会支持受害职工起诉等等。支持起诉的主体不能取得原告资格，而只能是道义上的支持、物质上的援助和法律知识上的帮助。

2.支持起诉的前提是自然人或法人有损害国家、集体或者个人民事权益的行为。如果没有违法行为发生，起诉就不合法，更谈不上支持起诉一说。

3.支持起诉的场合必须是受损的个人或单位不能、不敢或者不便诉诸法院。如果受损的个人或单位能够独立而不受阻碍地完成起诉行为，就不需要支持起诉了。

例：环保组织向法院提起公益诉讼，没有体现支持起诉原则。根据支持起诉原则，支持起诉的单位不能以自己的名义起诉，而是给被支持起诉的单位或个人以精神或物质上的帮助。因此，环保组织以自己的名义起诉，是公益诉讼制度的体现，并没有体现支持起诉原则。（13年·卷三·45题）

（八）诚信原则

民事诉讼法中的诚信原则是指诉讼当事人、其他诉讼参与人以及法官在民事诉讼进行中行使诉讼权利或履行诉讼义务，以及法官在民事诉讼中行使国家审判权进行审判行为时，应当公正、诚实、守信。

诚信原则的主要体现：

1.对当事人的规制。

（1）及时提出证据。根据《民事诉讼法》的规定，当事人对自己提出的主张应当及时提供证据，必要时应向法院申请延期举证。未申请延期而逾期提供证据的，人民法院应当责令其说明理由；拒不说明理由或者理由不成立的，人民法院根据不同情形可以不予采纳该证据，或者采纳该证据但予以训诫、罚款。

（2）不得恶意串通，侵害他人利益或逃避法律义务。

根据《民事诉讼法》的规定，当事人之间恶意串通，企图通过诉讼、调解等方式侵害他人合法权益的，人民法院应当驳回其请求，并根据情节轻重予以罚款、拘留；构成犯罪的，依法追究刑事责任。被执行人与他人恶意串通，通过诉讼、仲裁、调解等方式逃避履行法律文书确定的义务的，人民法院应当根据情节轻重予以罚款、拘留；构成犯罪的，依法追究刑事责任。第三人有权提起撤销之诉。

（3）不得欺诈、胁迫他人订立调解协议或执行和解协议。

根据《民事诉讼法》的规定，对于违反自愿原则的调解书，当事人有权申请再审，经人民法院审查属实的，应当再审。申请执行人因受欺诈、胁迫与被执行人达成和解协议的，人民法院可以根据当事人的申请，恢复对原生效法律文书的执行。

（4）诉讼上的禁止反言。

对于自认，当事人不得任意撤回自认，除非存在如下情形之一：第一，当事人在法庭辩论终结前撤回承认并经对方当事人同意；第二，有充分证据证明其承认行为是在受胁迫情况下或重大误解的情况下作出的且与事实不符。

（5）如实陈述案件事实。《民诉证据规定》第2条第1款规定："人民法院应当向当事人说明举证的要求及法律后果，促使当事人在合理期限内积极、全面、正确、诚实地完成举证。"

（6）由败诉方承担诉讼费用。《诉讼费用交纳办法》第29条第1款有关"诉讼费用由败诉方负担"的原则以及《民事诉讼法》有关"证人因履行出庭作证义务而支出的交通、住宿、就餐等必要费用以及误工损失，由败诉一方当事人负担"的规定，都有利于防止或减少滥诉现象的发生。

2.对法官的规制。

（1）遵守审限及执行期限的规定。

法院应及时判决、裁定和执行，以维护当事人的合法权益。

（2）必要时协助当事人实现权利。

《民事诉讼法》规定了法院依当事人申请或者主动依职权调查收集证据的义务，并针对上述义务，明确了相应的法律后果，即对审理案件需要的主要证据，当事人因客观原因不能自行收集，书面申请人民法院调查收集，人民法院未调查收集，属于当事人有权申请再审和检察院有权抗诉的法定事由。另外，《民事诉讼法》规定的证据保全、行为保全、财产保全、先予执行措施，也有促使法院在必要时辅助当事人实现权利的功能。

3.对其他诉讼参与人的规制。

（1）证人应当出庭并如实作证。

根据《民事诉讼法》的规定，凡是知道案件情况的单位和个人，都有义务出庭作证。

（2）任何人不得妨碍诉讼顺利进行（该项也适用于当事人）。

根据《民事诉讼法》的规定，对于伪造、毁灭重要证据，以暴力、威胁、贿买方法阻止证人作证或者指使、贿买、胁迫他人作伪证，隐藏、转移、变卖、毁损已被查封、扣押的财产，或者已被清点并责令其保管的财产，转移已被冻结的财产等行为，人民法院可以根据情节轻重予以罚款、拘留；构成犯罪的，依法追究刑事责任。

【注意】民事诉讼法体现诚信原则的法条很多，以上是主要内容的列举，在具体判断时，大家要灵活运用。

例：当事人以欺骗的方法形成不正当诉讼状态、证人故意提供虚假证言、法院对当事人提出的证据任意进行取舍或否定，都违背了诚信原则，法院根据案件审理情况对当事人提供的证据不予采信，则体现了诚信原则。（14年·卷三·37题）

二、民事诉讼法的基本制度

民事诉讼法的基本制度，是在民事诉讼活动中的某个阶段或几个阶段对人民法院的民事审判起重要作用的行为准则。我国民事诉讼法的基本制度有：合议制度、回避制度、公开审判制、两审终审制。

（一）合议制度

合议制和独任制是民事诉讼中的两种审判组织形式。合议制是指由3个以上单数审判人员组成合议庭对民事案件进行审理的制度。独任制是由审判员1人对案件进行审理的制度。

人民法院适用合议制还是适用独任制，由法律规定。仲裁中合议庭和独任庭的组成，由双方当事人约定。

合议庭的组成	1.一审普通程序、发回重审	（1）由审判员和人民陪审员共同组成合议庭。 3人：1（法官）+2（陪审员）；2（法官）+1（陪审员） 7人：3（法官）+4（陪审员，对法律适用问题无表决权）；公益诉讼适用 （2）由审判员组成合议庭。
	2.二审、提审程序	只能由审判员组成合议庭。
	3.再审程序	（1）原来是一审的案件，按照一审程序组成合议庭。 （2）原来是二审的案件或者经过提审的案件按照二审程序组成合议庭。
	4.特别程序	仅选民资格案件、重大疑难案件、担保财产标的额超过基层人民法院管辖范围的实现担保物权案件，是合议制，且要求必须由审判员组成。
	5.公示催告程序	除权判决阶段。
合议庭的主持	1.审判长负责主持，审判长由院长或庭长担任；院长或庭长未参加合议庭的，由院长或庭长指定合议庭中的审判员1人担任。 2.合议庭评议，实行少数服从多数的原则；形不成多数意见的，报审判委员会决定。评议中的不同意见，必须如实记入评议笔录。	
独任制的适用	1.普通程序（基本事实清楚、权利义务关系明确）、简易程序、小额诉讼程序。	
	2.二审程序：第一审适用简易程序审理结案的，不服民事裁定的；事实清楚、权利义务关系明确；双方当事人同意。（只限于中院）	
	3.特别程序中，一般适用独任制。	
	4.督促程序。	
	5.公示催告程序中的公示催告阶段。	
	6.人民法院审理下列民事案件，不得由审判员一人独任审理：（1）涉及国家利益、社会公共利益的案件；（2）涉及群体性纠纷，可能影响社会稳定的案件；（3）人民群众广泛关注或者其他社会影响较大的案件；（4）属于新类型或者疑难复杂的案件；（5）法律规定应当组成合议庭审理的案件；（6）其他不宜由审判员一人独任审理的案件。	
	7.人民法院在审理过程中，发现案件不宜由审判员一人独任审理的，应当裁定转由合议庭审理。当事人认为案件由审判员一人独任审理违反法律规定的，可以向人民法院提出异议。人民法院对当事人提出的异议应当审查，异议成立的，裁定转由合议庭审理；异议不成立的，裁定驳回。	

例：浙江省规定2000万元-5000万元的案件由中院管辖。李四欠了张三2000万元，王五是担保人。张三要想实现担保物权，可以走争讼，中院管辖，合议庭审理；也可以走非讼，走实现担保物权程序。但标的额是2000万元，担保财产标的额超过基层法院管辖范围，实现担保物权案件仍然由基层法院及其派出法庭管辖，但必须用合议制。

判断：

1.陪审员意见得到支持、形成多数的，可按该意见判决。（ × ）

分析：陪审员也属于审判人员，如果陪审员的意见形成多数的，"应当"按陪审员意见判决，而不是"可以"按照其意见作出判决。

2.再审程序中只能由审判员组成合议庭。（×）

分析：再审所适用的程序既可能是一审程序，也可能是二审程序，如果是按照一审程序审理，自然可能会有人民陪审员参与其中。

3.二审法院发回重审的案件，原审法院应当组成合议庭进行审理。（√）

分析：发回重审的案件，必须组成合议庭。原审一审程序可能是合议制，也可能是独任制，但是只要发回重审的案件，不管原审是合议制还是独任制，都必须组成合议庭作为审判组织。

4.法院适用特别程序审理案件，陪审员不参加案件的合议庭。（√）

分析：选民资格案件、重大疑难的案件和担保财产标的额超过基层法院管辖范围的实现担保物权案件，由审判员组成合议庭审理；其他案件由审判员一人独任审理，因此，人民陪审员不能参与特别程序案件的合议庭。

5.中级法院作为一审法院时，合议庭可以由审判员与陪审员共同组成，作为二审法院时，合议庭则一律由审判员组成。（√）

分析：合议庭的组成与审判程序是一审程序还是二审程序有关，与法院的级别无关，中级人民法院审理案件时合议庭的组成也因是一审程序和二审程序有所区别。

6.独任制只适用于基层法院及其派出法庭。（×）

分析：二审法院审理案件也可以适用独任制，也就是中级以上法院可以用独任制审理案件，因此错误。

（二）回避制度

回避制度，指为了保证民事案件的公正审理，要求符合法定回避情形的有关人员退出案件的审理活动或者其他诉讼活动的法律制度。

1.回避的人员。

回避的人员包括：审判人员（包括审判员和陪审员）、执行员、检察人员（出庭抗诉的检察人员＋当事人申请检察监督进行审查的检察人员＋公益诉讼中的检察人员）、书记员、翻译人员、鉴定人、勘验人员。

【注意】证人不适用回避，因为证人具有不可替代性。

2.回避决定权。

（1）院长担任审判长或者独任审判员时的回避，由审判委员会决定。

（2）审判人员（含陪审员）、书记员的回避，由院长决定。

（3）其他人员（翻译人员、鉴定人、勘验人）的回避，由审判长或者独任审判员决定。

（4）检察长的回避，由检察委员会决定。

（5）检察人员和其他人员（书记员、翻译人员、鉴定人、勘验人等）的回避，由检察长决定。

【注意】民事诉讼法与刑事诉讼法关于回避决定主体的规定：①相同点：院长的回避，由审判委员会决定；审判人员的回避，由院长决定。②不同点：民事诉讼中，其他人员的回避，由审判长决定，而刑事诉讼中，其他人员的回避，由院长决定。

3.回避的事由。

（1）是本案当事人或者当事人、诉讼代理人近亲属的；

（2）与本案有利害关系的；

（3）与本案当事人、诉讼代理人有其他关系，可能影响对案件公正审理的；

（4）本人或者其近亲属持有本案非上市公司当事人的股份或者股权的；

（5）担任过本案的证人、鉴定人、辩护人、诉讼代理人、翻译人员的；

（6）审判人员接受当事人、诉讼代理人请客送礼，或者违反规定会见当事人、诉讼代理人的；

（7）接受本案当事人及其受托人宴请，或者参加由其支付费用的活动的；

（8）索取、接受本案当事人及其受托人财物或者其他利益的；

（9）为本案当事人推荐、介绍诉讼代理人，或者为律师、其他人员介绍代理本案的；

（10）向本案当事人及其受托人借用款物的；

（11）在一个审判程序中参与过本案审判工作的审判人员，不得再参与该案其他程序的审判。

发回重审的案件，在一审法院作出裁判后又进入第二审程序的，原第二审程序中审判人员不受前款规定的限制。

例：某合同案件一审由A、B、C三人审理，当事人不服上诉，二审当中的二个合议庭成员是D、E、F三人，这三个人认为应该撤销原判，发回一审法院重审，A、B、C三人应回避，另行组成合议庭审理。发回重审后，一审法院作出的裁判还是未生效，甲还可以再上诉到二审法院。当甲再次上诉到二审法院时，二审法院的D、E、F三人还可以继续审理此案。因为先前的发回重审只是做了一个程序处理，没有对这个案子进行实体处理。

【注意】第1-5种情形，适用于申请回避和自行回避；6-11种情形，只适用于申请回避。

4.回避的方式。

（1）自行回避。即相关人员遇有法定事由或自己认为承办该案不适宜时，依法向有关组织或人员提出回避的申请。

（2）申请回避。案件当事人及其代理人，认为有关人员有法定回避事由时，可以向法院提出回避的请求。申请回避的时间为案件开始审理时提出，回避事由在此后知道的，可以在法庭辩论终结前提出。

（3）指令回避。审判人员有应当回避的情形，没有自行回避，当事人也没有申请其回避的，由院长或者审判委员会决定其回避。

5.对回避决定的救济。

法院对回避申请应在3日内作出决定，申请人不服决定，申请复议一次，法院3日内作出复议决定，并通知复议申请人。

人民检察院对回避申请应在3日内作出决定，申请人对决定不服的，可以在接到决定时向原决定机关申请复议一次，人民检察院应当在3日内作出复议决定。

【注意】复议权是申请回避的当事人享有的权利，被申请回避的人员对回避决定没有申请复议的权利。

6.回避的法律后果。

被申请回避的人员在人民法院和检察院作出是否回避的决定前，应当暂停参与本案的工作，但案件需要采取紧急措施的除外，紧急措施通常指需要采取保全措施；复议期间，被申请回避的人员，不停止参与本案的工作。

无论是申请回避还是最终决定回避，都不影响已经进行的诉讼程序的效力。

7.申请回避的时间：法庭辩论终结前提出。

例：张三与李四的合同纠纷一案，A、B、C三人来审，张三申请A回避，法院作出回避决定。

（1）A不服该决定，复议对不对？不对。A是被申请人，被申请人没有权利申请复议。

（2）法院作出不予回避的决定，申请人张三有复议权。

（3）张三申请A回避，A不能继续审理该案。但此时李四临时申请对张三的财产采取保全措施，就需要采取紧急措施，此时A作出的保全裁定是合法的。

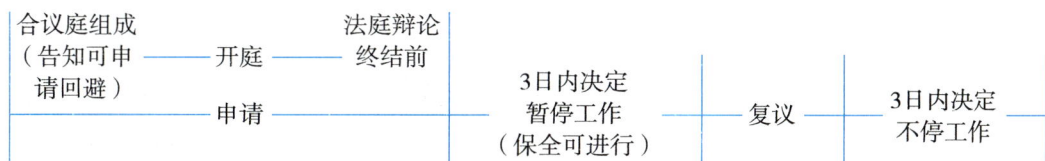

【注意】诉讼中回避的法律后果与仲裁中的规定不同。仲裁中因回避而更换仲裁员的，已经进行的程序可以依当事人的申请或者仲裁庭的决定重新进行，也可以不重新进行。

例1：当事人申请担任审判长或者独任审判员的审判人员回避的，应由院长决定；当事人申请陪审员回避的，应由院长决定；当事人申请法院翻译人员回避，由审判长或者独任审判员决定；法院驳回当事人的回避申请，当事人不服而申请复议，复议期间被申请回避人不停止参与本案的审理工作。（10年·卷三·37题）

例2：某区法院审理原告许某与被告某饭店食物中毒纠纷一案。审前，法院书面告知许某合议庭由审判员甲、乙和人民陪审员丙组成时，许某未提出回避申请。开庭后，许某始知人民陪审员丙与被告法定代表人是亲兄弟，许某可在知道丙与被告法定代表人是亲兄弟时提出回避申请；法院对回避申请作出决定前，丙要暂时停止参与本案审理；应由院长决定丙是否应回避；法院作出回避决定后，许某可对此提出复议。（15年·卷三·36题）

（三）公开审判制度

公开审判制度是指人民法院审理民事案件，除法院规定的情况外，审判过程及结果应当向群众、社会公开。

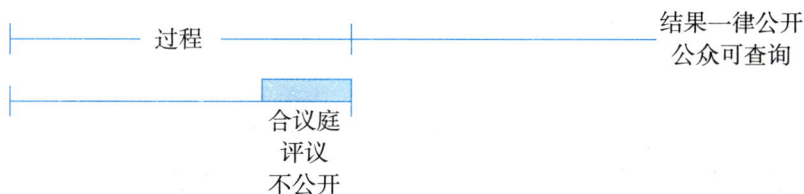

1.公开审判只包括开庭审理的过程以及法院判决宣告过程的公开，合议庭的评议过程不得公开。公开审理和不公开审理的案件都必须公开宣判。

【注意】诉讼以公开开庭审理为原则，以不公开开庭审理为例外。仲裁以不公开开庭审理为原则，以公开开庭审理和书面审理为例外。

判断：仲裁和诉讼都是以开庭审理为原则。（√）

分析：开庭审理意味着双方将进行直接的言辞辩论，这样更有利于裁判者查明事实、分清是非，只不过仲裁一般不公开（不对外），而法院一般公开（对外）。

2.不公开审判的案件。

（1）应当不公开审理的案件：涉及国家秘密、个人隐私或法律另有规定的案件，人民法院应当不公开审理。

（2）可以不公开审理的案件：涉及商业秘密、离婚案件，经当事人申请的，人民法院可以决定不公开审理。

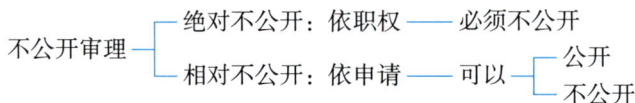

```
              ┌ 绝对不公开：依职权 —— 必须不公开
不公开审理 ─┤                                    ┌ 公开
              └ 相对不公开：依申请 —— 可以 ─┤
                                                    └ 不公开
```

【注意1】"可以不公开"的案件，程序上必须由当事人申请，法院才可以决定是否公开审理。当然，当事人申请不公开的，法院仍可以决定公开审理，也可以决定不公开审理。无论是公开审理的案件，还是不公开审理的案件，宣判时一律公开。

【注意2】离婚案件中如果涉及当事人的个人隐私，则属于应当不公开审理的案件。

3.裁判文书的公开。

（1）公众可以查阅发生法律效力的判决书、裁定书，但涉及国家秘密、商业秘密和个人隐私的内容除外。

（2）向作出该生效裁判的人民法院书面提出，并提供具体的案号或者当事人姓名、名称。

【注意】调解书的内容原则上不公开，公众不能查阅。

例：唐某作为技术人员参与了甲公司一项新产品研发，并与该公司签订了为期2年的服务与保密合同。合同履行1年后，唐某被甲公司的竞争对手乙公司高薪挖走，负责开发类似的产品。甲公司起诉至法院，要求唐某承担违约责任并保守其原知晓的产品。法院可以根据当事人的申请不公开审理此案，但应当公开宣判。（12年·卷三·36题）

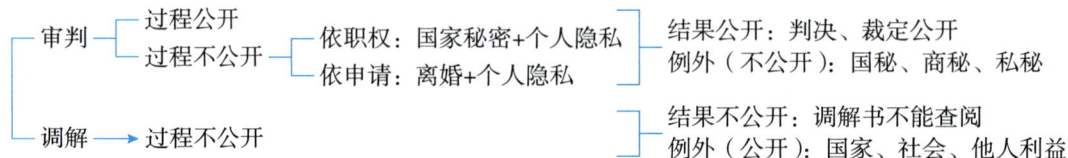

```
        ┌ 审判 ─┬ 过程公开                          ┌ 结果公开：判决、裁定公开
        │        └ 过程不公开 ─┬ 依职权：国家秘密+个人隐私 ─┤
        │                        └ 依申请：离婚+个人隐私      └ 例外（不公开）：国秘、商秘、私秘
        │                                                      ┌ 结果不公开：调解书不能查阅
        └ 调解 ──→ 过程不公开                                   └ 例外（公开）：国家、社会、他人利益
```

（四）两审终审制度

两审终审制，是指一个民事案件经过两级人民法院审判后即宣告终结的制度。

作为两审终审制的例外，下列案件和程序实行一审终审：

1.最高人民法院所作的一审判决、裁定，为终审判决、裁定。

2.适用小额诉讼程序、特别程序、督促程序、公示催告程序和破产程序审理的案件（非讼案件）。

3.不予受理、驳回起诉、管辖权异议、驳回破产申请裁定以外的所有裁定；所有的决定；一审以民事调解书结案的案件。

经典考题： 1.朱某和杨某离婚，经过法庭调解后俩人同意离婚，调解书出来后杨某因工作忙一直没拿，朱某拿到调解书不想离了，后悔了。法院怎么办？（2019年仿真题，单选）①

A.二人的婚姻关系没有解除，法院要根据新的事实重新判决

B.婚姻关系已经解除，朱某不能后悔

C.朱某后悔有效，两人的婚姻关系仍然存在

D.婚姻关系已经解除，本案属于可以不制作调解书的情形，杨某不签收和朱某反悔不影响调解书的效力

2.王某诉李某借款合同一案中，李某得知陪审员唐某私下会见王某代理律师张某，故申请唐某回避。下列哪些选项是正确的？（2018年仿真题，多选）②

A.唐某的回避应由院长决定　　　　　B.唐某有权就回避申请复议

C.李某应向院长提出对唐某的回避申请　　D.李某申请回避，需说明理由

---

① **【答案】** A

【考点】 调解书的送达、调解和判决的关系

【解题指引】 调解书必须经双方当事人签收才生效，未经签收即使双方知道调解书的存在也不能生效。

【解析】 调解书必须经双方当事人签收生效，本案中杨某没有签收调解书，所以调解书没有生效，当事人之间的婚姻关系没有解除，法院应该作出判决。所以A项正确，B项错误。两人的婚姻关系仍然存在的原因是杨某没有签收调解书，而不是朱某的反悔有效。朱某签收调解书后，如果杨某也签收了调解书，那么朱某反悔也无效。C项错误。可以不制作调解书的情形，限于调解维持婚姻关系、收养关系的案件，本案属于调解解除婚姻关系的案件，应该制作调解书，杨某不签收调解书，影响了调解书生效。D项错误。综上所述，本题答案为A。

② **【答案】** AD

【考点】 回避

【解题指引】 注意题目中审判人员是否由院长担任，若是院长担任审判人员，其不能决定自身是否回避。

【解析】 唐某为人民陪审员，属于审判人员，因此唐某的回避应由院长决定。故A选项正确。申请人对申请回避的决议不服的，可以申请复议一次，而被申请人即法院决定的相关人员不能申请复议。因此唐某不能申请复议，故B选项错误。李某也可以向合议庭提出回避申请，因此C选项错误。当事人申请回避需要说明理由，D选项说法正确。综上所述，本题答案为AD。技巧：回忆法庭布局，坐在审判台上的为审判人员，回避由院长决定；坐在审判台下的其他人回避都由审判长或者独任审判员决定。

专题三　主管与管辖

命题点拨

本专题是法考的重中之重。本专题的重要考点：民事诉讼与人民调解、仲裁的区别；中级人民法院管辖第一审民事案件的范围；地域管辖中的一般地域管辖、特殊地域管辖、专属管辖；裁定管辖中的移送管辖与管辖权的转移；管辖权异议的主体与法定期限；审判管辖权的异议与执行管辖权的异议之比较。其中，合同案件的管辖和侵权案件的管辖是难点和高频考点；应诉管辖制度及管辖权转移制度应特别关注。

知识体系图

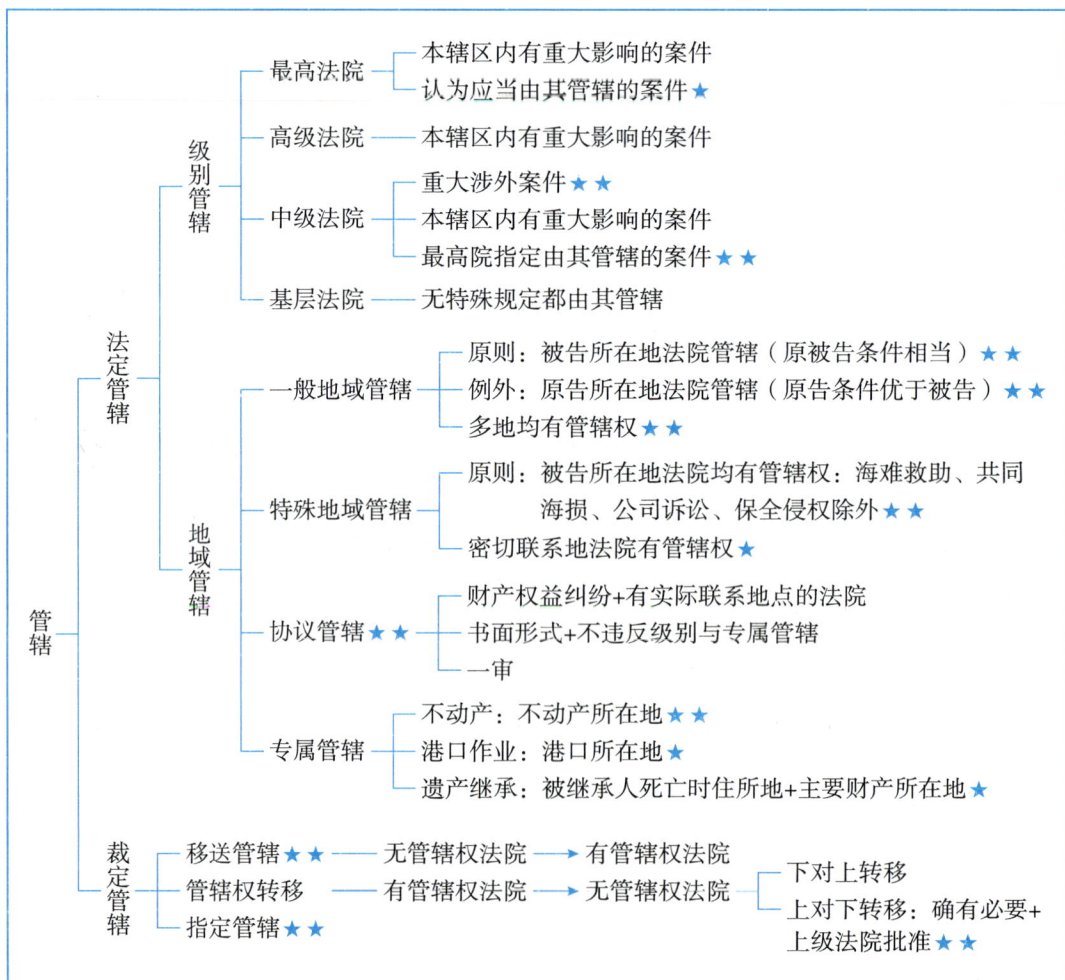

一、人民法院主管的范围

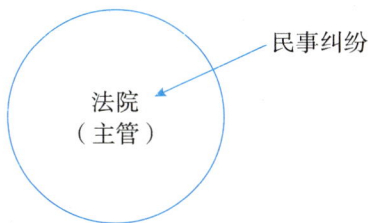

　　主管是指法院审判一定范围内民事纠纷的权限，即确定法院与其他组织之间解决民事纠纷的分工和权限。主管问题源于民事纠纷解决方式的多元性，和解、调解、仲裁、诉讼都是纠纷主体可以选择的纠纷解决方式，其中和解是双方当事人自行解决纠纷的方式，而人民调解、仲裁与诉讼均借助第三方的力量解决纠纷，人民调解与仲裁属于社会救济，诉讼则属于公力救济。这四种纠纷解决方式中，从和解、调解、仲裁到诉讼，自愿性逐渐减弱，强制性逐渐增强，民事诉讼是纠纷解决的最后一道屏障。

　　人民法院主管的案件为平等主体的公民、法人、其他组织之间因财产和人身关系产生的民事纠纷。

　　（一）人民调解与诉讼的关系：人民调解不是诉讼的必经程序

　　当事人可以不经人民调解委员会的调解，直接向人民法院起诉。即使经过人民调解，当事人仍然可以起诉，但是，在人民调解委员会的调解下达成的调解协议具有合同的性质，具有法律约束力。

　　1.一方当事人达成调解协议后反悔的，另一方当事人可就调解协议向法院提起诉讼。当事人是就调解协议而不是原纠纷提起诉讼。

　　例：2015年4月，居住在B市（直辖市）东城区的林剑与居住在B市西城区的钟阳（二人系位于B市北城区正和钢铁厂的同事）签订了一份借款合同，约定钟阳向林剑借款20万元，月息1%，2017年1月20日前连本带息一并返还。合同还约定，如因合同履行发生争议，可向B市东城区仲裁委员会仲裁。至2017年2月，钟阳未能按时履约。2017年3月，二人到正和钢铁厂人民调解委员会（下称调解委员会）请求调解。调解委员会委派了三位调解员主持该纠纷的调解。如调解成功，林剑与钟阳在调解委员会的主持下达成如下协议：2017年5月15日之前，钟阳向林剑返还借款20万元，支付借款利息2万元。该协议有林剑、钟阳的签字，盖有调解委员会的印章和三位调解员的签名。钟阳未按时履行该调解协议，林剑拟提起诉讼。在此情况下，应以钟阳为被告，不能以调解委员会为被告。（17年·卷三·96题）

　　2.人民调解协议达成后，无论当事人是否反悔，双方当事人都可以共同向人民法院申请司法确认。经法院确认有效时，可以强制执行；经人民法院确认调解协议无效的，当事人可以通过人民调解方式变更或达成新的调解协议，也可以就原民事纠纷向人民法院提起诉讼。

　　【注意】原则上，"和解协议"和"调解协议"（当事人制作）不能向法院起诉，也没有强制执行力；但有三个例外：人民调解协议、执行和解协议具有可诉性；双方同意、三方签章的法院的调解协议具有强制执行力。

调解书（法院制作）具有强制执行力。

（二）民商事案件的仲裁与民事诉讼的关系：或裁或审、一裁终局

1.民商事案件的仲裁与民事诉讼的关系是或裁或审、一裁终局。但仲裁裁决被法院裁定不予执行或撤销后，当事人可以重新达成仲裁协议申请仲裁，也可以向人民法院起诉；仲裁协议无效、失效，法院也有权受理当事人的起诉。

2.当事人达成有效的仲裁协议后：

（1）不应再向人民法院起诉。

（2）向法院起诉后，法院发现有仲裁协议的，裁定不予受理；受理后，发现有仲裁协议的或当事人在首次开庭前提出有仲裁协议成立的，裁定驳回起诉。

（3）向法院起诉后，当事人在首次开庭前未提交仲裁协议的，视为默示放弃仲裁协议，构成应诉管辖，人民法院应当继续审理。

【注意】仲裁适用于平等主体之间的合同纠纷和其他财产权益纠纷，平等主体间纯粹的人身权益纠纷，只能诉讼，不能仲裁。

（三）劳动争议仲裁与民事诉讼的关系：先裁后诉

1.和解、调解不是劳动争议案件的必经程序。

2.劳动仲裁是劳动争议案件的必经程序。

原则：对仲裁裁决不服的，才可以向人民法院提起诉讼。

例外：《劳动争议案件解释（一）》第15条规定，劳动者以用人单位的工资欠条为证据直接提起诉讼，诉讼请求不涉及劳动关系其他争议的，视为拖欠劳动报酬争议，人民法院按照普通民事纠纷受理。

例：甲公司和乙公司签订了一份安装合同。乙公司的工作人员在进行安装过程中，不慎将甲公司职工孙某的右脚砸成粉碎性骨折。围绕着孙某的损失赔偿问题，各方当事人发生争议。孙某可以通过两种方式解决自己的损失赔偿问题：

其一，孙某可以乙公司为被告向法院提起侵权损害赔偿诉讼。此时孙某依据的是与乙公司之间存在的侵权法律关系。

其二，孙某可以甲公司为被申请人提起劳动争议仲裁，对仲裁裁决不服的，在法定期限内以甲公司为被告向法院提起诉讼。此时孙某依据的是与甲公司之间存在的劳动合同关系。

二、级别管辖

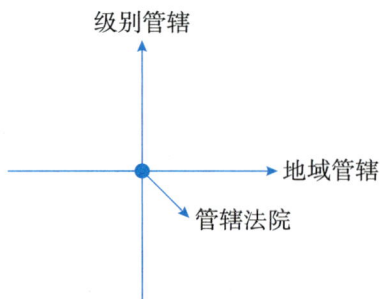

（一）级别管辖的概念

级别管辖，是指按照一定的标准，划分上下级法院之间受理第一审民事案件的分工和权限。

（二）各级人民法院管辖的一审民事案件

1.最高人民法院管辖的案件有三类：（1）在全国范围内有重大影响的案件；（2）最高院认为应当由本院审理的案件。

2.高级人民法院管辖在本辖区内有重大影响的案件。

3.中级人民法院管辖的第一审案件：

（1）重大涉外案件：指争议标的额大，或者案情复杂，或者一方当事人人数众多的涉外案件。

【注意】一般的涉外案件可以由基层人民法院管辖。

（2）在本辖区有重大影响的案件：诉讼标的额大或诉讼单位为省、自治区、直辖市以上。

（3）最高人民法院确定由中级人民法院管辖的一审案件：海事、海商案件；认定仲裁协议效力的案件、撤销仲裁裁决的案件、仲裁裁决的执行与不予执行、涉外仲裁中的证据保全与财产保全；重大的涉港、澳、台民事案件。

【注意】专利纠纷案件的管辖法院为：知识产权法院、最高人民法院确定的中级人民法院和基层人民法院。

公益诉讼案件原则上中级法院有管辖权，但对于环境民事公益诉讼案件，基层法院也有管辖权。

【小结】海事、海商案件只能由中级法院管辖；仲裁、专利、公益诉讼案件原则上由中级法院管辖，例外情况下基层法院也有管辖权。

4.基层人民法院管辖上级法院管辖的案件以外的全部案件。

例：美国人汤姆等18人在我国对我国某公司提起合同违约之诉，案件标的额为3万元，并且案情较为简单，本案应属于中级人民法院管辖。因为本案满足"涉外"要素中"当事人一方或双方具有外国国籍"，并且符合"重大"情况中"一方当事人人数众多"这一情况，是"重大涉外"案件，由中级人民法院管辖。

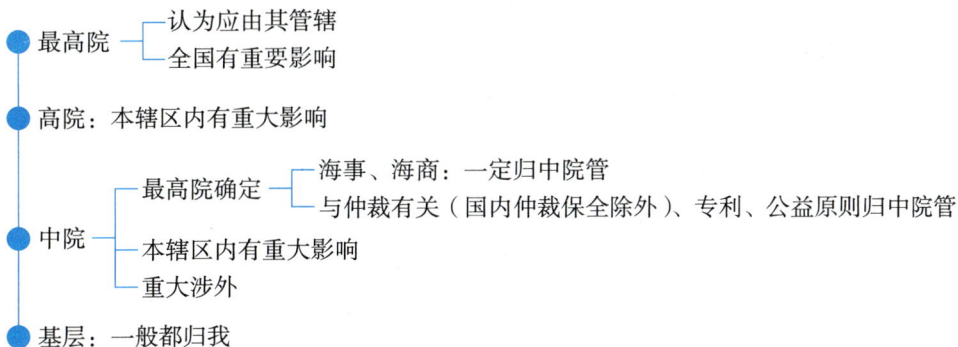

判断：

1.中级人民法院、基层人民法院都可以管辖涉外和非涉外案件。（√）

分析：重大涉外案件由中级人民法院管辖，一般涉外案件由基层人民法院管辖，而非涉外案件，四级法院都有管辖权，因此该判断正确。

2.中级法院可以管辖涉外和非涉外案件。(√)

分析：对于国内案件，从基层人民法院到最高人民法院都享有管辖权；对于涉外案件，重大涉外案件中级人民法院享有管辖权。因此中级人民法院可以管辖涉外和非涉外案件。

3.高级人民法院管辖的一审民事案件包括在本辖区内有重大影响的民事案件和它认为应当由自己审理的案件。(×)

分析：高级人民法院不享有想管辖什么案件就管辖什么案件的权力，只有最高人民法院享有这种权力，高级人民法院只能管辖在本辖区范围内有重大影响的案件，因此错误。

三、地域管辖

地域管辖是指同级人民法院之间按照各法院的辖区和民事案件的隶属关系受理第一审民事案件的分工和权限。地域管辖分为一般地域管辖、特殊地域管辖、协议管辖、专属管辖。

（一）一般地域管辖

1.一般地域管辖的确定标准：当事人的所在地与法院辖区的关系。即当事人在哪个法院辖区里，就由该法院管辖此案。在我国，法院辖区和行政区划是相一致的。

（1）法人和其他组织的所在地就是法人和其他组织的住所地。此住所地是指法人和其他组织的主要办事机构所在地。主要办事机构所在地不能确定的，法人或者其他组织的注册地或者登记地为住所地。

（2）自然人所在地包括其住所地、经常居住地。自然人的所在地依下列顺序确定：

①经常居住地优先：经常居住地，是指离开住所至起诉时连续居住满1年的地方，但是住院就医的地方除外。

住所地与经常居住地不一致时，经常居住地优先于住所地。

住所地未确定时，有经常居住地的，以经常居住地为所在地。

②无经常居住地和住所地：户籍迁出后尚未落户，有经常居住地的，由该地人民法院管辖；没有经常居住地的，由其原户籍所在地人民法院管辖。

【注意】经常居住地包括不可或缺的三个要素：①起诉时仍住在这里；②连续居住了1年以上；③并非就医。

例：（管辖—经常居住地）

1.甲在北京住了1年，户口在山西太原，在北京住了1年，在上海住了两年，在广州住了3年，现在在昆明住了6个月被别人起诉了。昆明是不是经常居住地？

分析：不是。因为昆明只住了6个月。这个案子当中没有经常居住地，只有住所地到太原去告。

2.甲户口是太原的，然后在北京住了1年，在海口住了6个月，又到北京住了1年，再回海口住了6个月。现甲被乙起诉，乙要到哪起诉？

分析：太原。因为甲在海口虽然住满了1年，但不连续。

3.丙在北京读书，他的户籍原来是在北京。他从北京读完书之后，打算到深圳工作，但户口没有落在深圳。

分析：（1）在深圳工作2年后被别人起诉了，那么应当由何地法院管辖？深圳。因为深圳成了经常居住地。

（2）在深圳工作8个月后被别人起诉了，应由何地法院管辖？北京。深圳没有成为经常居住地，原告应到原住所地法院北京起诉。

法人：主要办事所在地 ＞ 注册地、登记地

自然人：经常居住地 ＞ 住所地（户籍所在地）

2.一般地域管辖的确定。

（1）原则——原被告条件相当时，由被告所在地人民法院管辖。

（2）例外——原被告条件不相当时，原告所在地人民法院有管辖权。

被告所在地人民法院管辖的具体案件 （原被告条件相当）	原告所在地人民法院管辖的具体案件 （原被告条件不相当）
	对不在中华人民共和国领域内居住的人提起的有关身份关系的诉讼。
	对下落不明或者宣告失踪的人提起的有关身份关系的诉讼。
双方当事人都被监禁或被采取强制性教育措施的，由被告原住所地人民法院管辖。被告被监禁或被采取强制性教育措施1年以上的，由被告被监禁地或被采取强制性教育措施所在地人民法院管辖。	对一方被采取强制性教育措施的人和被监禁的人提起的诉讼。
双方均被注销户口的，由被告居住地的人民法院管辖。	被告一方被注销户口的，由原告所在地人民法院管辖。
夫妻双方离开住所地超过1年，一方起诉离婚的案件，由被告经常居住地人民法院管辖。被告没有经常居住地的，由原告起诉时被告居住地的人民法院管辖。	

夫妻一方离开住所地超过1年，另一方起诉离婚的案件，可以由原告住所地人民法院管辖。（原告+被告）

追索赡养费案件的几个被告住所地不在同一辖区的，可以由原告住所地人民法院管辖。也就是说，确定赡养费案件管辖的标准是看几个被告的住所地是否在一个法院辖区。（原告+被告）

中国公民双方在国外但未定居，一方向人民法院起诉离婚的，应由原告或者被告原住所地人民法院管辖。（原告+被告）

不服指定监护或者变更监护关系的案件，可以由被监护人住所地人民法院管辖。（被监护人+被告）

【注意1】对不在中国境内居住的人、下落不明的人、宣告失踪的人提起的诉讼并非均由原告住所地法院管辖，只限于身份关系的案件提起的诉讼；如果是对上述三类人提起的财产关系的案件，仍然由被告住所地法院管辖。

【注意2】"被告被监禁或被采取强制性教育措施1年以上"，并不是指被告被判处的刑期或者被确定的采取强制性教育措施的期限为1年以上，而是指被告被实际监禁或者被实际采取强制性教育措施的期限在1年以上。可见，在我国民事诉讼实践中，实际上将被告被监禁或采取强制性教育措施1年以上的地方视为了被告的经常居住地。

【注意3】双方当事人均为军人或者军队单位的民事案件由军事法院管辖。否则由普通法院管辖。

【注意4】追索赡养费案件的几个被告住所地不在同一辖区的，可以由原告住所地人民法院管辖，此时被告住所地和原告住所地的法院都有管辖权；如果几个被告的住所地在一个法院辖区，不属于特殊情形，只能是原告就被告，只有被告住所地的法院有管辖权。

例1：A区的甲和B区的乙于2008年结婚，乙在2009年的3月被C区法院判了6年有期徒刑并关在C区监狱。2011年4月，甲决定起诉和被关押的乙离婚，哪里有管辖权？

分析：A区法院。首先应判断是被告单方被关押，还是原被告双方被关押。本案只有被告被关押，无论其在监狱被关多长时间，都不以之确定管辖。我们应在原告的所在地，即经常居住地优先于住所地来起诉，因此选择A区。

例2：A区的甲和B区的乙于2008年结婚，婚后住在A区。2010年4月，甲乙因共同犯罪，都被判了6年有期徒刑，被关押在C区监狱。2011年3月，甲要和乙离婚，哪里有管辖权？

分析：B区法院。在第二种情况下是不是双方都被监禁了？双方都被监禁，那就原告就被告。要找被告的地点，我们先看被告被监禁、被采取强制性教育措施是不是超过1年。本案中虽然乙被判了6年，但在监狱里还不到1年，所以只有回到乙的原住所地，那就是B区。

例3：张某和薛某均为甲市人，双方在甲市登记结婚，后薛某在乙市被判处有期徒刑3年，薛某服刑1年后，张某将户口迁至丙市。（1）张某欲起诉与尚在服刑的薛某离婚，丙市法院对此案有管辖权。（2）若薛某服刑1年后，张某因为是薛某贪污罪的共犯而被判刑10年，在丁地服刑，现张某起诉薛某离婚，乙市法院有管辖权。本案属于双方都被监禁，而被告被监禁1年以上的情形，由被告被监禁地法院管辖。

（二）特殊地域管辖

我国民事诉讼法规定的特殊地域管辖，是指以被告住所地、诉讼标的所在地、法律事实所在地为标准确定的管辖。

1.特殊地域管辖的确定标准：按照法律事实所在地或诉讼标的所在地与法院辖区的关系为标准确定的管辖。

2.特殊地域管辖的确定规则：

（1）除因海难救助、共同海损、公司诉讼、保全侵权引起的纠纷案件以外，其他各类纠纷案件，被告住所地人民法院均有管辖权；

（2）密切联系是确定特殊地域管辖的重要规则，即与纠纷案件密切联系地点的人民法院对特殊地域管辖纠纷案件有管辖权。

3.合同案件管辖的确定思路。

（1）仲裁协议优先。合同案件属于财产权益纠纷，当事人约定有效的管辖协议的，排除法院管辖，由约定的仲裁机构仲裁。

（2）专属管辖优先。农村土地承包经营合同纠纷、政策性房屋买卖合同纠纷、房屋租赁合同纠纷、建设工程施工合同纠纷这四类合同纠纷，属于与不动产有关的合同纠纷，从形式上看既属于合同案件，又属于不动产案件，而上述不动产合同纠纷按照专属管辖的规定属于不动产纠纷，必须适用专属管辖的规定，只能由不动产所在地法院专属管辖，而不适用合同案件法定管辖的规定，不能由合同履行地或被告住所地法院管辖。

（3）协议管辖约定优先。合同纠纷案件属于财产权益纠纷案件，当事人如果签订有有效的管辖协议，则由协议管辖的法院行使管辖权，不适用法定管辖的规定。

（4）在没有有效协议管辖的基础上，按照法定管辖的思路确定管辖法院：

①首先，被告住所地法院必有法定管辖权：按照法定管辖的思路，被告住所地法院一定享有管辖权，无论双方是否明确约定了合同履行地、约定的合同履行地在哪儿以及合同是否实际履行。

②其次，合同履行地法院不一定享有对案件的管辖权：

其一，只有约定履行地，合同没有实际履行：看当事人约定的履行地与双方当事人住所地是否重合。如果约定的履行地在其中一方住所地（此时只看约定履行地是否和原告住所地重合，因为被告住所地的法院此时已经享有案件的管辖权），约定履行地人民法院（即原告住所地法院）一定对案件有管辖权；如果约定的履行地是双方住所地以外的第三个地点，与原告住所地的法院不重合，则约定履行地的法院没有管辖权。

例：1.北京人和上海人签订买卖大米的合同，约定履行地在广州，但合同没有实际履行。北京人欲诉上海人。何地法院有管辖权？

分析：管辖法院只能在被告人住所地上海。此案是合同案件，专属管辖和协议管辖都不适用，应适用法定管辖的规定。首先被告住所地上海的法院一定有管辖权；约定履行地在广州，实际履行地不存在，且约定履行地广州与原被告住所地北京和上海都不在同一个地方，因此约定履行地法院无管辖权，即履行地法院无管辖权。有管辖权的法院只能在被告住所地上海。

2.题1中如果约定履行地在北京，则何地法院有管辖权？

分析：首先，被告住所地上海的法院有管辖权；其次，约定履行地在北京，约定履行地与原告住所地重合，约定履行地作为合同履行地取得管辖权。此案有管辖权的法院为被告住所地上海的法院和合同履行地北京的法院。

3.题1中如果约定履行地在上海，则何地法院有管辖权？

分析：首先，被告住所地上海的法院有管辖权；其次，约定履行地在上海，约定履行地与被告住所地重合，约定履行地作为合同履行地取得管辖权。此案有管辖权的法院为上海的法院，上海既是被告住所地，又是合同履行地，两地重合。

其二，实际履行地和约定履行地同时存在：约定履行地法院优先于实际履行地，约定履行地的法院作为履行地的法院，取得管辖权。

例：北京人和上海人签订买卖大米的合同，约定履行地在广州，实际履行地在深圳。北京人欲诉上海人。何地法院有管辖权？

分析：上海的法院和广州的法院有管辖权。首先，被告住所地上海的法院有管辖权；其次，本案中既有约定履行地，又有实际履行地，约定履行地优先，因此广州的法院有管辖权，实际履行地法院没有管辖权。

其三，只有实际履行地：履行地法院有管辖权。此时履行地按照如下标准确定：

A.不看诉求：

a.交付其他标的的，履行义务一方所在地为合同履行地。

b.财产租赁合同、融资租赁合同，以租赁物使用地为合同履行地。

c.以信息网络方式订立的买卖合同：通过信息网络交付标的的，买受人住所地为合同履行地，通过其他方式交付标的的，收货地为合同履行地。

B.看诉求：

a.争议标的为给付货币的，接受货币一方所在地为合同履行地。

b.交付不动产的，不动产所在地为合同履行地。

c.即时结清的案件，以交易行为地为合同履行地。

例1：一个北京人把杭州的房子卖给了一个上海人，北京人履行了全部的合同义务，房子也交付了，手续也办完了，但是上海人有合同尾款20万元没有交付。这个案件是原告要求被告给付货币。所以被告住所地上海的法院有管辖权且合同履行地北京的法院也有管辖权。

例2：上海人把购房款都给了北京人，北京人不交房。现在上海人诉北京人交付房屋。这是不是合同纠纷？是合同纠纷，被告住所地北京的法院一定有管辖权。合同的履行地现在在哪？杭州。因为原告是要求被告给付不动产，不动产所在地在杭州。

例3：北京的买家向广州的卖家买了一个游戏武器装备，结果广州的卖家收到钱之后没有交付这个武器装备。本案通过网络方式交付标的物，这个时候产生的纠纷，合同履行地就在买受人住所地，就是北京买家所在地。

例4：北京的买家在广州的卖家那里买了一件衣服，这件衣服不是给自己的，是给湖北武汉的妈妈的生日礼物，结果收到之后发现货物有瑕疵，那这个时候北京人诉广州人，合同履行地在湖北武汉。因为它不是通过网络方式交付标的物，它是通过快递的方式实际交付的，即通过其他方式交付标的物，收货地湖北武汉市就是合同履行地。

【小结】合同案件管辖的确定思路。

```
                仲裁协议
                          农村土地承包经营合同
        合  专属管辖      政策性房屋买卖合同
        同              房屋租赁合同
        案              建设工程施工合同
        件  协议管辖 —— 有实际联系地点的法院
        管
        辖              被告住所地 —— 一定有管辖权
           特殊地
           域管辖                    与当事人住所地重合：有
                        未履行
                                    与当事人住所地不重合：无
                  合同履
                  行地                       交易行为地：即时结清
       不一定有管辖权                        租赁物使用地：财产租赁、融资租赁
                        约定优先：
                        约定与实际                        网络方式交付：买受人
                        同时存在                          住所地
                                    网络买卖
                        履行                            其他方式交付：收货地
                        实际履行地：
                        合同实际履行   接受货币方：诉求给付货币
                                    不动产所在地：诉求给付不动产
                                    义务履行方：诉求履行其他义务
```

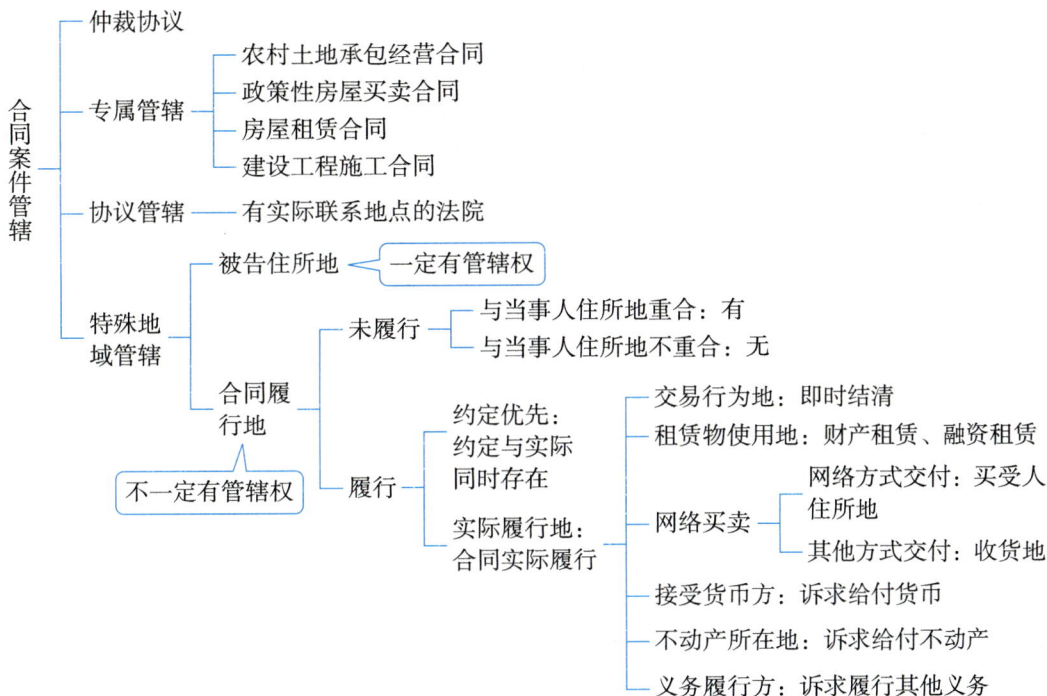

【注意1】代位权和撤销权诉讼：

①代位权诉讼的管辖：由被告（次债务人）住所地人民法院管辖。此时债务人可以列为无独立请求权第三人。债务人在代位权诉讼中，对超过债权人代位请求数额的债权部分起诉次债务人的，人民法院应当告知其向有管辖权的法院另行起诉。

②撤销权诉讼的管辖：由被告（债务人）住所地人民法院管辖。此时受益人或受让人可以列为无独立请求权第三人。

【注意2】主合同和担保合同发生纠纷的管辖：根据主合同确定案件管辖。担保人承担连带责任的担保合同发生纠纷，债权人向担保人主张权利的，应当由担保人住所地的法院管辖。主合同和担保合同选择管辖的法院不一致的，应当根据主合同确定案件管辖。

【注意3】保险合同纠纷：

①财产保险：被告住所地或者保险标的物所在地人民法院。

移动保险标的物（运输工具、运输中的货物）：运输工具登记注册地、保险事故发生地、运输目的地、被告住所地。

②人身保险合同：可以由被保险人住所地法院管辖（被保险人和被告住所地法院有管辖权）。

【注意4】因铁路、公路、水上、航空运输和联合运输合同纠纷提起的诉讼，由运输始发地、目的地或者被告住所地人民法院管辖。

【注意5】票据纠纷：被告住所地和票据支付地法院管辖。

4.侵权案件的地域管辖。

（1）因侵权行为提起的诉讼，由侵权行为地或者被告住所地人民法院管辖。

【注意】侵权行为地，包括侵权行为实施地、侵权结果发生地。

（2）几种特殊侵权案件的地域管辖：特殊侵权案件的管辖遵循一般地域管辖的原则规定，在侵权行为地和被告住所地之外，又增加了其他有管辖权的法院。

①产品、服务质量侵权纠纷的管辖法院：被告住所地、侵权行为地、产品制造地、产品销售地、服务提供地。

例：甲县的电热毯厂生产了一批电热毯，与乙县的昌盛贸易公司在丙县签订了一份买卖该批电热毯的合同。丁县居民张三在出差到乙县时从昌盛贸易公司购买了一条该批次的电热毯，后在使用过程中电热毯由于质量问题引起火灾，烧毁了张三的房屋。张三欲以侵权损害为由诉请赔偿。甲县是被告电热毯厂的所在地，乙县是产品销售地，丁县是张三所在地，但张三的房屋在丁县被烧，此处也是侵权结果发生地，因此，甲县、乙县、丁县法院对此案有管辖权。丙县是合同签订地，按照法律规定合同签订地的法院对产品质量侵权案件无管辖权。甲县、乙县、丁县法院对该纠纷都有管辖权。（07年·卷三·80题）

②著作权、商标权侵权纠纷案件的管辖法院：被告所在地、侵权行为的实施地、侵权复制品（商品）储藏地或者查封、扣押地。

③新闻侵权案件管辖法院：被告住所地、报刊杂志销售地、被侵权人住所地法院管辖。

报刊、杂志的发行销售地视为侵权行为发生地，受侵害的公民、法人和其他组织的住所地视为侵权结果发生地。

【注意】合同关系与侵权关系经常并存于同一纠纷案件之中，此时产生请求权竞合，应根据原告的诉讼请求确定管辖法院。如果在合同履行过程中发生侵权，则此案有管辖权的法院，根据合同纠纷为被告住所地和合同履行地，根据侵权纠纷为被告住所地和侵权行为地。

例：某省海兴市的《现代企业经营》杂志刊登了一篇自由撰稿人吕某所写的报道，内容涉及同省龙门市甲公司的经营方式。甲公司负责人汪某看到该篇文章后，认为《现代企业经营》作为一本全省范围内发行的杂志，其所发文章内容严重失实，损害了甲公司的名誉，使公司的经营受到影响。于是甲公司向法院起诉要求《现代企业经营》杂志社和吕某赔偿损失5万元，并进行赔礼道歉。甲公司提起诉讼时，可以选择的法院有：被告《现代企业经营》杂志社所在地的海兴市A区法院、被告吕某住所地的海兴市B区法院、汪某住所地的龙门市C区法院作为侵权行为地的法院（《现代企业经营》作为一本全省范围内发行的杂志，龙门市C区也属于"全省范围内"，因此龙门市C区属于侵权行为的发生地）和甲公司所在地的龙门市D区法院作为侵权行为地的法院（原告住所地，也是侵权结果发生地），都有管辖权。（08年·卷三·97题）

④铁路、公路、水上和航空事故请求损害赔偿：被告住所地；事故发生地；车辆、船舶最先到达地、航空器最先降落地。

⑤网络侵权：计算机等信息设备所在地、被侵权人住所地、被告住所地法院。

⑥保全侵权：采取保全措施的、受理起诉的法院。（无被告住所地）

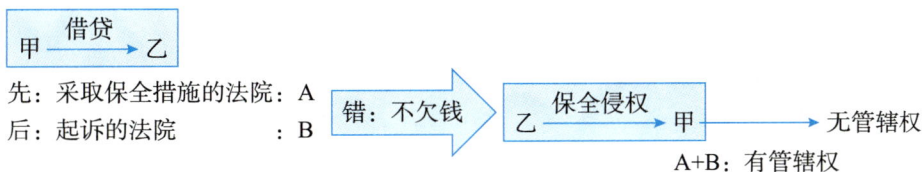

例：

一、诉前保全侵权

上海的李四欠北京的张三200万元，现张三欲起诉李四偿还借款，发现李四转移其在广州市白云区的房产。

1.张三可以向哪些法院申请采取保全措施？

分析：对诉前保全有管辖权的法院：被申请人住所地法院——上海；被保全财产所在地的法院——广州；对案件有管辖权的法院——上海（被告住所地）；北京（合同履行地，要求给付货币的，接受货币方为合同履行地）。

张三选择了被保全财产所在地广州的法院申请诉前保全，广州的法院就是采取保全措施的法院。

2.诉前保全措施采取后，张三在30日内向被告住所地上海的法院起诉了李四。上海的法院受理了案件。上海的法院是受理案件的法院。

3.上海的法院经审理，判决李四不欠张三钱。

4.李四起诉张三赔偿因错误采取保全措施给自己造成的损害，这个案件就叫保全侵权。有管辖权的法院就是采取保全措施的广州的法院和受理起诉的上海的法院。

5.前案中，如果广州的法院诉前保全措施采取后，张三没有向上海的法院起诉李四。则张三的行为也属于错误采取保全措施给李四造成了损害。李四起诉张三赔偿因错误采取保全措施给自己造成的损害。这个案件就叫保全侵权。有管辖权的只有采取保全措施的广州的法院。此时受理起诉的法院不存在。

二、诉讼保全侵权

上海的李四欠北京的张三200万元，现张三向被告住所地的上海的法院起诉李四偿还借款，上海的法院受理了案件。诉讼中，张三申请对李四在广州市白云区的房产进行财产保全，只能向受理案件的上海的法院申请采取保全措施（诉讼中的保全必须向受理案件的法院提出）。上海的法院经审理发现李四不欠张三200万元。李四起诉张三要求赔偿因错误采取保全措施给自己造成的损害，就只能向受理案件的上海的法院起诉（此时采取保全措施的法院和受理起诉的法院重合）。

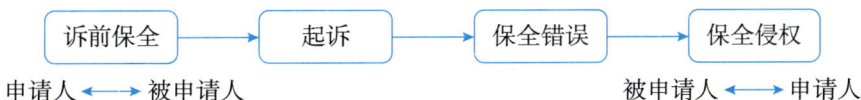

5.海难救助费用：救助地或者被救助船舶最先到达地人民法院。

6.共同海损：船舶最先到达地、共同海损理算地或者航程终止地人民法院。

7.公司诉讼：

（1）案件：公司设立、确认股东资格、分配利润、解散、股东名册记载、请求变更公司登记、股东知情权、公司决议、公司合并、公司分立、公司减资、公司增资等纠纷。

（2）法院：公司住所地人民法院管辖。

（三）协议管辖

协议管辖，又称合意管辖或约定管辖，指双方当事人在纠纷发生之前或之后以书面方式约定特定案件的管辖法院。

1.诉讼中的协议管辖必须具备以下条件：

（1）协议管辖只适用于合同或者其他财产权益纠纷。其他财产权益纠纷包括财产侵权、不当得利、无因管理等，涉及当事人身份关系的民事纠纷不得协议管辖。

因同居或者在解除婚姻、收养关系后发生财产争议，约定管辖有效。

（2）只适用于一审的地域管辖。

（3）协议管辖必须采用书面形式，口头协议一律无效。

（4）限于被告住所地、合同履行地、合同签订地、原告住所地、标的物所在地人民法院和其他有实际联系地点的人民法院。

（5）协议选择的法院必须是明确的，可以约定两个以上法院。

（6）不得违反级别管辖和专属管辖的规定。

2.特殊情形：

（1）格式合同中的管辖协议。

经营者使用格式条款与消费者订立管辖协议，未采取合理方式提请消费者注意，消费者主张管辖协议无效的，管辖协议无效。

（2）当事人住所地变更：由签订管辖协议时的住所地人民法院管辖，当事人另有约定的除外。

例：北京的张三和上海的李四签订了一个买卖合同，这个合同约定：如果发生纠纷，由张三住所地法院管辖。张三当时的住所地是在北京海淀区。签完管辖协议后，张三的户口从北京海淀区挪到了北京的西城区。此时由签订管辖协议时的住所地海淀区法院管辖，西城区法院无管辖权，当事人另有约定的除外。

（3）合同转让：协议管辖对合同受让人有效。

转让时受让人不知道有管辖协议，或者转让协议另有约定且原合同相对人同意的除外。

例：北京人张三和上海人李四签订了一个买卖口红的合同，然后约定：这个合同如果产生纠纷，由北京人张三住所地的海淀区法院管辖。协议签完之后，张三把他的主合同转让给了广州人王五。买卖口红的合同原来的主体是张三和李四，现在变成了王五和李四。结果王五和李四在履行合同过程当中发生了争议，他现在要解决这个合同争议，请问原来的管辖协议对合同受让人王五有没有效？也就是说，广州人王五和上海人李四的这个合同纠纷要到哪管辖？

分析：原则上管辖协议有效。王五和李四的纠纷要到海淀区法院管辖。例外：王五在受让这个主合同的时候，他的主合同和管辖协议是分开写的，如果王五受让只看到了主合同，没有看到管辖协议，那管辖协议对王五无效。

（四）专属管辖

专属管辖，是指法律规定某些特殊类型的案件专门由特定的法院管辖。专属管辖与一般地域管辖和特殊地域管辖的关系是，凡法律规定为专属管辖的诉讼，均为专属管辖，不得适用一般或特殊地域管辖。

1.专属管辖的案件。

（1）因不动产纠纷提起的诉讼，由不动产所在地人民法院管辖。

【注意】并不是涉及不动产的案件都是不动产纠纷，在与不动产有关的案件中，以下案件认定为"不动产纠纷"：①不动产物权纠纷属于专属管辖：不动产的权利确认、分割、相邻关系等；②农村土地承包经营合同纠纷；③政策性房屋买卖合同纠纷；④房屋租赁合同纠纷；⑤建设工程施工合同纠纷。

以下案件不能认定为"不动产纠纷"：①房屋等不动产的侵权纠纷案件，如房屋相邻关系引起的侵权，属于特殊地域管辖中的侵权案件，侵权行为地、被告住所地法院有管辖权；②不动产纠纷与继承纠纷竞合时，按继承案件专属管辖的规定确定管辖法院。

例：甲县居民刘某与乙县大江房地产公司在丙县售房处签订了房屋买卖合同，购买大江公司在丁县所建住房1套。双方约定合同发生纠纷后，可以向甲县法院或者丙县法院起诉。后因房屋面积发生争议，刘某欲向法院起诉。此案中的刘某购买大江房地产公司的房屋，应为商品房买卖合同纠纷，属于合同纠纷，不能定性为专属管辖。财产权益纠纷，当事人可以协议管辖，协议管辖中的甲县法院和丙县法院是当事人所在地和合同签订地，与案件有密切联系，且协议管辖约定两个以上管辖权法院的，协议管辖有效。甲县和丙县法院有管辖权。（06年·卷三·40题）

（2）因港口作业中发生纠纷提起的诉讼，由港口所在地人民法院管辖。

（3）因继承遗产纠纷提起的诉讼，由被继承人死亡时住所地或者主要遗产所在地人民法院管辖。

【注意】在继承遗产纠纷案件中，继承人是原被告，而有管辖权的法院是被继承人死亡时住所地法院，与原被告所在地没有任何关联。对于被继承人而言，其不是案件的当事人，所以一般地域管辖中当事人的经常居住地优先于住所地的原则对其是不适用的。被继承人即使在住所地之外有经常居住地，这类案件也只按照被继承人死亡时的住所地确定管辖法院，被继承人的经常居住地法院不享有管辖权。

例：老张的住所地在北京昌平区，经常居住地在北京丰台区。2010年10月，老张在丰台区因病去世，其在海淀区留有一栋价值80万元的房屋，同时在朝阳区有一笔存款120万元。老张的两个儿子因继承遗产发生纠纷，请问何处法院有管辖权？

分析：昌平区和朝阳区。首先，作为被继承人的老张已经去世，一个已经去世的人不存在经常居住地的概念，被继承人死亡时住所地就是老张所在的昌平区，而不是丰台区，经常居住地优先于住所地的原则在此案中不适用，因此昌平区法院有管辖权而不是丰台区。其次，老张的遗产中既有动产又有不动产，动产的经济价值更大，因此动产是主要遗产，朝阳区法院有管辖权而不是海淀区。

【注意】以上所讲的三种专属管辖的规定，不论是国内还是涉外案件都必须遵循这些规定。而对于涉外案件，我国还有特殊的专属管辖的规定，即在中国境内履行的中外合资经营企业合同、中外合作经营企业合同、中外合作勘探开发自然资源合同的案件，专属于中国法院管辖，排除外国法院的管辖权。

2.专属管辖不能对抗仲裁。

无论何种专属管辖的案件，当事人都可以签订仲裁协议，以仲裁的方式解决争议。因为专属管辖规定的是法院内部的分工和权限，有效的仲裁协议可以排除法院管辖，案件不能进入到法院以诉讼方式解决，也就不涉及专属管辖的问题了。

例：中外合资经营企业甲公司与乙公司的纠纷，专属于中国法院管辖。（×）

分析：错误。在涉外纠纷中，专属于中国法院管辖的案件是仅限于在中国境内履行的中外合资经营企业合同、中外合作经营企业合同、中外合作勘探开发自然资源合同这三类合同纠纷案件。而根据这些合同成立的企业作为一个普通民事主体，其与其他主体发生的民事纠纷，适用管辖的一般规定，可能由中国法院管辖，也可能由外国法院管辖，并不属于涉外专属管辖规制的案件。该表述错误。

（五）共同管辖与选择管辖

共同管辖与选择管辖实际上是一个问题的两个方面。从人民法院的角度看，一个民事案件，两个以上的人民法院都有管辖权，就形成了两个以上人民法院对同一个案件的共同管辖。从当事人的角度看就是选择管辖，即由当事人在两个以上有管辖权的法院之中选择一个作为本案的管辖法院，就是选择管辖。

出现共同管辖后，应由最先立案的法院管辖。

四、裁定管辖

裁定管辖是以级别管辖和地域管辖为代表的法定管辖的必要补充，法定管辖体现的是管辖的原则性，裁定管辖体现的是管辖的灵活性。裁定管辖主要有三类：移送管辖、指定管辖和管辖权转移。

（一）移送管辖

移送管辖，是指人民法院受理民事案件后，发现自己对案件无管辖权，依法将案件移送给有管辖权的人民法院审理的制度。

$$（无）A \longrightarrow \begin{matrix} B（有） \\ C \end{matrix}$$

1.移送管辖的条件：（1）移送法院已经受理案件；（2）移送法院对案件无管辖权；（3）受移送法院被认为对案件有管辖权。

【注意】移送管辖中受移送法院是否对案件有管辖权是移送法院的判断，这种判断有可能是错误的，移送法院应当将案件移送给他认为有管辖权的法院，但实际上按照法律规定受移送的法院不一定就对案件享有管辖权，但是受移送法院必须接受移送。

2.不得移送的情形：

移送管辖是移送法院的一项权力，而这种权力极有可能被用于法院之间互相推诿管辖，使得当事人的纠纷处于实际无人管辖的流转状态。为了限制法院的这种权力，以下情况不得移送管辖：

（1）两个法院都有管辖权，先立案的法院不得移送其他法院，后立案的法院应当移送给先立案的法院。

【注意】①当事人基于同一法律关系或同一法律事实而发生纠纷，以不同诉讼请求分别向有管辖权的不同法院起诉的，后立案的法院在得知有其他法院先于自己立案的情况后，同样应将案件移送先立案的法院审理。

②如果法院在立案前发现其他有管辖权的人民法院已先立案的，不得重复立案，此时不存在移送管辖。

（2）移送管辖以一次为限。受移送法院认为对案件没有管辖权的，不能再移送管辖，只能报自己的上级法院指定管辖。

【注意】此种情形涉及移送管辖和指定管辖两个制度，是高频考点。

（3）法院立案受理时对案件有管辖权，受理后当事人的住所地、经常居住地有变化，或行政区划发生变化，有管辖权的人民法院不得将案件移送给变更后有管辖权的法院。管辖恒定，是指确定案件的管辖权，以受理时为标准，受理时对案件享有管辖权的法院，不因确定管辖的事实在诉讼过程中发生变化而影响其管辖权。只要受理案件时有管辖权，则管辖恒定，不得移送。管辖恒定又分为级别管辖恒定和地域管辖恒定。级别管辖恒定，指法院的管辖不因为诉讼过程中诉讼标的额的增加和减少而变动，但当事人故意规避有关级别管辖的规定，如在管辖权异议期满后增加或减少诉讼请求金额的，则不受级别管辖恒定的限制。地域管辖恒定，指法院受理案件后，不因当事人住所地、经常居住地或行政区划变更（法院辖区）而引起管辖权的变化。

例1：2008年7月，家住A省的陈大因赡养费纠纷，将家住B省甲县的儿子陈小诉至甲县法院，该法院受理了此案。2008年8月，经政府正式批准，陈小居住的甲县所属区域划归乙县管辖。甲县法院以管辖区域变化对该案不再具有管辖权为由，将该案移送至乙县法院。乙县法院不得将该案送还甲县法院。在行政区划变更前甲县法院作为法定管辖法院已经受理了此案，即使区域变更后也具有管辖权，应继续审理，不应将案件移送乙县法院。移送管辖以一次为限，乙县法院即使发现案件不属于本院管辖，也不得再移送有管辖权的甲县法院，而应当报请上级法院指定管辖。（09年·卷三·80题）

例2：李某在甲市A区新购一套住房，并请甲市B区的装修公司对其新房进行装修。在装修过程中，装修工人不慎将水管弄破，导致楼下住户的家具被淹毁。李某与该装修公司就赔偿问题交涉未果，遂向甲市B区法院起诉。B区法院认为该案应由A区法院审理，于是裁定将该案移送至A区法院，A区法院认为该案应由B区法院审理，不接受移送，又将案件退回B区法院。评价本案法院关于管辖的处理。（08年·卷三·82题）

分析：本案属于不动产侵权纠纷，而不属于不动产专属管辖，这个定性对于法律适用至关重要。因侵权行为提起的诉讼，由侵权行为地或者被告住所地人民法院管辖。本题中，侵权行为地是甲市A区，被告住所地是甲市B区，所以A区和B区法院都有管辖权，李某可以向A区或者B区的法院起诉。甲市B区法院对本案有管辖权，其移送管辖是错误的。A区法院应当报请自己的上级人民法院指定管辖，不得再自行移送，A区法院不接受移送，将案件退回B区法院是错误的。

（二）指定管辖

指定管辖，是指上级人民法院以裁定的形式指定下级人民法院对某一案件行使管辖权。指定管辖适用于以下三种情形：

1. 受移送法院认为对案件没有管辖权的，报自己的上级法院指定管辖。

2. 有管辖权的人民法院由于特殊原因，不能行使管辖权的，报自己的上级法院指定管辖。

这里的"特殊原因"，从理论上说可以包括三种情形：（1）法院的全体法官均须回避；（2）有管辖权的法院所在地发生了严重的自然灾害；（3）其他特殊情况。

3. 法院之间发生管辖权争议，协商解决不了的，报请它们的共同上级人民法院指定管辖。

"争议"有两个原因形成：一是当事人向两个以上人民法院都起诉，多个法院同时立案，由此发生争议；另一个是两个或两个以上法院均认为自己对某一案件无管辖权，又都不愿意受理这一案件。

【注意1】在争议解决之前，各人民法院应停止对案件的审理，不得对案件抢先判决。对案件管辖权未解决之前抢先作出判决的，上级人民法院应以违反程序为由撤销该判决，并将案件移送或者指定其他人民法院审理，或者自己提审。报共同上级指定管辖需要逐级上报。

【注意2】在移送管辖的情况下，如果受移送法院认为自己对案件无管辖权，不得再次移送，此时如果受移送法院只是认为自己没有管辖权，对其他法院（包括移送法院）是否有管辖权没有意见，则应当由受移送法院的上级法院指定管辖；如果受移送法院不仅认为自己没有管辖权，而且认为移送法院应当对案件行使管辖权，则应当理解为两个法院发生了管辖权争议，应由两个法院协商，逐级协商不成的，应报两个法院的共同上级法院指定管辖，而不是报受移送法院的上级法院指定管辖。

例1：河北省甲市A县法院将案件移送给湖北省乙市B县法院，B县法院如果认为自己没有管辖权，则应报请B县法院的上级乙市法院指定管辖；而B县法院如果认为自己没有管辖权，此案应由A县法院管辖，则理解为A县、B县法院就此案的管辖权发生了争议，应由AB两个法院协商，协商不成，由甲乙两市法院协商，仍然协商不成，由河北省和湖北省两级法院协商，最后仍不能达成一致意见的，报共同上级法院最高人民法院指定管辖。

例2：某省甲市A区法院受理一起保管合同纠纷案件，根据被告管辖权异议，A区法院将案件移送该省乙市B区法院审理。乙市B区法院经审查认为，A区法院移送错误，本案应归甲市A区法院管辖，发生争议。乙市B区法院与甲市A区法院协商不成，报请该省高级法院指定管辖。如果乙市B区法院认为自己没有管辖权，对于谁有管辖权不知道或没有涉及该信息，则报自己的上级法院乙市中院指定管辖。但如果认为自己没有管辖权，还认为有管辖权的是甲市A区法院，则理解为两法院就管辖权问题"发生了争议"，解决途径是：第一步：协商；第二步，协商不成，报"共同上级法院"指定管辖。（10年·卷三·39题）

（三）管辖权转移

管辖权的转移，是指由上级法院决定或同意，把某一案件的管辖权，由下级法院转移给上级法院，或由上级法院转移给下级法院。

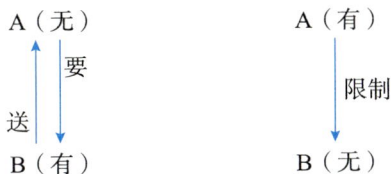

A（无）　　　　　　　A（有）

↑要　　　　　　　　　↓限制

送

B（有）　　　　　　　B（无）

1.管辖权转移的具体情形。

（1）自下而上的转移：

①报请上级人民法院管辖，即下级人民法院认为某案件不适合由自己管辖时，可以报请上级人民法院管辖，要形成自下而上的转移，需经过上级人民法院同意；

②上级人民法院提审案件，即对于下级法院审理的案件，上级人民法院认为自己审理更合适时，上级人民法院可以直接提审。

（2）自上而下的转移。是指上级人民法院在报请其上级人民法院批准的情况下，将自己管辖的一审民事案件交给下级人民法院审理。

①两方面的限制：第一是确有必要；第二是须经受诉法院上级法院批准。例如，某案件本来该由北京市一中院管辖，如果北京市一中院认为确有必要将其交给海淀区法院审理的，应当报请北京市高院批准方可转移。

②以下三种情形可转移：

A.破产程序中有关债务人的诉讼案件；

B.当事人人数众多且不方便诉讼的案件；

C.最高人民法院确定的其他类型案件：目前规定的有环境公益诉讼。

例1：高级法院审理甲公司的欠款纠纷案件的过程当中，发现甲公司已经进入破产程序了，并由中级法院管辖，那这个时候是不是应该把这个债权债务关系一并归入破产程序？可不可以上对下转移？这个诉讼案件转给哪个法院？

分析：可以转移，转移给破产案件的审理法院——中院管辖。

例2：当事人人数众多，且不方便诉讼的案件，比如有20个涉外案件，是20个中国人打了一个日本人，但这20个人全部属于一个区或者全部属于一个县，这个时候由该区或该县法院审理更为合适便利，所以可以转移。

2.管辖权转移与移送管辖。

区别	移送管辖	管辖权转移
性质	移送的仅仅是案件	移送的是管辖权
作用	可发生在上下级法院和同级法院之间	只能在上下级法院之间
程序	单方行为	有时须经上级法院同意
方向	无管辖权至有管辖权	有管辖权至无管辖权

例1：丙省高院规定，本省中院受理诉讼标的额1000万元至5000万元的财产案件。丙省E市中院受理一起标的额为5005万元的案件后，向丙省高院报请审理该案是错误的。按照丙省高院的规定，标的额为5005万元的案件应当由丙省高院管辖，E市中院对此案无管辖权，应将案件移送给丙省高院管辖；如果丙省高院认为此案由E市中院审理更为合适，其可以将管辖权转移给E市中院，但作为下级法院，E市中院无权要求上级法院将案件转移给下级法院审理。（14年·卷三·78题）

例2：居住地为丁市H区的孙溪要求居住地为丁市G区的赵山依约在丁市K区履行合同。后因赵山下落不明，孙溪以赵山为被告向丁市H区法院提起违约诉讼，该法院以本院无管辖权为由裁定不予受理是正确的。对下落不明或宣告失踪的被告提起的身份关系的案件，由原告住所地法院管辖。本案属于合同纠纷案件，被告住所地和合同履行地的法院有管辖权。丁市H区法院作为原告住所地法院，对此案无管辖权，因此法院以本院无管辖权为由裁定不予受理是正确的。（14年·卷三·78题）

五、管辖权异议

管辖权异议，是指当事人向人民法院提出的该人民法院对案件无管辖权的意见和主张。

（一）管辖权异议

1.管辖权异议的主体。

只能是本案当事人，一般由被告提出，也不排除在特定情况下由原告提出管辖权异议的情况。

第三人，无论是有独立请求权的第三人还是无独立请求权的第三人，无论是判决承担责任的无独立请求权的第三人还是判决不需要承担责任的无独立请求权的第三人，都不能提出管辖权异议。因为第三人之诉是一个独立的诉，第三人完全可以独立于本诉另诉解决，但其愿意和本诉合并审理，说明第三人对本诉法院的管辖权是没有异议的，因而不能提出管辖权异议。

2.管辖权异议的对象。

异议的对象只能是第一审人民法院的管辖权，既可以针对一审地域管辖提出异议，也可以针对一审级别管辖提出异议。

人民法院发回重审或者按第一审程序再审的案件，当事人提出管辖异议的，人民法院不予审查。

3.提出异议的时间原则上为提交答辩状期间。

被告提异议的时间为收到起诉状后的15日内。但提交答辩状期间届满后，原告增加诉讼请求金额致使案件标的额超过受诉人民法院级别管辖标准，被告提出管辖权异议的时间不受此限。

例：最高院确定某地区3000万元以上的案件中院管辖，甲起诉至A市某区法院，要求乙公司赔偿2900万元，开庭后甲增加诉讼请求，要求乙公司再赔违约金290万元。增加290万元后超出了基层管辖的范围，应当移送中院。（2020年仿真题）

4.异议成立的，移送有管辖权的人民法院；异议不成立的，裁定驳回。被告对驳回裁定不服的，可以在10日内上诉。

5.在管辖权异议裁定作出前，原告申请撤回起诉，受诉人民法院作出准予撤回起诉裁定的，对管辖权异议不再审查。

【总结】

1.撤诉和管辖权异议问题都处于未决状态时，先审撤诉问题。

2.允许撤诉，管辖权异议不再审理；不允许撤诉，管辖权异议继续审理。

3.管辖权异议指的是"生效"的管辖权异议裁定。管辖权异议的一审裁定就是未生效的管辖权异议裁定。

例1：张三诉李四人身损害赔偿一案，其向杭州西湖区法院起诉，李四认为西湖区法院没有管辖权，他提出了管辖权异议。西湖区法院对这个管辖权异议裁定驳回，认为自己是有管辖权的。李四不服其作的裁定结果，上诉至杭州中院，杭州中院的管辖权异议的裁定没有作出之前，张三向西湖区法院申请撤回起诉了。

（1）请问这个时候算不算管辖权异议裁定作出前原告申请撤诉？

分析：算。因为此次管辖权异议一审法院作出裁定了，尚未生效，这时管辖权问题属于悬而未决。这时候相当于是原告在管辖权问题悬而未决前向法院申请撤回起诉，如果法院准许撤回起诉，那么管辖权异议就不需要审理了。有效的生效管辖权异议裁定作出之前，原告申请撤回起诉，法院如果准许撤诉，对管辖权异议就不再审理。

（2）张三向西湖区法院申请撤回起诉。请问是先审撤诉吗，由谁审？西湖区法院审还是杭州中院审？

分析：由西湖区法院审，因为向谁申请起诉就由谁审理撤诉，所以这个案子应该是由西湖区法院先行审理撤诉问题。如果准许张三撤诉，则杭州中院对管辖权异议问题不再审理。

例2：红光公司起诉蓝光公司合同纠纷一案，A市B区法院受理后，蓝光公司提出管辖权异议，认为本案应当由A市中级法院管辖。B区法院裁定驳回蓝光公司异议，蓝光公司提起上诉。此时，红光公司向B区法院申请撤诉，获准。B区法院裁定准予撤诉后，二审法院不再对管辖权异议的上诉进行审查。

（二）应诉管辖

应诉管辖，又称默示协议管辖，即在不违反级别管辖和专属管辖的前提下，如果被告未在法定期间对人民法院的管辖提出异议，并应诉答辩的，则推定被告承认该人民法院为有管辖权的法院。

应诉管辖需同时具备以下三项条件：（1）当事人未在答辩期内提出管辖权异议；（2）当事人应诉答辩（提交答辩状或出庭应诉）；（3）应诉管辖不得违反专属管辖和级

别管辖的规定。

【注意1】对于被告既提出管辖权异议又应诉进行实体答辩的，不能视为被告接受受诉法院管辖。

【注意2】当事人在答辩期间届满后未应诉答辩，人民法院在一审开庭前，发现案件不属于本院管辖的，不构成应诉管辖，应当裁定移送有管辖权的人民法院。

【小结】构成应诉管辖，必须要有当事人明确地、积极地进行实体答辩方可构成，消极不应诉、单纯进行程序答辩、程序答辩与实体答辩同时进行均不构成应诉管辖。

例1：张三向杭州西湖区法院起诉李四，要求归还欠款5000元，西湖区法院对此案原本无管辖权，但李四提出如下答辩，请问何种情况下，杭州西湖区法院取得此案管辖权？

（1）李四说：我不欠张三5000元。

（2）李四说：杭州西湖区法院对此案无管辖权。

（3）李四说：我不欠张三5000元，西湖区法院对此案也无管辖权。

（4）李四提交答辩状期间什么也没做，未提交答辩状。

分析：第一种情形下，李四进行了单纯的、积极的实体答辩，构成应诉管辖，西湖区法院取得此案管辖权；

第二种情形下，李四提出了管辖权异议，不构成应诉管辖；

第三种情形下，李四既进行实体答辩，又提出了管辖权异议，不构成应诉管辖；

第四种情形，李四的消极不答辩不构成应诉管辖。

例2：住所在A市B区的甲公司与住所在A市C区的乙公司签订了一份买卖合同，约定履行地为D县。合同签订后尚未履行，因货款支付方式发生争议，乙公司诉至D县法院。甲公司就争议的付款方式提交了答辩状。经审理，法院判决甲公司败诉。甲公司不服，以一审法院无管辖权为由提起上诉，要求二审法院撤销一审判决，驳回起诉。二审法院对上诉人提出的管辖权异议不予审查，裁定驳回上诉，维持原判。本案为买卖合同纠纷，有管辖权的法院为合同履行地和被告住所地法院。被告住所地是甲公司所在地的A市B区，合同履行地中，只有约定履行地，且约定履行地D县与当事人住所地不一致，则约定履行地D县法院无管辖权。本案有管辖权的法院只有被告住所地的B区法院。乙公司诉至D县法院，D县法院本无管辖权，但被告甲公司就争议的付款方式提交了答辩状，构成了应诉管辖，则D县法院取得此案的管辖权。构成应诉管辖后，甲公司在二审中对法院的管辖权提出的异议，人民法院不予审查，不能再发回一审重审，也不用移送管辖。（17年·卷三·36题）

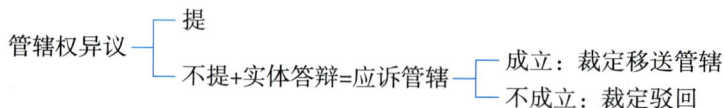

管辖权异议 ┬ 提
          └ 不提+实体答辩=应诉管辖 ┬ 成立：裁定移送管辖
                                   └ 不成立：裁定驳回

经典考题：1.甲市潘某收藏一件玉石（市场价值约十万元），潘某应乙市钱某之请将该玉石借给其在丙市举办展览。展览期间，张某看中该玉石，向钱某询价。钱某告知玉石价值十万元，并声称玉石系潘某所有，不便出售。张某极为喜爱，当场拿出二十万元现金购买。钱某应允，双方当场交割完毕后，钱某告知潘某该玉石以十五万元卖出，并向潘某转账十五万元。潘某大怒，因没有张某的联系方式也无从救济，后潘某从他人口中得出钱某转让玉石价格为二十万元，遂向法院起诉钱某，要求其返还价款五万元。关于本案享有管辖权的法院，下列哪一说法是正确的？（2020年仿真题，单选）①

A.乙市法院和丙市法院

B.乙市法院

C.甲市法院和丙市法院

D.甲市法院和乙市法院

2.最高院确定某地区3000万元以上的案件中院管辖，甲起诉至A市某区法院，要求乙公司赔偿2900万元，开庭后，甲增加诉讼请求，要求乙公司再赔违约金290万元。对此案下列说法正确的是：（　　　　）（2020年仿真题，单选）②

---

① 【答案】A

【考点】侵权案件的管辖

【解题指引】因侵权行为提起的诉讼，由侵权行为地或者被告住所地人民法院管辖。应当先找出被告所在地，再确定侵权行为地。

【解析】《民事诉讼法》规定，因侵权行为提起的诉讼，由侵权行为地或者被告住所地人民法院管辖。《民诉解释》第24条规定，侵权行为地，包括侵权行为实施地、侵权结果发生地。本题中，潘某和钱某之间是侵权纠纷，钱某擅自出卖玉石的行为侵犯了潘某的所有权，行为发生地和结果发生地均在丙市，因此丙市法院具有管辖权。另外，被告住所地即钱某所在的乙市法院也有管辖权。故A选项正确，BCD选项错误。综上所述，本题答案为A。

② 【答案】D

【考点】应诉管辖、移送管辖

【解题指引】应诉管辖不改变管辖法院，但移送管辖会改变管辖法院。

【解析】《最高人民法院关于审理民事级别管辖异议案件若干问题的规定》第3条规定，提交答辩状期间届满后，原告增加诉讼请求金额致使案件标的额超过受诉人民法院级别管辖标准，被告提出管辖权异议，请求由上级人民法院管辖的，人民法院应当按照本规定第一条审查并作出裁定。《最高人民法院关于审理民事级别管辖异议案件若干问题的规定》第1条规定，被告在提交答辩状期间提出管辖权异议，认为受诉人民法院违反级别管辖规定，案件应当由上级人民法院或者下级人民法院管辖的，受诉人民法院应当审查，并在受理异议之日起15日内作出裁定：（1）异议不成立的，裁定驳回；（2）异议成立的，裁定移送有管辖权的人民法院。本案中开庭后原告增加诉讼请求的违约金290万元，使得案件的金额超过了基层法院的受案范围，此时已经过了提交答辩状期间，但被告仍然可以提出管辖权异议，基层法院应当移送给有管辖权的中级人民法院。如果被告不提出管辖权异议，也不构成应诉管辖，因为应诉管辖也不能违反级别管辖和专属管辖的规定。D项正确。《民诉解释》第39条规定，人民法院对管辖异议审查后确定有管辖权的，不因当事人提起反诉、增加或者变更诉讼请求等改变管辖，但违反级别管辖、专属管辖规定的除外。管辖恒定不能违反级别管辖和专属管辖的规定。因此，区基层法院不能对案件继续审理。B项错误。人民法院在法庭辩论终结前，都允许当事人增加、变更诉讼请求和提起反诉，因此，对甲增加的诉讼请求不能不予受理，也不能不允许甲增加诉讼请求。A项、C项错误。

A.法院已经开庭，对甲增加的诉讼请求不予受理

B.若乙公司提管辖权异议，区法院应当以受理时有管辖权，诉讼请求变化不影响为由，对案件继续审理

C.告知甲不能增加诉讼请求，否则会超出法院的管辖范围

D.增加290万元的诉讼请求超出了基层管辖的范围，应当移送中院

专题四　诉

命题点拨

　　诉在法考中经常涉及。考试的重点为：区分诉与诉讼请求；区分诉讼标的、诉讼标的物和诉讼标的额；要能够判断具体案例属于诉的种类中确认之诉、变更之诉和给付之诉之中的哪一种；掌握二审和再审中对反诉的处理；理解反诉与反驳的区别。

知识体系图

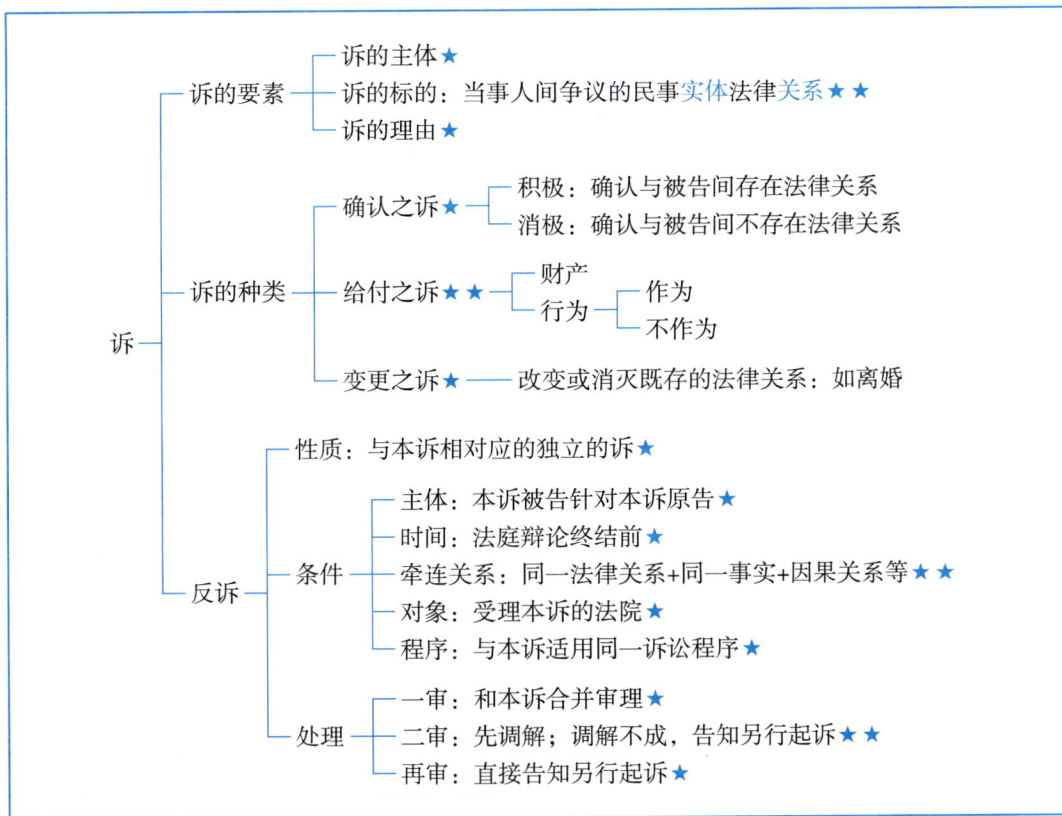

一、诉

（一）诉的概念

　　诉，即当事人向法院提出的确认或者改变某种法律关系以及维护其合法权益的请求。

（二）诉的要素

诉的要素即构成一个诉应当具备的因素。通常包括诉的主体、诉的标的与诉的理由。

1.诉的主体。诉的主体，即诉的当事人，是指因民事权利受到侵犯或者发生争议，因而以自己的名义在人民法院参加诉讼程序的人。

2.诉的标的。诉的标的即当事人之间发生争议并提请人民法院确认的实体权利义务关系。

（1）诉的标的与诉讼标的物的区别：

①诉的标的是一种实体法上的权利义务关系，是抽象的，而诉讼标的物则是民事权利义务关系所指向的对象，是具体的。

②任何一个案件都具有一个特定的诉的标的，它作为诉的要素，是任何一个诉都不可缺少的，但并不是所有的案件都存在诉讼标的物。在单纯的确认之诉或者变更之诉中没有诉讼标的物，在给付之诉中，如果是物或金钱的给付，则该物或金钱是标的物；如果是行为的给付，则没有标的物。

例：王大明将房子租给刘大壮居住，月租金1200元。现王大明因刘大壮拖欠了5个月的房租而诉诸法院，要求刘大壮给付6000元房租。本案的诉讼标的是王大明提出诉讼请求所依据的其与刘大壮之间存在的房屋租赁关系；王大明要求刘大壮给付的6000元房租属于他们所争议的房屋租赁关系所指向的对象，即属于诉讼标的物。

（2）诉讼标的与诉讼请求的区别：诉讼标的是当事人争议的民事权利义务关系，诉讼请求则是当事人基于争议的实体权利义务关系向人民法院提出的，请求法院作出特定判决的实体法上的主张。在原告起诉之时，诉讼标的就已经特定，在诉讼过程中诉讼标的是不允许任意变更的；但是基于同一个诉讼标的，当事人在诉讼过程中可以增加或者减少诉讼请求。

例1：甲因乙久拖房租不付，向法院起诉，要求乙支付半年房租6000元。在案件开庭审理前，甲提出书面材料，表示时间已过去1个月，乙应将房租增至7000元。原告增加诉讼请求，由6000元变更至7000元，诉讼请求变更了，但当事人之间争议的诉讼标的始终是租赁合同法律关系，该诉讼标的始终没有变化。（11年·卷三·37题）

例2：刘某习惯每晚将垃圾袋放在家门口，邻居王某认为会招引苍蝇并影响自己出入家门。王某为此与刘某多次交涉未果，遂向法院提起诉讼，要求刘某不得将垃圾袋放在家门口，以保证自家的正常通行和维护环境卫生。本案的诉讼标的是王某和刘某之间的相邻关系。王某要求刘某不得将垃圾袋放在家门口的请求、王某要求法院保障自家正常通行权的请求、王某要求刘某维护环境卫生的请求都是诉讼请求，不是诉讼标的。（09年·卷三·37题）

例3：乙租住甲的房屋，甲起诉乙支付拖欠的房租。在诉讼中，甲放弃乙支付房租的请求，但要求法院判令解除与乙的房屋租赁合同。甲的主张是诉讼请求的变更，而不是诉讼标的的变更，也不是诉的理由的变更。（06年·卷三·41题）

（3）诉讼标的和诉讼标的额：诉讼标的额是诉讼的争议额度，也不是所有的案件都存在诉讼标的额，在单纯的确认之诉或者变更之诉中不存在诉讼标的额；诉讼标的是当事人之间的民事实体法律关系。

例1：甲向乙购买木材，后乙将木材交给甲，而甲却未依约支付价款。乙决定通过诉讼的方式追究甲的违约责任，要求甲给付价款100万元，支付违约金10万元，并承担本案全部的诉讼费用。本案的诉是违约之诉（抽象的请求），本案的诉讼请求是给付价款、支付违约金和承担诉讼费（具体的要求），诉讼标的是买卖合同法律关系，诉讼标的物是金钱，诉讼标的额是110万元。

例2：张三起诉李四要求解除合同，审理过程中，张三要求李四承担违约责任并继续履行合同，张三作出的是对诉讼请求的变更，而不是诉的变更（诉的主体和诉讼标的没有变化）。（2020年仿真题）

3.诉的理由。诉的理由，即原告提出诉讼请求的事实与法律依据。

例：甲起诉乙，称乙将他新购买的笔记本电脑据为己有，返还原物。返还原物即为诉讼请求，甲称乙的侵权事实即为事实依据。

（三）诉的合并与分离

1.诉的合并：指法院将2个或2个以上有牵连的诉合并到一个诉讼程序中审理和裁判。

（1）诉的主体合并：将数个当事人合并到同一诉讼程序中审理和裁判。一个原告对数个被告或数个原告对一个或数个被告提起诉讼时，会产生诉的主体的合并。

诉的主体合并包括：必要共同诉讼和普通共同诉讼；诉讼主体死亡，数个继承人承受诉讼形成的诉讼。

（2）诉的客体合并：指将同一原告针对同一被告提起的两个以上的诉合并到同一诉讼程序中审理，或者将本诉和反诉合并到同一诉讼程序中审理。

2.诉的分离：法院将原先合并审理的几个诉，分开进行审理。

二、诉的分类

根据原告诉讼请求内容的不同，将诉分为确认之诉、给付之诉和变更之诉。

（一）确认之诉

确认之诉，是指原告请求法院确认其与被告之间存在或不存在某种民事法律关系的诉。根据当事人请求的目的不同，确认之诉又可以分为肯定的确认之诉和否定的确认之诉两种。

1.肯定的确认之诉，又称积极的确认之诉，是指当事人请求法院确认其主张的法律关系存在的诉。例如，请求法院确认与对方当事人之间存在合同关系、收养关系等。

2.否定的确认之诉，又称消极的确认之诉，是指当事人请求法院确认其主张的法律关系不存在的诉讼。例如，要求法院确认合同无效等。

【注意】非诉案件没有诉的种类的划分。**确认公民无民事行为能力不是确认之诉。**

（二）给付之诉

给付之诉即当事人向法院提出的，要求法院责令义务人履行一定实体义务，以实现自己合法权益的诉。该给付可以是物的给付、金钱的给付，还可以是行为的给付。根据行为给付状态的不同，给付之诉可以分为积极的给付之诉和消极的给付之诉。

1.积极的给付之诉，是指请求对方为一定行为的诉，例如返还财产、赔偿损失、赔礼道歉。

2.消极的给付之诉，是指请求对方**不为一定行为**的诉，例如停止侵害。

例1：李某驾车不慎追尾撞坏刘某轿车，刘某向法院起诉要求李某将车修好。在诉讼过程中，刘某变更诉讼请求，要求李某赔偿损失并赔礼道歉。该案诉讼标的是侵权法律关系，诉讼请求变了，但仍属给付之诉。（15年·卷三·37题）

例2：赵某经过养蜂专业户张某家门口，被张某所养蜜蜂蜇伤，赵某花去医药费1万元，要求张某赔偿，张某认为赵某所受伤害不能证明是他的蜜蜂所伤。赵某遂向被告住所地甲地法院起诉，要求张某赔偿其所遭受的损失。该案属于给付之诉。

例3：甲的邻居乙买来建筑材料，准备在房后建一杂物间，甲认为会挡住自己出入的通道，坚决反对。乙不听。甲向法院起诉，请求法院禁止乙的行为。该诉讼属于给付之诉，给付的是行为中的不作为。（07年·卷三·41题）

例4：甲起诉请求乙停止损害其名誉属于给付之诉；丙起诉丁请求撤销二人之间的房屋买卖合同属于变更之诉；男方起诉前妻，请求将二人之子判归前妻抚养属于变更之诉；王某起诉李某，请求解除收养关系属于变更之诉。（04年·卷三·36题）

（三）变更之诉

变更之诉，也称形成之诉，是指原告请求法院以判决**改变或者消灭**既存的某种民事法律关系的诉讼。

最典型的变更之诉如离婚之诉、解除收养关系的诉讼、解除合同的诉讼。

判断：张某和李某离婚后，孩子的抚养权判归张某，李某每月需支付抚养费1000元，后张某带女儿起诉李某，要求将抚养费从每月1000元变更为每月2000元，这是一个给付之诉。（×）

分析：张某和李某与孩子之间的抚养权利义务关系已经确定，张某起诉的目的是想将1000元的抚养费变为2000元，是想改变抚养权利义务关系的内容，是一个典型的变更之诉。如果张某胜诉后，李某拒不支付每月2000元的抚养费，张某起诉至法院，要求李某支付每月2000元的抚养费，则是一个给付之诉。在前一种情形中，张某只求变更，不求给付，是变更之诉；而在后一种情形中，抚养权利义务关系的内容已经非常确定，张某只求给付，不涉及变更，是给付之诉。

```
┌── 确认之诉    法律关系是否存在？
├── 给付之诉    法律关系    存在！要求履行义务
└── 变更之诉    法律关系    存在！要求变更、消灭×××
```

三、反诉

反诉是指在**诉讼进行过程中**，本诉的被告以原告为被告，向**受理本诉**的人民法院提出的、与本诉具有**牵连关系**，目的在于抵消或者吞并本诉原告诉讼请求的**独立的反请求**。

（一）反诉的要件

1.**主体特定**：本诉被告针对本诉原告。

反诉的原告只能是本诉的被告，反诉的被告只能是本诉的原告。本诉与反诉当事人的数量不变，只是诉讼**地位互换**。

例：甲与乙发生合伙协议纠纷，甲诉称乙多占合伙利益5000元，要求乙返还。乙在诉讼中提出甲的妻子借了他5000元，要求抵销。本案中乙的诉讼请求不构成反诉，应告知乙另行起诉。因为乙提出的所谓"反请求"不是针对本诉的原告甲，而是甲的妻子，甲与甲的妻子是不同的民事主体，反诉必须是本诉的被告告原告。

2.时间特定：举证期限届满前或法庭辩论结束前提出。

反诉原则上应当在一审中提出。根据《民诉解释》第232条的规定："在案件受理后，法庭辩论结束前，原告增加诉讼请求，被告提出反诉，第三人提出与本案有关的诉讼请求，可以合并审理的，人民法院应当合并审理。"此时反诉应当在法庭辩论结束前提出。

3.法院特定：向受理本诉的法院提出。

反诉只能向受理本诉的法院提出。法院可能因反诉而获得对原本无管辖权的反诉案件的管辖权，但是如果当事人之间的纠纷存在协议管辖或者专属管辖的情形，本诉法院不得基于牵连管辖而取得管辖权，也就不能受理反诉。

例：张三是北京人，李四是上海人，两个人在广州打了一架，两个人互有胜负。这个侵权案件的管辖法院是侵权行为地和被告住所地法院。如果张三要告李四，即北京人告上海人侵权人身损害赔偿的话，有管辖权的法院应该是上海和广州的法院——被告住所地和侵权行为地法院；李四如果要告张三，有管辖权的法院是被告住所地北京和侵权行为地广州的法院。

张三诉李四要求人身损害赔偿1万元，选择了被告住所地的上海的法院。那上海的法院就是受理本诉的法院。上海的法院受理这个本诉之后，结果李四要求张三人身损害赔偿2万元，那这个时候李四是在提反诉。对反诉有管辖权的法院是北京和广州的法院。李四向北京和广州的法院提侵权诉讼叫另诉。反诉必须向受理本诉的法院——上海的法院提出。向其他法院提的叫另诉。受理本诉的法院——上海的法院原本对反诉案件并没有管辖权，但因为李四向上海的法院提反诉，上海的法院牵连取得了这个案件的管辖权。

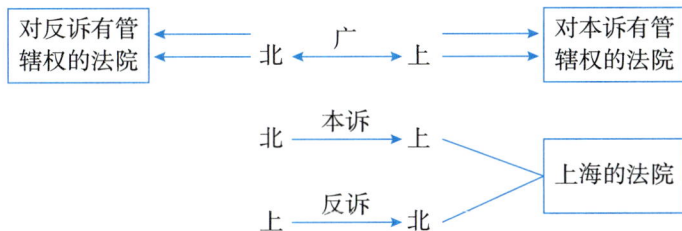

4.程序同一：适用同一程序。

不能一个适用普通程序，一个适用简易程序；更不能一个适用一审程序，一个适用二审程序。特别程序不适用反诉。

5.有牵连性：本诉和反诉的诉讼请求基于同一法律关系、同一事实或具有因果关系等。

（1）基于同一法律关系。如甲诉乙要求支付合同货款，乙向法院提出甲交付的合同标的物有瑕疵，两个不同的诉讼请求都是基于同一合同法律关系，构成反诉。

（2）基于同一法律事实的不同法律关系。如甲和乙在同一饭店吃饭，因争抢座位发生互殴行为，甲诉乙要求人身损害赔偿2000元，诉讼中乙提出要甲赔偿人身损害3000元。甲和乙的诉讼请求基于两个不同的侵权法律关系，但这两个侵权法律关系基于互殴这一相同的法律事实，构成反诉。

（3）基于相牵连的不同法律关系。例如，开发公司与建筑公司在履行建筑工程施工合同的过程中发生争议，建筑公司向法院起诉要求开发公司支付拖欠的工程款20万元。在本案诉讼过程中，开发公司提出，建筑公司并未履行包工包料完成工程施工的任务，而是在建筑过程中借用自己价值15万元的建筑原材料，开发公司要求将该原材料款在拖欠的工程款中折抵。该请求即可构成反诉。两诉不是基于同一法律关系，也不是基于同一事实，但两个独立的法律关系之间存在一定的牵连性，构成反诉。

例：房东王某向法院起诉，要求李某按照租房协议的约定支付房租2000元。李某提出以下诉讼请求：①由于王某未及时维修房屋，导致自己的财产被雨水淋坏，要求王某承担违约责任3000元；②王某在维修房屋时因为缺钱，曾向自己借过5000元，现在要求王某归还。问：上述两个诉讼请求是否均能构成反诉？

分析：前者是基于同一法律关系而提出的相反的诉讼请求，属于反诉；后者是基于相互牵连的法律关系而提出的诉讼请求，同样属于反诉。

判断：本诉和反诉只能基于同一法律关系而引起。（×）

分析：除了基于同一法律关系可以引起本诉和反诉，基于同一事实或因果关系等均可引起反诉。该表述过于绝对，因此错误。

（二）反诉的处理

1.一审中：和本诉合并审理。

2.二审中：先调解，调解不成的，告知当事人另行起诉。但当事人同意的，也可由二审法院一并审理。

3.再审中：直接告知当事人另行起诉。

【注意】再审程序中，原审被告提出反诉，不管是适用一审程序审理再审案件还是适用二审程序审理再审案件，反诉都属于再审中的新诉求，而再审程序作为纠错程序是不审新诉求的，因为当事人在再审中提出的新诉求不属于原审法院的错误。因此再审中对于反诉，法院是不审理的，不能调解也不能判决，只能告知当事人另行起诉。尤其是适用二审程序审理再审案件，调解不成再告知当事人另行起诉的二审审理反诉的处理方法不能适用，只能直接告知当事人另行起诉。

（三）反诉与反驳

根本区别在于是否提出了独立的诉讼请求。反驳是一方当事人针对对方提出的诉讼请求和理由，从实体和程序上、事实和法律上予以否认，并非向原告提出独立的诉讼请求；反诉则是本诉被告向原告提出了一个独立的诉讼请求，是一个独立的诉。

例1：张三诉李四要求给付合同货款20万元，李四要求确认合同无效，是反诉。张三要求李四给付合同货款20万元，本身是一个独立的诉。要求确认合同无效，也是一个独立的诉，即没有本诉照样存在。

张三要求李四返还借款5万元。李四说没借钱，是反驳。他是否定借款事实的存在。

张三要求李四返还借款5万元。李四说借是借了，但是我还了，是反驳。他不是反驳对方的事实，是反驳对方的诉讼请求，因为李四已经还款了，所以张三的诉求不成立。

例2：刘某与曹某签订房屋租赁合同，后刘某向法院起诉，要求曹某依约支付租金。刘某的支付租金请求权已经超过诉讼时效，是认为原告的诉讼请求不存在，并没有提出独立的诉讼请求，因此是反驳，不构成反诉。曹某主张租赁合同无效构成反诉；曹某表明自己无支付能力不构成反诉，也不构成反驳，是对拖欠租金事实的自认；曹某称自己已经支付了租金，则原告的诉讼请求不能成立，构成反驳。（14年·卷三·43题）

例3：2009年2月，家住甲市A区的赵刚向家住甲市B区的李强借了5000元，言明2010年2月之前偿还。到期后赵刚一直没有还钱。李强起诉要求赵刚返还欠款。赵刚称，其向李强借款是事实，但在2010年1月卖给李强一块玉石，价值5000元，说好用玉石货款清偿借款。当时李强表示同意，并称之后会把借条还给赵刚，但其一直未还该借条。赵刚"用玉石货款清偿借款"的辩称，是以反诉的形式提出请求，法院可以与本诉合并进行审理，既可以反诉的形式提出，也可另行起诉。（12年·卷三·100题）

例4：甲公司起诉要求乙公司交付货物。被告乙公司向法院主张合同无效，应由原告甲公司承担合同无效的法律责任。该主张构成了反诉。（09年·卷三·36题）

经典考题：甲公司和乙公司签订租赁合同，后因无法达到合同目的，甲公司给乙公司发出通知解除合同，乙公司未回复提出异议。后乙公司起诉甲公司支付租赁费，甲公司提出合同已经解除。下列哪一项正确？（2020年仿真题，单选）①

A.甲公司以抗辩主张合同解除，法院判决对解除合同不发生既判力

B.甲公司可以反诉方式主张合同已经解除

C.甲公司可以以抗辩方式主张合同已经解除

D.甲公司可以以反诉方式主张合同解除，法院判决对解除合同发生既判力

---

① 【答案】C

【考点】反诉和抗辩

【解题指引】反诉必须是存在与本案的原被告之间，是提起了新的诉，如果本案的审理法院对反诉无管辖权，反诉不能成立；反诉会导致原被告的法律地位互换，但抗辩不会。

【解析】《民法典》第563条规定："有下列情形之一的，当事人可以解除合同：（一）因不可抗力致使不能实现合同目的；（二）在履行期限届满前，当事人一方明确表示或者以自己的行为表明不履行主要债务；（三）当事人一方迟延履行主要债务，经催告后在合理期限内仍未履行；（四）当事人一方迟延履行债务或者有其他违约行为致使不能实现合同目的；（五）法律规定的其他情形。"第564条规定："法律规定或者当事人约定解除权行使期限，期限届满当事人不行使的，该权利消灭。法律没有规定或者当事人没有约定解除权行使期限，自解除权人知道或者应当知道解除事由之日起一年内不行使，或者经对方催告后在合理期限内不行使的，该权利消灭。"由此可知，合同的法定解除权属于形成权，一方当事人发出解除合同的通知到达对方当事人时起，合同解除。在本题中，甲公司已经通知乙公司解除合同，合同解除，甲不需要再在诉讼过程中以诉讼的方式提出，仅以合同解除提出抗辩即可。B、D两项错误。甲公司如果以抗辩主张合同解除，法院判决对解除合同是有既判力的，对当事人和法院都具有拘束力。A项错误。

专题五　当事人与诉讼代理人

命题点拨

本专题是法考的重点考查部分。本专题的重要考点如下：非实体权利义务主体成为当事人的情形；原告和被告的确定；必要共同诉讼人的典型情形和内部关系；必要共同诉讼和普通共同诉讼的区别；诉讼代表人的确定及其权限；无独立请求权第三人的确定及其权限；第三人撤销之诉；诉讼代理人的地位及其权限。

知识体系图

当事人

- 诉讼权利能力★★
  - 始于成立 ←→ 法人 ←→ 同诉讼权利能力
  - 始于成立 ←→ 其他组织 ←→ 同诉讼权利能力
  - 始于出生，终于死亡 ←→ 自然人
    - 有：完全民事行为能力人
    - 无：无、限制民事行为能力人
  - 诉讼行为能力★★

- 正当当事人
  - 判断标准：民事法律关系的权利义务主体★
  - 例外：非民事法律关系主体可以自己名义起诉★★
    - 诉讼担当：6情形★★
    - 诉讼承担
      - 自然人死亡★
      - 法人合并分立★
    - 诉讼中权利义务转移 —— 原则不换，作第三人★★

- 共同诉讼
  - 可分之诉 —— 普通共同诉讼：同种类诉讼标的★
  - 不可分之诉 —— 必要共同诉讼：同一诉讼标的★★

- 代表人诉讼
  - 人数确定（必要+普通）★
  - 人数不确定：普通★

- 第三人
  - 有独立请求权的第三人★
  - 无独立请求权的第三人★★
  - 第三人撤销之诉★★

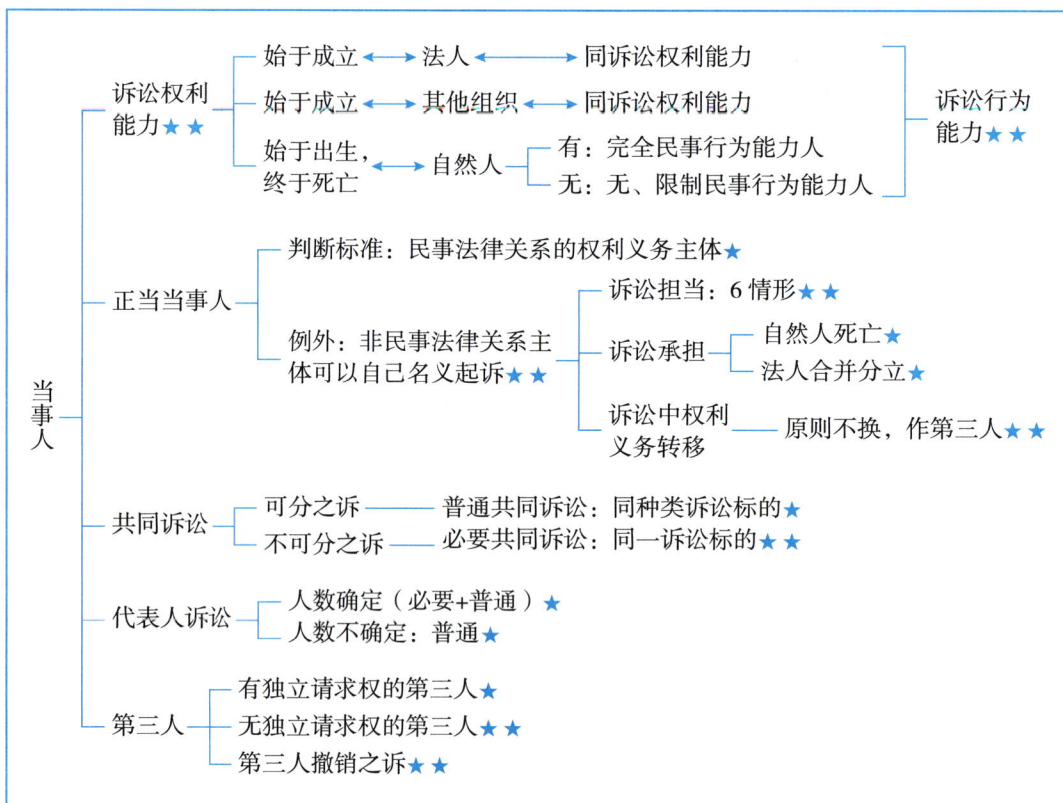

一、诉讼权利能力与诉讼行为能力

（一）民事权利能力与诉讼权利能力的关系

诉讼权利能力，又称当事人能力，是指可以作为民事诉讼当事人的能力或资格。

诉讼权利能力要解决的是能够作为当事人的抽象资格问题，诉讼权利能力是由法律规定的。我国现行法律规定有当事人能力的主体有：法人、自然人、其他组织，法人和其他组织的当事人能力始于依法成立，终于被撤销或解散，自然人的当事人能力始于出生，终于死亡。

诉讼权利能力与民事权利能力的关系是：有民事权利能力，必定有诉讼权利能力，例如法人和自然人；但是有诉讼权利能力，不一定有民事权利能力，例如其他组织。

	民事权利能力	诉讼权利能力
法人	√	√（成立——终止）
自然人	√	√（出生——死亡）
其他组织	√	√（成立——终止）

（二）诉讼权利能力与诉讼行为能力的关系

诉讼行为能力，是指能够以自己的行为实现诉讼权利和履行诉讼义务的能力。只要有诉讼权利能力（存在的），法人和其他组织都有诉讼行为能力，自然人中只有完全民事行为能力人才有诉讼行为能力，限制民事行为能力人和无民事行为能力人都是无诉讼行为能力人。

1.有诉讼权利能力，不一定有诉讼行为能力，如未成年人和精神病人有诉讼权利能力，但是却没有诉讼行为能力；有诉讼行为能力，一定有诉讼权利能力。

2.民事行为能力与诉讼行为能力的关系：法人的民事行为能力和诉讼行为能力是统一的；但是，自然人的民事行为能力和诉讼行为能力不完全对应。自然人的诉讼行为能力采用两分法：有诉讼行为能力和无诉讼行为能力；而公民的民事行为能力则采用三分法：完全民事行为能力、限制民事行为能力和无民事行为能力。在民事诉讼中，只有具有完全民事行为能力的自然人才有诉讼行为能力，无民事行为能力和限制民事行为能力的自然人都不具有诉讼行为能力。

	诉讼权利能力	诉讼行为能力	
法人	√	√	
自然人	√	完全民事行为能力	√（18岁以上）
		限制民事行为能力	×（8–18岁）
		无民事行为能力	×（不满8岁）
其他组织	√	√	

判断：

1.具有民事行为能力即具有诉讼行为能力。（ × ）

分析：限制民事行为能力人也具有民事行为能力，但是不具有诉讼行为能力。

2.民事诉讼权利能力都是以民事行为能力为基础的。（ × ）（08年四川·卷三·48题）

分析：虽然无民事行为能力人和限制民事行为能力人的民事行为能力本身不存在或者受到限制，但是其同样具有作为诉讼当事人的资格。例如，不满10周岁的未成年人，虽然其无民事行为能力，其所为的民事行为需要由他的法定代理人代理，但是他本身可以成为民事纠纷的当事人，可以成为原告或者被告，因此不能说民事诉讼权利能力都是以民事行为能力为基础的，诉讼行为能力是以民事行为能力为基础的。

（三）其他组织

其他组织具有诉讼权利能力和诉讼行为能力，而不具有民事权利能力和民事行为能力，是考查诉讼权利能力和诉讼行为能力时必须要重点考量的对象。其他组织包括：

1.依法登记领取营业执照的个人独资企业、合伙组织。

【注意】个人独资企业可以作为当事人，而个体工商户（也依法登记领取营业执照），则应以营业执照登记的经营者为当事人。

2.依法登记领取营业执照的合伙企业。

【注意】能作为当事人的合伙只限于依照《合伙企业法》成立的合伙组织，对于没有达到《合伙企业法》规定的个体合伙，无论是否起有字号，都不能作为诉讼当事人，而应当以全体合伙人为共同诉讼人。

3.依法登记领取我国营业执照的中外合作经营企业、外资企业。这里主要针对的是不具有法人资格的中外合作经营企业、外资企业；如果中外合作经营企业、外资企业取得了法人资格，则当然具有诉讼权利能力，不存在民事权利能力和诉讼权利能力分离的现象。

4.依法成立的社会团体的分支机构、代表机构。

5.依法设立并领取营业执照的法人的分支机构

分支机构具有诉讼权利能力的条件：依法设立和领取营业执照，必须同时具备。对于不符合两条件的分支机构以设立该分支机构的法人为当事人。

6.依法设立并领取营业执照的商业银行、政策性银行和非银行金融机构的分支机构。

7.中国人民保险公司设在各地的分支机构。

【注意】上述第6、7项中的分支机构具有诉讼权利能力，而不具有分支机构条件的企业法人内部的职能部门或办公室不具有诉讼权利能力。例如，中国银行风险管理部就不能以自己的名义起诉或应诉。

8.经依法登记领取营业执照的乡镇企业、街道企业。

9.其他合法成立、有一定组织机构和财产，但是又不具备法人资格的其他组织。

二、当事人适格

当事人适格，是指当事人就特定的案件有资格以自己的名义起诉或应诉，成为原告或被告，并受人民法院判决的约束。

当事人适格与诉讼权利能力不同。诉讼权利能力是一个抽象的概念，它与具体的诉讼无关。而当事人适格则是针对具体的诉讼，指在具体的案件中谁能以自己的名义起诉或应诉。

例1：蔡老师讲课，课间有同学扔矿泉水瓶砸蔡老师，此时，发生了一个侵权，张三同学扔了一瓶矿泉水砸蔡老师。我们在座的每个人都有诉讼权利能力。但是对于张三拿矿泉水瓶来砸蔡老师这件事情，这个具体的案件只有张三和蔡老师才能成为适格的当事人。

例2：当事人能力又称当事人诉讼权利能力，当事人适格又称正当当事人；有当事人能力的人不一定是适格当事人；但适格当事人一定具有当事人能力；当事人能力由法律明确加以规定，当事人适格则不能由法律规定，只能具体案件具体判断。（12年·卷三·81题）

（一）当事人适格的判断标准

1.原则：一般应当以民事法律关系为基础，而不应当以民事责任的承担作为标准。只要是民事法律关系或民事权利的主体，以该民事法律关系或民事权利为诉讼标的进行诉讼，即为适格当事人。

例：一个三岁的小朋友被一个四岁的小朋友给打了，要起诉维护自己的合法权益，适格的当事人是小孩诉小孩？还是父母诉父母？还是小孩诉对方的父母？还是父母诉对方的小孩？

分析：因为这个侵权法律关系当中三岁的小孩是权利主体，四岁的小孩是义务主体，所以是小孩诉小孩，千万不能是父母诉父母。你要把适合的当事人和承担义务的当事人分离开来，所以首先应该是小孩诉小孩。

无、限制民事行为能力人侵权，不仅要告他，还要把他的监护人作为共同被告。

因此，三岁的小孩被四岁的小孩打了，应该是三岁的小孩作原告，四岁的小孩和他的父母作共同被告，三岁小孩的父母在案件当中作法定诉讼代理人。

2.例外：指不是法律关系主体的人或组织能以自己的名义起诉或应诉。包括：

（1）诉讼担当。指特殊情形下，允许民事法律关系或民事权利的主体以外的其他人或组织以自己的名义起诉或应诉，维护他人的合法权益，法院判决的效力及于原来的权利主体。诉讼担当中的当事人称为非实体当事人。

包括：①侵害死者遗体、遗骨以及姓名、肖像、名誉、荣誉、隐私等行为提起诉讼的，死者的近亲属为当事人；②为保护胎儿的继承利益而起诉的胎儿的母亲；③依法宣告失踪者的财产代管人；④未经依法清算即被注销的：企业股东、发起人或出资人（依法清算并注销前：企业法人）；⑤遗嘱执行人、遗产管理人；⑥经著作权人授权，为保护著作权人权利而起诉的著作权集体管理组织。

例1：新京报发表一篇文章说，老叶与多名女性保持同居关系。小叶认为新京报侵犯了父亲的名誉。本案侵犯的是谁的权益？老叶。但老叶能起诉吗？作为当事人，必须是活人。老叶不能起诉，所以只能由小叶起诉新京报。小叶是侵权法律关系的权利主体吗？不是，他以自己的名义作原告，以自己的名义诉新京报最后让新京报赔礼道歉是向小叶赔礼道歉，还是向老叶？向老叶赔礼道歉。

小叶以自己的名义起诉和应诉，因为当事人必须以自己的名义起诉和应诉。维护他人合法权益，最后诉讼结果归于他人，归于民事实体法律关系的主体。

例2：宣告失踪者的财产代管人。张三欠了李四200万元，张三被宣告失踪了，指定王五作张三的财产代管人，李四如想要回这200万元，是诉张三还是诉财产代管人王五？诉财产代管人王五。财产代管人王五以自己的名义来应诉。最后胜诉或者是败诉的结果是由张三承担。王五就是财产代管人以自己的名义应诉，维护的是失踪人的合法权益，诉讼结果归于失踪人李四。

例3：遗嘱的执行人和遗产的管理人。英国的戴安娜王妃，去世时留有100万英镑的财产遗产，这个遗产由威廉和哈里两位王子来继承，但是必须年满30岁方可继承。当时戴安娜王妃去世的时候，威廉王子15岁。这个遗嘱，至少15年之后才能执行。在这15年期间，如果戴安娜王妃的遗产是珠宝，被别人久借不还，这个时候谁可以以自己的名义起诉？遗嘱的执行人和遗产的管理人可以以自己的名义起诉、应诉。要回来的遗产归执行人或管理人吗？不归，归继承人威廉和哈里。

例4：著作权集体管理组织。汪峰的歌曲《春天里》在卡拉OK商家天天放，正常情况下应该要给汪峰付费，否则就侵权。正常应该是汪峰诉卡拉OK商家侵权要求付费，但是大家知道这歌手太忙了，不可能天天都侵权，天天起诉。那汪峰可以把这个权利给谁？著作权集体管理组织。著作权集体管理组织以自己的名义起诉。要回来的钱是归著作权集体管理组织还是归汪峰？归汪峰。著作权集体管理组织就是自己的名义起诉应诉维护著作权人的合法权益。

（2）确认之诉中，对诉讼标的有确认利益的人或组织。

例：桌上这个水杯是蔡老师的，但是我们在座的任何一个同学，只要你认为你对这个水杯有确认利益，你认为你是这个水杯的所有权人，你就可以向法院提起确认之诉，要求确认拿在蔡老师手里的水杯是你的。

如果蔡老师的水杯被张三给砸烂了，对这个侵权案件而言，大家都能作当事人吗？不能。在侵权案件当中，只有张三和蔡老师是适格的当事人。

（3）公益诉讼中的原告。对于污染环境、侵害众多消费者合法权益等损害社会公共利益的行为，法律规定的机关和有关组织可以作为原告起诉。法定的机关和有关组织显然也不是直接法律关系或民事权利的主体，也属于当事人适格标准的例外规定。

《环境保护法》第58条规定，依法在设区的市级以上人民政府民政部门登记或专门从事环境保护公益活动连续5年以上且无违法记录的社会组织可以向法院提起环境公益诉讼。

《消费者权益保护法》第47条规定，中国消费者协会以及在省、自治区、直辖市设立的消费者协会，可以向法院提起消费者公益诉讼。

【注意】诉讼代理人也可以起诉或应诉，但不是以自己的名义，因而其不是当事人。诉讼担当情形下为维护他人权益而以自己名义起诉的人或组织本身就是诉讼案件的当事人。

判断：

1.当事人诉讼权利能力是作为抽象的诉讼当事人的资格，它与具体的诉讼没有直接的联系；当事人适格是作为具体的诉讼当事人资格，是针对具体的诉讼而言的。（√）

2.一般来讲，应当以当事人是否是所争议的民事法律关系的主体，作为判断当事人适格的标准，但在某些例外情况下，非民事法律关系或民事权利主体，也可以作为适格当事人。（√）

3.检察院就生效民事判决提起抗诉，抗诉的检察院是适格的当事人。（×）

分析：题1和题2正确。题3错误，因为检察院提起抗诉，当事人仍然是抗诉案件中的原有的当事人，检察院不是诉讼的当事人，而仅是诉讼参加人的一种，该表述错误。

4.依法解散、依法被撤销的法人可以自己的名义作为当事人进行诉讼。（×）（14年·卷三·81题）

分析：公民、法人和其他组织可以作为民事诉讼的当事人。法人的诉讼权利能力始于依法成立，终于被解散、撤销，依法解散、依法被撤销的法人没有诉讼权利能力，因而不能作为当事人进行诉讼。该表述错误。

5.被宣告为无行为能力的成年人可以自己的名义作为当事人进行诉讼。（√）（14年·卷三·81题）

分析：自然人的诉讼权利能力始于出生，终于死亡，无民事行为能力人和限制民事行为能力人虽然无诉讼行为能力，参加诉讼必须由法定代理人代为进行，但其都有诉讼权利能力，能够以自己的名义作为当事人进行诉讼。该表述正确。

6.不是民事主体的非法人组织依法可以自己的名义作为当事人进行诉讼（×）（14年·卷三·81题）

分析：非法人组织，民事诉讼法赋予其诉讼权利能力，在诉讼中能够以自己的名义作为当事人进行诉讼。同时在民法中，非法人组织也享有民事权利能力，是民事主体之一。非法人组织的民事权利能力和诉讼权利能力都始于成立，终于终止。该表述错误。

7.中国消费者协会可以自己的名义作为当事人，对侵害众多消费者权益的企业提起公益诉讼。（√）（14年·卷三·81题）

分析：中国消费者协会以及在省、自治区、直辖市设立的消费者协会，可以向人民法院提起诉讼。该表述正确。

8.一般而言，应以当事人是否对诉讼标的有确认利益，作为判断当事人适格与否的标准。（×）（13年·卷三·38题）

分析：判断当事人适格的标准一般是以直接利害关系人作为判断标准，这种判断标准导致了在消极的确认之诉中，原告并不是直接利害关系人，即不是法律关系的权利或义务主体，但却能提起确认之诉。因此，传统的当事人适格标准在消极的确认之诉中不适用，在确认之诉中，应当以当事人是否对诉讼标的有确认利益作为当事人适格的标准，这是一个例外，而不是一般标准。该表述错误。

9.一般而言，诉讼标的的主体即是本案的正当当事人。（√）（13年·卷三·38题）

分析：民事诉讼中的诉讼标的是指当事人之间争议的民事实体法律关系。正当当事人就是指适格的当事人，适格的当事人就是直接利害关系人，即民事实体法律关系的权利主体或义务主体。该表述正确。

10.未成年人均不具有诉讼行为能力。（×）（13年·卷三·38题）

分析：自然人的诉讼行为能力分为无诉讼行为能力和有诉讼行为能力两种，只有完全民事行为能力人才有诉讼行为能力。一般而言，成年人是完全民事行为能力人，但其中的16岁以上的未成年人，以自己的劳动收入为主要生活来源的，也是完全民事行为能力人，从而也就具有诉讼行为能力。因此，说未成年人均不具有诉讼行为能力是不对的。该表述错误。

11.破产企业清算组对破产企业财产享有管理权，可以该企业的名义起诉或应诉。（√）（13年·卷三·38题）

分析：只要企业没有被注销，其法人资格还在，即使在清算中，破产企业清算组也只可以企业的名义起诉和应诉，而不能以清算组的名义起诉和应诉，所产生的诉讼后果归于破产企业。该表述正确。

（二）当事人变更

当事人变更，又称为诉讼权利与义务的承担或诉讼承担，是指在民事诉讼进行过程中，由于特殊原因的出现，一方当事人的诉讼权利与义务转移给案外人，由案外人承受原当事人的诉讼权利和义务，作为当事人继续进行诉讼。其主要包括以下三种情形：

1.在诉讼中，一方当事人死亡，有继承人的，裁定中止诉讼。人民法院应及时通知继承人作为当事人承担诉讼，被继承人已经进行的诉讼行为对承担诉讼的继承人有效。

例：张三诉李四要求给付合同货款200万元。后来张三去世了，张三有儿子张小三，法院要不要通知张小三参加诉讼？

分析：要。请问张小三和李四之间有合同法律关系吗？没有。但是张小三可不可以作为适格的当事人？可以作为适格的当事人。

2.企业法人合并的，因合并前的民事活动发生的纠纷，以合并后的企业为当事人；企业法人分立的，因分立前的民事活动发生的纠纷，以分立后的企业为共同诉讼人。

【注意】在二审程序、再审程序中出现企业法人的合并分立的，人民法院按照上述规定变更相应的当事人即可，不必将案件发回原审人民法院重审。

例1：甲公司诉乙公司要求给付合同付款200万元，一审判决乙败诉并要求给付。结果乙不服上诉，在二审案件审理过程中，甲分立成丙和丁两个企业。法院是直接把丙和丁追加为被上诉人还是告诉他们另行起诉？

分析：直接把它变更为被上诉人，这是诉讼主体的变更。

同理，如果甲诉乙合同纠纷生效，法律文书已经做出来了，然后这个时候甲分立成了丙和丁两个企业，现在丙和丁两个企业认为那个生效法律文书错了，可不可以以再审申请人的身份申请再审？可以。

例2：2010年7月，甲公司不服A市B区法院对其与乙公司买卖合同纠纷的判决，上诉至A市中级法院，A市中级法院经审理维持原判决。2011年3月，甲公司与丙公司合并为丁公司。之后，丁公司法律顾问在复查原甲公司的相关材料时，发现上述案件具备申请再审的法定事由。应由丁公司以当事人身份向法院申请再审。（12年·卷三·45题）

3.在诉讼进行中，争议的民事权利义务转移的：

（1）原则上不影响当事人的诉讼主体资格和诉讼地位，对当事人不予更换，生效的文书对受让人具有拘束力。

（2）受让人申请以无独立请求权的第三人身份参加诉讼的，人民法院可予准许。

（3）受让人申请替代当事人承担诉讼的，人民法院准许受让人替代当事人承担诉讼的，裁定变更当事人；不予准许的，可以追加其为无独立请求权的第三人。

例：甲和乙签订了一个买卖合同，然后现在甲诉乙要求给付合同货款200万元。在案件审理过程当中，甲把这个合同的权利义务关系全转让给了丙。实体权利义务关系转让之后，新的合同当事人是丙和乙。正常情况下争议的民事实体权利义务关系的主体，有直接利害关系的就应该是丙诉乙。此时当事人换吗？

分析：不换。在诉讼进行中争议的民事权利义务转移，当事人不换，仍然是原告甲与被告乙。但生效的法律文书判出来了，说要乙向甲支付合同货款200万元，对受让人丙有约束力。丙可以拿着这个生效的法律文书要求执行。为了追求程序的稳定性，在诉讼进行中争议的民事权利义务转移的当事人是不换的。丙要想参加诉讼，可以有独立请求权的第三人身份参加诉讼。

（三）当事人适格的常考情形

1.个人合伙和个体工商户。

（1）合伙的全体合伙人在诉讼中为共同诉讼人，个人合伙有依法核准登记字号的，应在法律文书中注明登记的字号。

【注意】合伙包括合伙组织、合伙型联营企业和个人合伙。合伙组织和合伙型联营企业都是可以作为独立当事人的其他组织，而个人合伙则不属于能作为独立当事人的其他组织，是以各合伙人作为共同诉讼人，形成适格当事人。

例1：甲、乙、丙三人合伙开办电脑修理店，店名为"一通电脑行"，依法登记。甲负责对外执行合伙事务。顾客丁进店送修电脑时，被该店修理人员戊的工具碰伤。丁拟向法院起诉。本案应以甲、乙、丙三人为共同被告，并注明"一通电脑行"字号。（10年·卷三·40题）

例2：甲、乙、丙三人签订合伙协议并开始经营，但未取字号，未登记，也未推举负责人。其间，合伙人与顺利融资租赁公司签订融资租赁合同，租赁淀粉加工设备一台，约定租赁期限届满后设备归承租人所有。合同签订后，出租人按照承租人的选择和要求向设备生产商丁公司支付了价款。如果承租人不履行支付价款的义务，出租人起诉的，适格被告是：（1）甲、乙、丙全体。（2）甲、乙、丙中的任何人。（16年·卷三·86题）

（2）个体工商户以营业执照上登记的经营者为当事人，有字号的，以营业执照上登记的字号为当事人，但应同时注明该字号经营者的基本信息。营业执照上登记的经营者与实际经营者不一致的，以经营者和实际经营者为共同诉讼人。

例1：徐某开设打印设计中心并以自己名义登记领取了个体工商户营业执照，该中心未起字号。不久，徐某应征入伍，将该中心转让给同学李某经营，未办理工商变更登记。后该中心承接广告公司业务，款项已收却未能按期交货，遭广告公司起诉。李某和徐某是本案的适格被告。（15年·卷三·39题）

例2：张某登记了一个个体工商户，字号为张氏切菜馆，后将该字号转让给了刘某，刘某侵权了一个人，这个人提起诉讼，此时被告应当是张某和刘某。（2020年仿真题）

2.法人或其他组织和其工作人员。

（1）直接责任人为当事人的情形：法人或其他组织应登记而未登记即以法人或者其他组织名义进行活动；他人冒用法人、其他组织名义进行民事活动（排除表见代理的情形）；法人或其他组织依法终止后仍以其名义进行民事活动。

（2）法人或其他组织为当事人的情形：法人或其他组织的工作人员因执行工作任务

造成他人损害的，该法人或其他组织为当事人。注意：如果是非职务行为引起的诉讼，则由工作人员自己为当事人。

3.雇主与雇工。

（1）如果雇工在从事雇佣工作中造成他人损害的，由雇主作当事人；但雇员有故意或重大过失的，与雇主承担连带责任，雇主和雇员作为共同被告。

（2）如果雇工擅自从事非雇佣工作造成他人损害的，则由雇工自己作当事人。

4.法人与分支机构问题。

（1）由法人作为当事人：法人分支机构非依法设立，或者虽然依法设立但没有领取营业执照的。

（2）由分支机构作为当事人：法人分支机构依法设立并领取营业执照的；中国人民银行、各专业银行、中国人民保险公司设在各地的分支机构。

5.提供劳务或劳务派遣中侵权。

（1）提供劳务一方因劳务造成他人损害，受害人提起诉讼的，以接受劳务一方为被告。

（2）在劳务派遣期间，被派遣的工作人员因执行工作任务造成他人损害的，以接受劳务派遣的用工单位为当事人。当事人主张劳务派遣单位承担责任的，该劳务派遣单位和用人单位为共同被告。

例1：西北政法大学需要有人来做保洁，但是直接签订劳务合同的话，费用特别高。于是其找了一个劳务派遣公司A公司，A公司一共有一百个保洁员，保洁员跟劳务派遣公司签订劳动合同，A公司就是用人单位。A公司把其中一个保洁员派到西北政法大学来工作，结果保洁员在打扫卫生的过程当中，把玻璃弄下去，把人给砸伤了。那这个时候受害人告谁？是告西北政法大学还是告劳务派遣公司？告西北政法大学，因为西北政法大学是用工单位，是这个保洁阿姨行为的受益人。

如果这个受害人发现A公司更有钱，他想告这个A公司（用人单位），一定要把西北政法大学（用工单位）作为共同被告，不能只告劳务派遣公司。

【小结】告用工单位；告用工单位+用人单位。

例2：小桐是由菲特公司派遣到苏拉公司工作的人员，在一次完成苏拉公司分配的工作任务时，失误造成路人周某受伤，因赔偿问题周某起诉至法院。关于本案被告：（1）起诉菲特公司时，应追加苏拉公司为共同被告。（2）可以只起诉苏拉公司。（16年·卷三·37题）

例3：马迪由阳光劳务公司派往五湖公司担任驾驶员。因五湖公司经常要求加班，且不发加班费，马迪与五湖公司发生争议，向劳动争议仲裁委员会申请仲裁。本案仲裁当事人的确定中，马迪是申请人，五湖公司和阳光劳务公司为被申请人。本案中，马迪因劳动报酬支付产生争议，一般应以派遣单位阳光劳务公司为被告，但争议内容是涉及接受劳务派遣的单位五湖公司，是五湖公司要求加班而不付加班费而引起的，应以派遣单位阳光劳务公司和接受单位五湖公司为共同被告。

注意，此案例和上一个案例不同的地方在于，此案是劳务派遣中的劳动争议，用人单位必须是一方当事人，而上一个案例中是劳务派遣中对第三人侵权，用工单位必须是一方当事人，用人单位可告可不告。

6.侵权纠纷。

（1）因新闻报道或其他作品引起的名誉权纠纷案件的当事人。

①只诉作者的，列作者为被告；

②只诉新闻出版单位的，列新闻出版单位为被告；

③对作者和新闻出版单位都提起诉讼的，将作者和新闻出版单位均列为被告，但作者与新闻出版单位为隶属关系，作品系作者履行职务所形成的，只列单位为被告。

作者与出版单位系职务关系 ┬ 以作者为被告
　　　　　　　　　　　　　　└ 以出版单位为被告

作者与出版单位非职务关系 ┬ 以作者为被告
　　　　　　　　　　　　　├ 以出版单位为被告
　　　　　　　　　　　　　└ 以作者与出版单位作为共同被告

（2）无民事行为能力人、限制民事行为能力人侵权。

无民事行为能力人、限制民事行为能力人造成他人损害的，无民事行为能力人、限制民事行为能力人和其监护人为共同被告。

例1：周童（5岁）星期天和祖母李霞去公园玩耍，游戏过程中周童将林晨（6岁）的双眼划伤致使林晨右眼失明、左眼视力下降。林晨的父亲林河要求周家赔偿林晨的医疗费、伤残费共计6万元。周童的父亲周志伟以周童是未成年人为由拒绝赔偿。林家无奈只好诉至法院。本案原告是林晨，其父亲林河是林晨的法定代理人。周童和其父亲周志伟是共同被告，李霞是证人。

特别注意，不是未成年人作被告，而是未成年人和监护人列为共同被告。

例2：精神病人姜某冲入向阳幼儿园将入托的小明打伤，小明的父母与姜某的监护人朱某及向阳幼儿园协商赔偿事宜无果，拟向法院提起诉讼。本案姜某、朱某、向阳幼儿园是共同被告。本案中小明在幼儿园被精神病人姜某侵权，属于无民事、限制民事行为能力人侵权，不仅要起诉姜某，还应该起诉姜某的监护人朱某。同时，该侵权是发生在学校里，教育机构应该承担补充责任，作为共同被告，而不能作为无独立请求权的第三人。（16年·卷三·36题）

（3）校园事故责任。

一般：侵权人为被告。无民事行为能力人或者限制民事行为能力人在幼儿园、学校或者其他教育机构学习、生活期间，受到幼儿园、学校或者其他教育机构以外的人员损害的，列侵权人为被告。

特殊：学校与侵权人作为必要共同诉讼人。上述情形下，如果教育机构未尽到管理职责的，则将学校与侵权人列为共同诉讼人。

例：王甲两岁，在幼儿园入托。一天，为幼儿园送货的刘某因王甲将其衣服弄湿，便打了王甲一记耳光，造成王甲左耳失聪。王甲的父亲拟代儿子向法院起诉，刘某和幼儿园是本案共同被告。（09年·卷三·38题）

（4）公共场所管理人责任。

一般：管理人或组织者为被告，因第三人行为造成他人损害的，第三人为被告。

特殊：第三人与管理人为共同被告。如果因为第三人侵权，管理人未尽到安全保障义务的，则将第三人和管理人列为共同诉讼人。

例1：甲在丽都酒店就餐，顾客乙因地板湿滑不慎滑倒，将热汤洒到甲身上，甲被烫伤。甲拟向法院提起诉讼。甲起诉，可以只诉乙，也可以将酒店和乙一起作为共同被告起诉。（10年·卷三·46题）

例2：李某和张某到华美购物中心采购结婚物品。张某因购物中心打蜡地板太滑而摔倒，致使左臂骨折，住院治疗花费了大量医疗费，婚期也因而推迟。当时，购物中心负责地板打蜡的郑某目睹事情的发生经过。受害人认为购物中心存在过错，于是，起诉要求其赔偿经济损失以及精神损害赔偿。华美购物中心与郑某为本案共同被告，李某、郑某可以作为本案的证人。（08年·卷三·84题）

三、共同诉讼

共同诉讼，是指当事人一方或者双方为2人以上，诉讼标的是同一的或者同一种类，人民法院合并审理的诉讼。在我国民事诉讼法中，共同诉讼有必要共同诉讼和普通共同诉讼两种类型。

例：蔡老师讲课时，大家都很困，为了给大家提神，蔡老师拿起高压水枪，里面灌上辣椒水，找九个最困的同学点射。这九个同学就要起诉蔡老师维护自己的合法权益。这九个人起诉是一方人数众多，是普通共同诉讼。

再如，这九个同学被蔡老师喷完辣椒水之后，眼神一交流决定打回去。九个同学过来把蔡老师打了一顿。现在蔡老师诉这九个同学，还是一方人数众多。现在他们之间是必要共同诉讼。

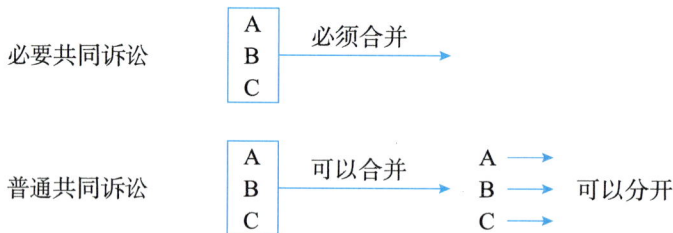

（一）必要共同诉讼

必要共同诉讼是当事人一方或双方为2人以上，诉讼标的是同一的，人民法院必须合并审理的诉讼。

1.必要共同诉讼成立的条件。

（1）当事人一方或双方为2人以上，10人以下。

（2）当事人之间的诉讼标的是共同的。

【注意】当事人之间的诉讼标的是共同的，意味着众多的当事人与对方当事人之间的诉讼标的，即法律关系只有一个，必要共同诉讼人间的诉权只能行使一次，所以必要共同诉讼是不可分之诉。

2.必要共同诉讼的分类：固有的必要共同诉讼和类似的必要共同诉讼。

（1）共同点：都只能起诉一次。

（2）区别：固有的必要共同诉讼，必须全体一起参诉，少一个则为当事人不适格，无选择权；类似的必要共同诉讼，可以全体一起参诉，也可以部分当事人参诉，有选择权。

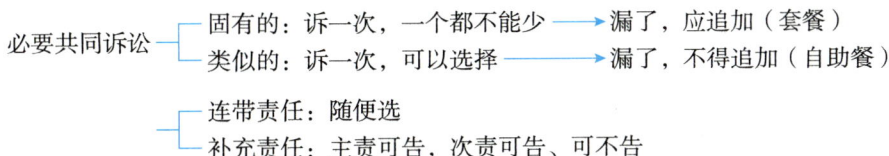

必要共同诉讼
- 固有的：诉一次，一个都不能少 → 漏了，应追加（套餐）
- 类似的：诉一次，可以选择 → 漏了，不得追加（自助餐）
- 连带责任：随便选
- 补充责任：主责可告，次责可告、可不告

类　　　型	共同诉讼人
（1）个体工商户经营者与实际经营者不一致	作为共同诉讼人。（固有）
（2）企业法人分立	分立后的法人为共同诉讼人。（固有）
（3）共有财产关系	共有财产权受到他人侵害，部分共有权人起诉的，其他共有权人应当列为共同诉讼人。（固有）
（4）继承关系	未一同起诉的其他继承人应当作为共同原告，明确表示放弃继承权利的继承人除外。（固有）
（5）保证关系	如果承担的是一般保证责任，则应当追加债务人为共同被告（不能只告保证人）。（固有） 如果保证人承担的是连带保证责任，则不必追加债务人为共同被告。（类似）
（6）借用业务介绍信等关系	出借单位与借用人应为共同诉讼人。（类似）
（7）个人合伙	合伙人作为共同诉讼人。（类似）
（8）挂靠	挂靠者与被挂靠者作为共同诉讼人。（类似）
（9）从事住宿、餐饮等经营活动因第三人侵权引起的纠纷｜安全保障人有过错的	赔偿权利人起诉安全保障义务人的，应当将第三人作为共同被告，但第三人不能确定的除外。（类似）
（10）共同侵权｜赔偿权利人起诉部分共同侵权人的	法律规定：法院不应当追加其他共同侵权人作为共同被告。（类似） 命题人观点：追加。（固有）
赔偿权利人在诉讼中放弃对部分共同侵权人的诉讼请求的	其他共同侵权人对被放弃诉讼请求的被告应当承担的赔偿份额不应承担连带责任。

3.必要共同诉讼人的11种典型情形：

（1）挂靠：个体工商户、个人合伙或私营企业挂靠集体企业并以集体企业的名义从事生产经营活动过程中发生的纠纷，挂靠人和被挂靠企业为共同诉讼人。

（2）营业执照上登记的经营者与实际经营者不一致的，以经营者和实际经营者为共

同诉讼人。

（3）个人合伙中的全体合伙人在诉讼中为共同诉讼人。

（4）企业法人分立，因分立前的民事行为发生的纠纷，以分立后的企业法人为共同诉讼人。

（5）借用业务介绍信、合同专用章、盖章的空白合同书或者银行账户的，出借单位和借用人为共同诉讼人。

（6）保证合同关系。

一般保证：

其一，债权人仅起诉被保证人（债务人）的，可只列被保证人为被告；债权人仅起诉保证人的，人民法院应当通知被保证人（债务人）作为共同被告参加诉讼（不同于连带保证）。

其二，可以将债务人和保证人作为共同被告提起诉讼。

【注意】一般保证涉诉中，不能只列保证人为被告。因为一般保证中的保证人享有先诉抗辩权，如果要起诉保证人，则一定要追加债务人为共同被告。

连带保证：

其一，可以将债务人作为被告提起诉讼。

其二，可以将保证人作为被告提起诉讼。

其三，可以将债务人和保证人作为共同被告提起诉讼。

【注意】如果在保证关系中，当事人没有明确约定保证人承担的是一般保证还是连带保证责任，则视为保证人承担连带保证责任。

（7）继承遗产关系。

①部分继承人起诉的，人民法院应通知其他继承人作为共同原告参加诉讼。

②被通知的继承人不愿意参加又不放弃实体权利的，人民法院仍追加其为共同原告。

③应当追加的原告，已明确表示放弃实体权利的，可不予追加。

【注意】如果某继承人的诉求与其他继承人的诉求相冲突，则该继承人是有独立请求权的第三人，而不是共同诉讼人。

例：老太太有5个儿子，去世后留下2间平房。老二长期在2间房内居住，并经营饭馆，生意红火。某日老大起诉老二，要求继承属于自己的那份遗产。老三碍于兄弟情面，不愿意参加诉讼，但是不放弃继承权。老四生活富足，不愿意参加诉讼，同时愿意放弃继承权。老五则拿出一份老太太手写的遗嘱，称自己是房屋的唯一继承人。问：5兄弟的诉讼地位如何？答：老大是原告，老二是被告，老三为共同原告，老四不需要参加诉讼，老五是有独立请求权第三人。

（8）被代理人和代理人承担连带责任的，为共同诉讼人。

（9）共有财产权受到他人侵害，部分共有权人起诉的，其他共有权人应当列为共同诉讼人；共有人也可以作为共同被告。

（10）共同侵权。

①二人以上共同实施侵权行为，造成他人损害的，应当承担连带责任。

②赔偿权利人起诉部分共同侵权人的，对未起诉的侵权人，法院应当追加。

③赔偿权利人在诉讼中放弃对部分共同侵权人的诉讼请求的，其他共同侵权人对被放弃诉讼请求的被告应当承担的赔偿份额不承担连带责任。

【注意】共同侵权中，对部分共同侵权人放弃起诉和对部分共同侵权人放弃对其的诉讼请求的法律效果是不同的。不起诉部分共同侵权人，不意味着放弃了对其的诉讼请求，则其他被诉的共同侵权人必须要对未被起诉的侵权人应承担的份额承担连带赔偿责任。而在诉讼中放弃对部分共同侵权人的诉讼请求，则其他共同侵权人对被放弃诉讼请求的侵权人应当承担的赔偿份额不承担连带责任。

例1：甲、乙、丙三人群殴正在路上行走的丁，造成丁重伤花去医疗费1000元，丁于是以甲、乙为被告向人民法院提起诉讼，请求赔偿医疗费1000元。①对未起诉的丙，法院是否要追加？答：追加。②如果丁只诉甲和乙，甲、乙在诉讼中要求对未被起诉的丙应承担的份额不承担连带责任，法院应否支持？答：不支持。丁只是未诉丙，并未放弃对丙的诉讼请求，因此，甲、乙仍然对丙应承担的份额承担连带责任。甲、乙承担责任后，可以向丙追偿。③如果丁在诉讼中放弃对丙的诉讼请求，而只要求甲、乙对1000元赔偿承担连带责任，法院如何处理？答：法院应当将放弃诉讼请求的法律后果告知赔偿权利人，将放弃诉讼请求的情况在法律文书中叙明，对丙应当承担的赔偿份额，不得要求甲、乙承担连带责任。

例2：2013年5月，居住在S市二河县的郝志强、迟丽华夫妻将二人共有的位于S市三江区的三层楼房出租给包童新居住，协议是以郝志强的名义签订的。2015年3月，住所地在S市四海区的温茂昌从该楼房底下路过，被三层掉下的窗户玻璃砸伤，花费医疗费8500元。为此，温茂昌将郝志强和包童新诉至法院，要求他们赔偿医疗费用。问题：本案的当事人确定是否正确？应当如何列明？（16年·卷四·六题）

分析：本案一审当事人的确定不完全正确（或部分正确、或部分错误）。（1）温茂昌作为原告、郝志强、包童新作为被告正确，遗漏迟丽华为被告错误；温茂昌是受害人，与案件的处理结果有直接的利害关系，作为原告，正确；（2）建筑物、构筑物或者其他设施及其搁置物、悬挂物发生脱坠落造成他人损害，所有人、管理人或者使用人不能证明自己没有过错的，应当承担侵权责任；郝志强为楼房所有人，包童新为楼房使用人，作为被告，正确；（3）迟丽华作为楼房的所有人之一，没有列为被告，错误。

（11）共同危险。

原则上共同危险行为人承担连带责任，除非能够确定具体侵权人。

4.必要共同诉讼人的关系。

（1）外部关系，即必要共同诉讼人与对方当事人之间的关系，一致对外。

（2）内部关系，即共同诉讼人之间的关系，其中一人的诉讼行为经其他共同诉讼人承认，对其他共同诉讼人发生效力。

5.必要共同诉讼人的追加。

（1）追加当事人的方式有两种：一是，依职权追加；二是，依申请追加。

必要共同诉讼的当事人没有参与诉讼的，法院应当通知其参与诉讼。法院追加共同诉讼的当事人时，应通知其他当事人。

应当追加的原告，明确表示放弃实体权利的，可以不予追加；既不愿意参加诉讼，又不放弃实体权利的，仍追加为共同被告，其不参与诉讼，不影响法院对案件的审理和判决。

法院对当事人提出追加申请的，应当进行审查，申请无理的，裁定驳回；申请有理的，书面通知被追加的当事人参加诉讼。

例：田某和陈某合伙经营一打印社，由甲公司负责供应耗材。田某发现甲公司送的一批货质量存在问题，经协商无果，田某向法院提起诉讼，要求甲公司接受退货并承担违约责任。案件受理后，陈某得知此事，也向该法院提起诉讼，要求甲公司赔偿损失。法院应当裁定不予受理陈某提起之诉，但应追加陈某为共同原告。（08年四川·卷三·40题）

（2）一、二审和再审中发现遗漏必要共同诉讼人的处理：

审理阶段	追加必要共同诉讼人的做法
一审	除非原告放弃其实体权利，否则法院应当追加；该被追加的当事人不愿意参加诉讼的，不影响案件的继续审理。
二审	法院可以根据当事人自愿的原则予以调解，调解不成的，发回重审。发回重审的裁定书中不列应当追加的当事人。
再审	法院可以根据当事人自愿的原则予以调解，调解不成的，裁定撤销一、二审判决，发回原审法院重审。

例：二审法院审理继承纠纷上诉案时，发现一审判决遗漏另一继承人甲。甲应是本案的共同原告，二审法院可根据自愿原则进行调解，调解不成的，裁定撤销原判决，发回重审。（10年·卷三·80题）

（二）普通共同诉讼

普通共同诉讼，是指当事人一方或者双方为2人以上，其诉讼标的是同一种类，人民法院认为可以合并审理，而且当事人也同意合并审理的诉讼。

1.普通共同诉讼的特征。

（1）当事人一方或双方为2人以上。

（2）诉讼标的是同一种类。

（3）人民法院认为可以合并审理，并经当事人同意后，合并审理。

【注意1】普通共同诉讼人之间的诉讼标的是同一种类的，众多的当事人与对方当事人之间的诉讼标的，即法律关系不止一个，而是多个，普通共同诉讼人间的诉权也有多个，所以普通共同诉讼是可分之诉。这是普通共同诉讼和必要共同诉讼之间的最根本的区别。

【注意2】必要共同诉讼是不可分之诉，法院必须将其合并审理；普通共同诉讼是可分之诉，可以分别审理，也可以合并审理，法院在征得当事人同意后，可以将普通共同诉讼合并审理；必要共同诉讼合并审理后，法院必须作出合一的判决，普通共同诉讼法院即使合并审理，也要分别作出判决。

2.普通共同诉讼人的关系。

（1）诉讼行为独立。普通共同诉讼人个人的诉讼行为仅对行为人自己有效，对其他共同诉讼人不发生任何法律效力。

（2）特殊情形独立。如果普通共同诉讼人中的一人出现诉讼中止、未按时参与庭审等特殊现象，不影响其他共同诉讼人诉讼活动的继续进行。

（3）裁判结果独立。法院对普通共同诉讼人的诉讼请求及其相应证据的审查应当分别进行，并可以根据审查的结果，对普通共同诉讼的不同当事人作出实体结果完全不同的裁判。

例：张某将邻居李某和李某的父亲打伤，李某以张某为被告向法院提起诉讼。在法院受理该案时，李某的父亲也向法院起诉，对张某提出索赔请求。法院受理了李某父亲的起诉，在征得当事人同意的情况下决定将上述两案并案审理。在本案中，李某的父亲普通共同诉讼的共同原告。（08年·卷三·42题）

（三）必要共同诉讼与普通共同诉讼的比较

	必要共同诉讼	普通共同诉讼
标的	同一标的	同类标的
性质	一个诉，不可分之诉	多个可分之诉
是否合并审理	必须合并	经当事人同意，可以合并审理
内部关系	一人的诉讼行为经其他共同诉讼人承认，对其他共同诉讼人产生效力	其中任一共同诉讼人的诉讼行为，对其他共同诉讼人没有效力
判决	对多个共同诉讼人作合一判决	对多个共同诉讼人分别作出判决

四、诉讼代表人

代表人诉讼是在共同诉讼的基础上，因为当事人一方或双方人数太多（一般为10人以上），无法都参加诉讼，从而推选代表人进行诉讼所形成的诉讼。诉讼代表人，是指由人数众多的一方当事人推选出来的，代表该方当事人进行诉讼的人。

（一）代表人诉讼的种类

包括人数确定的代表人诉讼和人数不确定的代表人诉讼。

区 别	人数确定的代表人诉讼	人数不确定的代表人诉讼
人数	确定（案结事了）	不确定（案结事不了）
诉讼标的	同一或同一种类	同一种类
程序		公告、登记等程序，裁判具有预决效力
代表人产生办法	先推选；推选不出：必要共同诉讼，亲自参加诉讼；普通共同诉讼，告知当事人另诉	先推选；推选不出，先协商，后指定
未选定代表人的当事人的诉讼途径	普通共同诉讼，另行起诉；必要共同诉讼，自己参加	另行起诉

例1：蔡老师发明了一种高压锅，生产了50个。50个全卖了，50个全爆炸，现在这50个人一起到法院起诉，人数确不确定？确定。普通共同诉讼，诉讼标的是同一种类的。

例2：100个人共同共有一套房屋，被蔡老师放火烧了。100个人起诉蔡老师。人数确定不确定？确定。必要共同诉讼，诉讼标的是同一的。

例3：一个大厂生产双喜牌高压锅，卖了1万个，有1000个爆炸。全国各地都在卖这款高压锅，在这种情况下，这1000个人想要一起向法院起诉很难。现在是西安地区的200个人起诉，法院一看这种情况就知道很可能不止这100人，发完公告又来了200个人一起参加诉讼，总共是300人。法院审理了之后，判决一个锅赔1万元。请问这个案子审完之后，将来还会不会有人提起类似诉讼？会，所以这300个人的案子叫人数不确定的代表人诉讼。

（二）诉讼代表人

1.诉讼代表人的条件。

（1）本案的当事人；（2）具有诉讼行为能力；（3）具有与进行该诉讼相应的能力；（4）能够善意地履行诉讼代表人的职责。

2.诉讼代表人的产生和更换。

（1）诉讼代表人的人数：当事人可以推选2-5名诉讼代表人，每位代表人可以委托1-2名诉讼代理人。

（2）诉讼代表人的产生。

①人数确定的代表人诉讼：由全体共同诉讼人推选。

推选不出代表人的当事人，在必要共同诉讼中，由当事人自己参加诉讼；在普通共同诉讼中，当事人另行起诉。

②人数不确定的代表人诉讼：由全体共同诉讼人推选。

推选不出的，由法院提出人选与当事人协商，协商不成的，可以由法院指定（不服的，另行起诉）。

【注意】人数确定的代表人诉讼中，当事人可以是必要共同诉讼的关系，也可以是普通共同诉讼的关系。而人数不确定的代表人诉讼中，当事人只能是普通共同诉讼的关系，因为必要共同诉讼中当事人之间是不可分之诉，不可能形成一部分人起诉后，另一部分人另诉的情况。

作为普通共同诉讼，如果在人数确定的代表人诉讼中，推选不出代表人时，当事人可以另诉解决；而如果在人数不确定的代表人诉讼中，推选不出代表人时，法院有一定的权力，可以指定代表人。同为普通共同诉讼的关系，这是两种不同的代表人诉讼中代表人产生的不同方式。

例：某企业使用霉变面粉加工馒头，潜在受害人不可确定。甲、乙、丙、丁等20多名受害者提起损害赔偿诉讼，但未能推选出诉讼代表人。法院建议由甲、乙作为诉讼代表人，但丙、丁等人反对。此时诉讼代表人由法院指定。本案属于人数不确定的代表人诉讼，代表人的选定是先由当事人推选，然后法院与当事人协商，最后法院指定。本案中，当事人未能推选出诉讼代表人，法院和丙、丁等人也未就此协商成功，故应由法院

指定诉讼代表人，而不能由其他当事人自己作为代表人参诉或再另行推选代表人参诉。（11年·卷三·48题）

（3）诉讼代表人的更换。

当事人可以更换诉讼代表人，更换后，原诉讼代表人更换前的诉讼行为对更换后的代表人具有法律效力。

3.诉讼代表人的权限。

（1）一般性权利：无需被代表人同意，代表人的行为对被代表的当事人发生效力。

（2）特殊性权利：承认、放弃、变更诉讼请求、和解，必须要被代表人同意。

（三）裁判的效力

人民法院所作出的裁判，对于人数确定的代表人诉讼而言，对诉讼代表人及其代表的在法院登记权利的当事人有效。对于人数不确定的代表人诉讼而言，则不仅对诉讼代表人及其所代表的在法院登记权利的当事人有效，而且还可以对在法定时效内起诉的人有效，有学者称这种现象为既判力主观范围的扩张。

（四）人数不确定的代表人诉讼的特殊程序

1.法院可以发出公告，说明案件情况和诉讼请求，通知权利人在一定期间向法院登记。公告期根据案件的具体情况确定，但不得少于30日。

2.向人民法院登记的当事人应当证明其与对方当事人的法律关系和所受到的损害。证明不了的，不予登记，当事人可以另行起诉。

五、第三人

民事诉讼中的第三人，可以分为有独立请求权的第三人和无独立请求权的第三人。

（一）有独立请求权的第三人

有独立请求权的第三人，是指对他人之间争议的诉讼标的主张独立的实体权利，为维护自己的合法权益而参加到他人已经开始的诉讼中的第三方当事人。

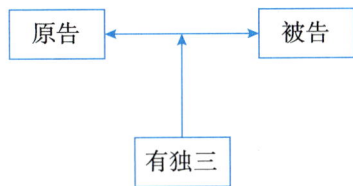

例：张三、李四争议自行车的所有权，王五是真正的自行车的所有权人。正常情况下张三诉李四的时候，王五以有独立请求权的第三人身份参加诉讼。

1.有独立请求权的第三人参加诉讼的条件和方式。

（1）参加时间：本诉进行中，即在案件受理后，法庭辩论终结前。有独立请求权的第三人提起的参加之诉必须以本诉的存在为前提，一般只有在本诉一审结束前，才能提起参加之诉。

二审中有独立请求权的第三人参加诉讼，法院调解不成，撤销一审裁判，发回一审法院重审。

（2）对本诉的诉讼标的有独立的请求权。有独立请求权的第三人参加他人已经开始诉讼的依据是对本诉原、被告争议的诉讼标的主张独立的实体权利。

【注意】人民法院审理重婚导致的无效婚姻案件时，涉及财产处理的，应当准许合法婚姻当事人作为有独立请求权的第三人参加诉讼。

例：张三和李四是合法配偶，李四在外边用假结婚证骗王五，两个人共同生活了五年，现在王五发现结婚证是假的，王五起诉到法院要求确认婚姻关系无效。诉讼中涉及一个重要的财产，就是王五过生日的时候，李四出全款购买价值100万元的生日礼物。王五说："这是我的生日礼物，应该是我的个人财产，因为是你赠与我了。"但是李四说："虽然是作为生日礼物送给你，但实际上该礼物是我们两个共同投资的，应该是一人分配一半。"此时合法配偶张三作为有独立请求权的第三人出现。

（3）向本诉法院提起诉讼。有独立请求权的第三人提起的参加之诉，本诉法院原本可能并无管辖权，但因为本诉和参加之诉的牵连关系，本诉法院因牵连管辖取得了参加之诉案件的管辖权。

例：甲有两个儿子乙和丙，甲死之后遗有房屋6间。乙乘丙外出之机，将房屋全部卖给丁，后因支付价款发生纠纷，乙将丁诉至法院。在诉讼过程中，丙知道了这一情况，要求参加诉讼。丙在诉讼中是有独立请求权的第三人。乙和丙同为所继承房屋的共同共有人，乙擅自处分共有房屋，侵犯了丙对房屋的所有权，所以丙在乙、丁的房屋买卖纠纷的诉讼中享有独立的请求权，故丙属于有独立请求权的第三人。（08年四川·卷三·42题）

2.诉讼地位：参加之诉的原告。

有独立请求权的第三人参加诉讼后，实际上形成了两个独立之诉的合并审理：一是，原告与被告之间已经开始但尚未结束的本诉；二是，有独立请求权的第三人与本诉原告、被告之间的参加之诉。因此，有独立请求权的第三人实际上处于参加之诉的原告地位。

3.有独立请求权的第三人的撤诉问题。

（1）有独立请求权的第三人撤诉的，不影响本诉的进行。

（2）如果本诉中原告撤诉的，那么有独立请求权的第三人作为另案原告，原案中的原被告作为另案被告，诉讼继续进行，不影响参加之诉的进行。

例1：李立与陈山就财产权属发生争议提起确权诉讼。案外人王强得知此事，提起诉讼主张该财产的部分产权，法院同意王强参加诉讼。诉讼中，李立经法院同意撤回起诉。王强是有独立请求权的第三人，李立撤回起诉后，法院应以王强为原告、李立和陈山为被告另案处理，诉讼继续进行。（17年·卷三·78题）

例2：丁一诉弟弟丁二继承纠纷一案，在一审中，妹妹丁爽向法院递交诉状，主张应由自己继承系争的遗产，并向法院提供了父亲生前所立的其过世后遗产全部由丁爽继承的遗嘱。法院予以合并审理，开庭审理前，丁一表示撤回起诉，丁二认为该遗嘱是伪造的，要求继续进行诉讼。法院裁定准予丁一撤诉后，丁爽为另案原告，丁一、丁二为另案被告，诉讼继续进行。（16年·卷三·38题）

例3：甲与乙对一古董所有权发生争议诉至法院。诉讼过程中，丙声称古董属自己所有，主张对古董的所有权。如丙起诉后经法院传票传唤，无正当理由拒不到庭，应当

视为撤诉。（09年·卷三·39题）

例4：赵某与刘某将共有商铺出租给陈某。刘某瞒着赵某，与陈某签订房屋买卖合同，将商铺转让给陈某，后因该合同履行发生纠纷，刘某将陈某诉至法院。赵某得知后，坚决不同意刘某将商铺让与陈某。赵某应作为有独立请求权第三人。（15年·卷三·38题）

4.有独立请求权的第三人与必要共同诉讼人的区别：

	必要共同诉讼人	有独立请求权的第三人
诉讼地位	原告或被告	只能是原告
诉的数量	一个诉	两个诉（本诉+参加之诉）
诉讼标的	诉讼标的同一，共享权利，共担义务	本诉和参加之诉两个诉讼标的
诉讼行为的效力	一人的诉讼行为，只有经全体承认，才对全体发生效力	不受本诉讼任何一方当事人的牵制
对抗方	只能同对方当事人发生对抗（或原告，或被告）	与本诉讼的双方当事人都具有对抗性
参诉时间	可以在诉讼开始时一同起诉或者应诉，也可以在诉讼中参加	诉讼进行中
参诉方式	可以主动参加，也可以由法院通知参加	起诉方主动参加
审理方式	必须一并审理	可以合并审理

（二）无独立请求权的第三人

无独立请求权的第三人，是指虽然对本诉的诉讼标的没有独立的请求权，但与本诉的处理结果有法律上的利害关系而参加诉讼的人。

【注意】这种法律上的利害关系常表现为：连环合同中因标的物质量引起的诉讼，因使用购买的原材料加工成品而引起的纠纷。

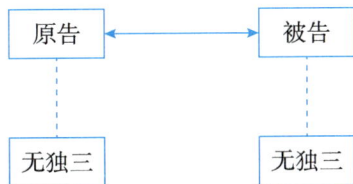

例1：西门子冰箱与消费者之间的产品侵权。消费者诉销售者违约，此时生产者为无独立请求权的第三人，帮助本诉中一方当事人胜诉。

例2：甲乙两个人之间有一个合同，甲根据合同约定是甲要交付1万斤大米，然后乙要支付2万元的合同货款。甲把大米交付给乙之后，乙没有支付货款，甲把合同权利义务关系全部转让给了丙。因乙一直没有支付合同货款，丙诉乙要求支付合同货款。结果这个时候乙说："甲交给我的大米是有瑕疵的，我们要求的是一级大米，结果他交给我的是二级大米。"甲就作为无独立请求权的第三人参加到丙和乙的诉讼中。法院依职权追加甲为第三人。

1.参诉方式。

（1）第三人主动申请参加。

（2）法院通知其参加。

例：甲为有独立请求权第三人，乙为无独立请求权第三人，甲只能以起诉的方式参加诉讼，乙以申请或经法院通知的方式参加诉讼。（10年·卷三·41题）

2.参诉地位：诉讼权利受到限制的当事人。

（1）完全无权行使的权利：①放弃诉讼请求；②变更诉讼请求；③申请撤诉；④对审判管辖权提出异议；⑤反诉。

【注意】从理论上分析，无独立请求权的第三人也无权反诉，因为反诉是本诉的被告对本诉的原告，无独立请求权的第三人不是本诉的当事人，因此无权反诉。但是，无独立请求权的第三人可以承认诉讼请求，在这种情况下，等于是无独立请求权的第三人代替被告一方承担了责任。另外，无独立请求权的第三人也可以私下和其他当事人和解解决纠纷。

（2）附条件才能行使的权利：

①上诉权：如果法院判决无独立请求权的第三人承担实体义务，则无独立请求权的第三人享有上诉权。

②调解的签收同意权：本诉的原告和被告达成的调解协议涉及第三人义务的，则需要征得该第三人的同意，调解书应当同时送达第三人，第三人在调解书送达前反悔的，人民法院应当及时判决。

【注意】无独立请求权的第三人只有在法院判决其承担实体义务时才能成为上诉人，但是，无论一审裁判是否判决无独立请求权的第三人承担实体义务，其都可以成为被上诉人。

（3）有权行使的权利：

无独立请求权第三人可以独立行使的诉讼权利仅限于一般性的诉讼权利，例如提供证据、委托诉讼代理人、参与庭审、进行辩论等。

判断：

1.无独立请求权第三人在诉讼中有自己独立的诉讼地位。（√）

2.无独立请求权第三人有权提出管辖异议。（×）

3.一审判决没有判决无独立请求权第三人承担民事责任的，无独立请求权的第三人不可以作为上诉人或被上诉人。（×）

4.无独立请求权第三人有权申请参加诉讼和参加案件的调解活动，与案件原、被告达成调解协议。（√）

分析：

1.无独立请求权的第三人虽然在权利形式上受到很多限制，但这并不妨碍其在诉讼中可以按照自己的意志进行诉讼行为，也不妨碍其在诉讼上的独立性，其是有自己独立诉讼地位的。题1正确。

2.无独立请求权第三人在诉讼中不是完整意义上的当事人，但其有自己独立的诉讼地位，当判决其承担义务时，其享有上诉权。无独立请求权的第三人参加诉讼，相当于其认可了本诉法院对案件的管辖权，所以其无权提出管辖权异议。有独立请求权的第三人和无独立请求权的第三人，在参加本诉后，都无权提出管辖权异议。题2错误。

3.一审判决无独立请求权第三人承担民事责任的，无独立请求权的第三人享有上诉权，可以作为上诉人。一审判决没有判决无独立请求权第三人承担民事责任的，无独立请求权的第三人不可以作为上诉人是正确的，但一审中其他当事人对其未承担责任不满，提出上诉的，无独立请求权的第三人就可以作为被上诉人参加诉讼。题3错误。

4.无独立请求权的第三人参加诉讼的案件，人民法院调解时需要确定无独立请求权的第三人承担义务的，应经第三人的同意，调解书应当同时送达第三人。第三人在调解书送达前反悔的，人民法院应当及时判决。所以无独立请求权第三人有权申请参加诉讼和参加案件的调解活动，与案件原、被告达成调解协议，题4正确。

3.法律规定的可以作为无独立请求权的第三人的典型情形。

（1）代位权诉讼中的第三人。债权人诉次债务人，债务人为无独立请求权的第三人。

（2）撤销权诉讼中的第三人。债权人诉债务人，撤销债务人的行为，受益人或者受让人为无独立请求权的第三人。

（3）因缺陷产品引起的侵权诉讼中的第三人。受害人诉制造者或销售者，运输者和仓储者对产品质量负有责任的，制造者或销售者可以另案诉责任人，也可以将运输者和仓储者列为无独立请求权的第三人。

（4）合同转让中的第三人。

无论是合同权利转让，还是义务转让，还是权利义务概括承受，在义务方对权利方提出抗辩的情形下，转让人（原债权人、原债务人、原权利义务人）都能够作为无独立请求权的第三人。

（5）保证合同中的第三人。

债务人对债权人提起诉讼，债权人反诉的，保证人可以作为第三人参加诉讼。

（6）劳动争议案件中的第三人。

①用人单位招用尚未解除劳动合同的劳动者，原用人单位与劳动者发生的争议，可以列新的用人单位为第三人。

②原用人单位以新的用人单位侵权为由向人民法院起诉的，可以列劳动者为第三人。

4.法律规定不能作无独立请求权的第三人的情形：

（1）与原、被告双方争议标的无直接牵连和不负有返还或赔偿义务的人。

（2）与原告或者被告约定仲裁或者约定管辖的案外人，或专属管辖案件的一方当事人。

（3）产品质量纠纷案件中，原、被告法律关系之外的人，如有证据证明其已经提供了符合合同约定或法律规定的产品；或者案件中的当事人未在规定的质量异议期间提出异议；或者作为案件中的收货方已经认可该产品质量。

（4）已经履行了义务，或依法取得了一方当事人的财产，并支付了相应的对价的原、被告之间法律关系以外的人。实际上这是善意第三人的保护问题。只要第三人符合善意取得制度的要求，则第三人不能作为无独立请求权的第三人。

（三）有独立请求权的第三人与无独立请求权的第三人的区别

	有独立请求权的第三人	无独立请求权的第三人
诉讼地位	相当于原告	依附于原告或被告
参加时间	一般是在一审程序中；二审也允许，但如果调解不成的，发回重审	一审结束前
参加方式	主动提出	自己申请或法院通知
具体诉讼权利	原告的所有诉讼权利	1.在一审判决中，承担实体义务的，享有上诉权；2.本诉的原告和被告达成的调解协议涉及第三人义务的，则需要征得该第三人的同意，调解书应当同时送达第三人，第三人在调解书送达前反悔的，人民法院应当及时判决

（四）第三人撤销之诉

第三人，因不能归责于本人的事由未参加诉讼，但有证据证明发生法律效力的判决、裁定、调解书的部分或者全部内容错误，损害其民事权益的，可以自知道或者应当知道其民事权益受到损害之日起六个月内，向作出该判决、裁定、调解书的人民法院提起诉讼。人民法院经审理，诉讼请求成立的，应当改变或者撤销原判决、裁定、调解书；诉讼请求不成立的，驳回诉讼请求。

1.第三人撤销之诉的构成。

（1）主体条件：提起撤销之诉的主体限于有独立请求权的第三人和无独立请求权的第三人。

（2）程序条件：第三人因不能归责于自己的事由未参加诉讼。例如，因第三人故意或过失而未参加诉讼，则不能提起撤销之诉。

（3）实体条件：有证据证明发生法律效力的判决、裁定、调解书部分或者全部内容错误。

（4）结果条件：损害其民事权益。这就要求发生法律效力的判决、裁定、调解书的内容与第三人民事权益的损害之间存在因果关系。

（5）时间条件：自知道或者应当知道其民事权益受到损害之日起6个月。"知道或者应当知道"的时间起算点，需第三人提交证据加以证明。

（6）管辖法院：向作出生效判决、裁定、调解书的法院起诉。也就是说，向该案的终审法院提起诉讼，一审后裁判生效的，向一审法院提起；二审后裁判生效的，向二审法院提起。

2.第三人撤销之诉的处理。

人民法院经审理，诉讼请求成立的，应当改变或者撤销原判决、裁定、调解书；诉讼请求不成立的，驳回诉讼请求。

判断：

1.法院受理第三人撤销之诉后，应中止原裁判的执行。（×）（14年·卷三·41题）

分析：第三人撤销之诉属于一个独立的诉，法院受理后，可能会改变或撤销原判决、裁定，也可能会驳回当事人的诉讼请求，因此并不必然中止原裁判的执行。

2.第三人撤销之诉是确认原审裁判错误的确认之诉。（×）（14年·卷三·41题）

分析：确认之诉是原告要求法院确定其与被告之间存在或不存在某种法律关系，第三人撤销之诉是原告要求法院改变或撤销已存在的生效裁判所确立的法律关系，因此属于变更之诉，不是确认之诉。

3.第三人撤销之诉由原审法院的上一级法院管辖，但当事人一方人数众多或者双方当事人为公民的案件，应由原审法院管辖。（×）（14年·卷三·41题）

分析：当事人申请再审是由原审法院的上一级法院管辖，但当事人一方人数众多或者双方当事人为公民的案件，应由原审法院管辖。第三人撤销之诉由第三人向生效法律文书的作出法院提出，即向原审法院申请作出。

4.第三人撤销之诉的客体包括生效的民事判决、裁定和调解书。（√）（14年·卷三·41题）

分析：第三人撤销之诉针对的是生效的判决、裁定、调解书。

六、诉讼代理人

诉讼代理人，是指依据法律规定或当事人授权委托，在民事诉讼中为维护当事人的合法权益而代为进行民事诉讼活动的人。依据法律规定进行代理活动的是法定诉讼代理人；依据当事人授权进行代理活动的是委托诉讼代理人。

【注意】诉讼代理是在代理权限内代为实施一定的诉讼行为，民事代理是代为实施一定的民事行为，法定代表人是代表法人和其他组织进行诉讼的人。

（一）法定诉讼代理人

法定诉讼代理人，是指根据法律规定代理无诉讼行为能力的当事人实施诉讼行为的人。

1.无诉讼行为能力人的监护人作为法定代理人，有监护资格的人之间互相推诿代理责任的，由人民法院指定其中一人代为诉讼。

2.法定代理人的代理权限：法定代理人享有当事人的所有诉讼权利。

3.法定代理人的诉讼地位：法定代理人类似于当事人，但法定代理人不是当事人，当事人以自己的名义起诉和应诉，法定代理人只能以当事人的名义起诉和应诉；判决的结果及于当事人，而不及于法定代理人。

判断：

1.法定诉讼代理人的代理权的取得不是根据其所代理的当事人的委托授权。（√）

分析：法定诉讼代理人代理权的取得是根据法律的直接规定，委托诉讼代理人代理权的取得是根据其所代理的当事人的委托授权。题1正确。

2.在诉讼中，法定诉讼代理人可以按照自己的意志代理被代理人实施所有诉讼行为。（√）

分析：法定诉讼代理人可以享有和实施当事人的一切诉讼权利和诉讼行为。除了不享有当事人的诉讼地位，诉讼后果不归于法定代理人，其在诉讼中与当事人并无差异，在诉讼中可以按照自己的意志代理被代理人实施所有诉讼行为。题2正确。

3.法定诉讼代理人在诉讼中死亡的，产生与当事人死亡同样的法律后果。（×）

分析：法定诉讼代理人在诉讼中死亡，只会导致延期审理。当事人在诉讼中死亡，可能会导致诉讼中止或终结。法定诉讼代理人在诉讼中死亡的，不会产生与当事人死亡同样的法律后果。题3错误。

4.所代理的当事人在诉讼中取得行为能力的，法定诉讼代理人则自动转化为委托代理人。（×）

分析：法定诉讼代理人代理权的取得是根据法律的直接规定，委托诉讼代理人代理权的取得是根据其所代理的当事人的委托授权，二者不会在诉讼中自动转化。题4错误。

（二）委托诉讼代理人

委托诉讼代理人，是指受诉讼当事人或法定代理人、诉讼代表人的委托，以当事人的名义代为诉讼行为的人。

1.委托代理人的范围：

（1）律师、基层法律服务工作者；

（2）当事人的近亲属或者工作人员；

当事人的近亲属包括：与当事人有夫妻、直系血亲、三代以内旁系血亲、近姻亲关系以及其他有抚养、赡养关系的亲属。

当事人的工作人员：与当事人有合法劳动人事关系的职工。

（3）当事人所在社区、单位以及有关社会团体推荐的公民。

社会团体推荐公民代理的条件：

①社会团体属于依法登记设立或者依法免予登记设立的非营利性法人组织；

②被代理人属于该社会团体的成员，或者当事人一方住所地位于该社会团体的活动地域；

③代理事务属于该社会团体章程载明的业务范围；

④被推荐的公民是该社会团体的负责人或者与该社会团体有合法劳动人事关系的工作人员。

【注意】专利代理人经中华全国专利代理人协会推荐，可以在专利纠纷案件中担任诉讼代理人。

2.不得作为委托代理人的范围：

（1）无民事行为能力人。

（2）限制民事行为能力人。

例：有一对夫妻因车祸双亡，留下四个儿子：甲（28岁）、乙（22岁）、丙（20岁）、丁（17岁）。四人因遗产继承问题诉至法院，其中丁对甲、乙、丙的遗产分配方案都不同意，关于谁是丁的诉讼代表人：甲说自己就是丁的法定诉讼代理人，乙拒绝代理丁，丙愿意代理丁参加诉讼。丁独立参加诉讼，法院指定甲、乙、丙以外的人作为法定诉讼代理人参加诉讼。（2020年仿真题）

3.委托代理人的代理权限。

（1）一般代理。在一般代理的情况下，代理人只能进行一般性诉讼权利的代理，例如，提供证据、出庭、辩论等。

（2）特别代理。对于特殊诉讼权利的代理必须要明确授权，特别代理权限可以承认、放弃、变更诉讼请求，进行和解，请求调解，提起反诉或者上诉等。如果授权委托书中仅写"全权代理"而无具体授权，只能理解为一般代理。

4.代理的法律效果。

（1）代理人的诉讼行为所产生的后果归于被代理人。

（2）当事人委托代理人后，本人可以出庭参加诉讼，也可以不再出庭参加诉讼。但是，离婚案件例外。委托了诉讼代理人的离婚诉讼的当事人，除了本人不能表达意志的，仍应当出庭参加诉讼；确因特殊情况无法出庭的，必须向人民法院提交书面意见。

例：某市法院受理了中国人郭某与外国人珍妮的离婚诉讼，郭某委托黄律师作为代理人，授权委托书中仅写明代理范围为"全权代理"。法院可以向黄律师送达诉讼文书，其签收行为有效，但黄律师不得代为放弃诉讼请求。黄律师的授权范围写的是"全权代理"，视为一般授权，无权代为放弃诉讼请求。（13年·卷三·42题）

5.代理的方式。

（1）一般为书面委托。

（2）可以口头委托：适用简易程序审理的案件，双方当事人同时到庭并径行开庭审理的，可以当场口头委托诉讼代理人，由人民法院记入笔录。

经典考题：1.刘某经工商登记经营一家个体餐馆，取字号"刘大厨私家菜"，后与张某达成协议，将餐馆交由张某实际经营，餐馆经营中因供货质量问题与供货商甲公司发生争议，拟向法院提起诉讼。关于本案原告，下列哪个选项是正确的？（2020年仿真题卷二，单选）[①]

A.张某和刘某　　　　B.刘某　　　　　　C.字号"刘大厨私家菜"　　　D.张某

2.房东与租客签订租赁合同，约定租赁期间发生损害由租客承担。租客为了提高生活品质，在阳台搭建花盘，物业公司提醒租客收回花盘，租客没有收。后刮大风导致花盘坠落，砸伤路人，路人欲提起诉讼，谁是正当被告？（2020年仿真题，单选）[②]

[①]【答案】A

【考点】个体工商户涉诉的当事人确定

【解题指引】个体工商户的题目首先看有无字号。

【解析】《民诉解释》第59条规定，在诉讼中，个体工商户以营业执照上登记的经营者为当事人。有字号的，以营业执照上登记的字号为当事人，但应同时注明该字号经营者的基本信息。营业执照上登记的经营者与实际经营者不一致的，以登记的经营者和实际经营者为共同诉讼人。本案中是个体工商户涉诉，不能告其字号"刘大厨私房菜"，工商户登记在刘某名下，但实际经营者是张某，经营者与实际经营者不一致的，应当将张某和刘某作为共同被告。A项正确。其他选项错误。

[②]【答案】D

【考点】搁置物侵权的当事人确定

【解题指引】注意在这类题目中要明确定位物与物主之间的关系。

【解析】《民法典》第1253条规定，建筑物、构筑物或者其他设施及其搁置物、悬挂物发生脱落、坠落造成他人损害，所有人、管理人或者使用人不能证明自己没有过错的，应当承担侵权责任。所有人、管理人或者使用人赔偿后，有其他责任人的，有权向其他责任人追偿。本案中应以所有人–房东，管理人–物业公司，使用人–租客作为共同被告，但是物业公司提醒租客收回花盘，租客没有收，说明物业公司已经尽到了管理义务，没有过错，因此事房东和租客作为适格的被告。D项正确。其他选项错误。

A.租客为被告　　　　　　　　　B.房东为被告

C.物业公司为被告　　　　　　　D.租客与房东为共同被告

3.某上市公司虚假披露，几百个投资人遭受损失，向法院提起诉讼，选了彭某做代表人。彭某和该公司达成了调解协议，大多数投资人都认为调解协议内容合法有效，但有一名投资人杨某不同意，坚持要以判决形式维权。法院该如何处理？（2020年仿真题，单选）①

A.告知杨某另行起诉　　　　　　B.依法作出判决

C.制作调解书对所有人生效　　　D.制作调解书只对杨某不生效

4.有一对夫妻因车祸双亡，留下四个儿子：甲（28岁）、乙（22岁）、丙（20岁）、丁（17岁），四人因遗产继承问题诉至法院，其中丁对甲乙丙的遗产分配方案都不同意，关于谁是丁的诉讼代理人：甲说自己就是丁的法定诉讼代理人，乙拒绝做代理人，丙愿意做代理人。下列哪些选项是正确的？（2020年仿真题，多选）②

A.丁独立参加诉讼

B.如丁委托丙，则丙可作为委托代理人参加诉讼

C.甲作为代理人

D.法院指定甲乙丙以外的人作为法定代理人参加诉讼

---

① 【答案】B

【考点】诉讼代表人的权限

【解题指引】诉讼代表人与诉讼代理人的法律地位、行为效果大相径庭，需要区分记忆。

【解析】《民事诉讼法》规定，诉讼标的是同一种类、当事人一方人数众多，在起诉时人数尚未确定的，人民法院可以发出公告，说明案件情况和诉讼请求，通知权利人在一定期间向人民法院登记。向人民法院登记的权利人可以推选代表人进行诉讼；推选不出代表人的，人民法院可以与参加登记的权利人商定代表人。代表人的诉讼行为对其所代表的当事人发生效力，但代表人变更、放弃诉讼请求或者承认对方当事人的诉讼请求，进行和解，必须经被代表的当事人同意。本案是人数不确定的代表人诉讼，代表人进行和解，必须经被代表人同意，甲不同意该调解协议，则该协议对甲和其他人都不生效。法院审理案件，调解不成的应当及时判决。故B项正确，其他选项错误。

② 【答案】AD

【考点】法定诉讼代理人、适格当事人

【解题指引】当事人适格，又称为正当当事人，是指对于具体的诉讼，有作为本案当事人起诉或应诉的资格。当事人适格与诉讼权利能力不同。诉讼权利能力是作为抽象的诉讼当事人的资格，它与具体的诉讼无关，通常取决于有无民事权利能力。

【解析】《民事诉讼法》规定，无诉讼行为能力人由他的监护人作为法定代理人代为诉讼。法定代理人之间互相推诿代理责任的，由人民法院指定其中一人代为诉讼。本案为继承纠纷，丁（17岁）作为未成年人，其父母和成年兄弟姐妹可以作为其监护人，但其父母均死亡，甲乙丙作为继承人和丁有利害关系，不能担任丁的法定诉讼代理人，也不能做委托诉讼代理人。故C项错误。D项正确。《民诉解释》第84条规定，无民事行为能力人、限制民事行为能力人以及其他依法不能作为诉讼代理人的，当事人不得委托其作为诉讼代理人。丙作为继承人，和丁有利益冲突，故不能作为委托代理人参加诉讼。B项错误。

专题六　民事诉讼证据与证明

命题点拨

本专题是民事诉讼中的重点、难点和高频考点。本专题的重点：书证、物证、视听资料与电子数据的判断；证人证言；鉴定意见；专家辅助人；证据的分类；自认；证明责任的分配；法院调查收集证据的范围；诉前证据保全与诉讼中证据保全的比较；举证期限；质证的主体与内容；补强证据规则。

知识体系图

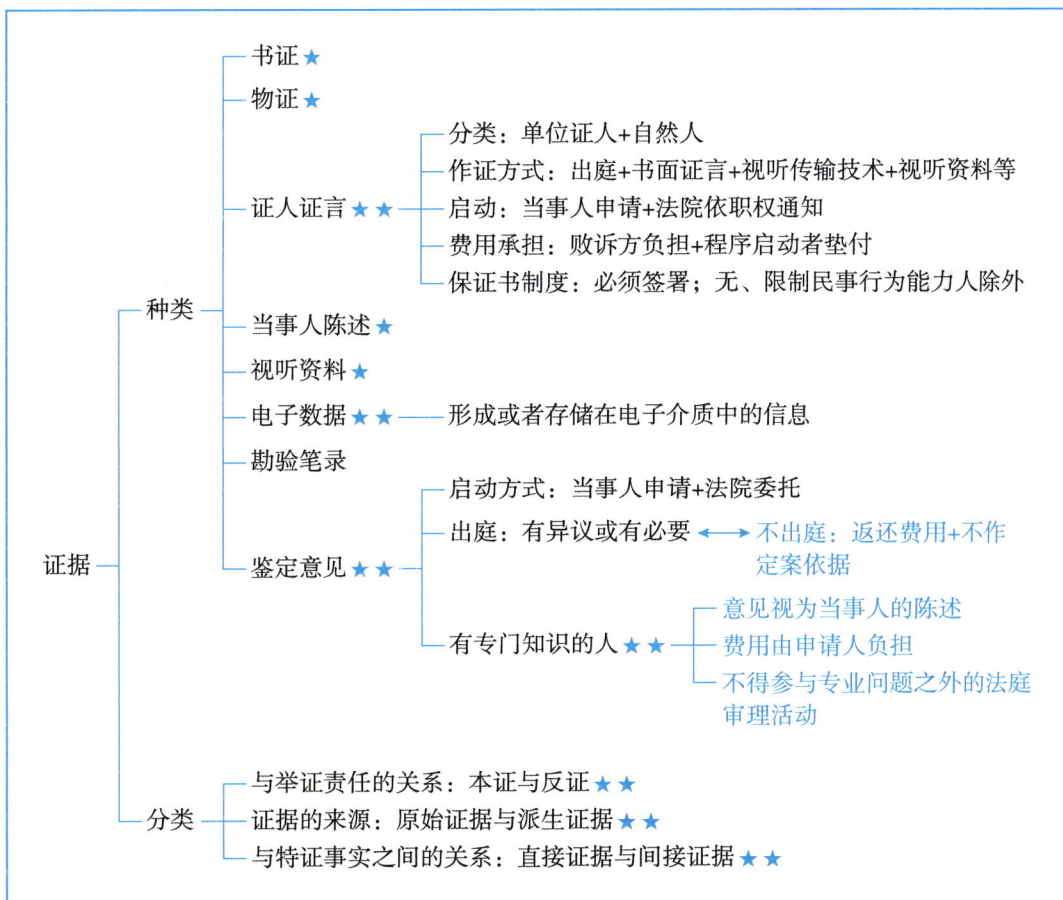

```
                    ┌ 证明对象：需要由证据加以证明的案件事实
          ┌ 证明对象 ┤
          │         │         ┌ 自然规律和定理+众所周知的事实
          │         └ 免证事实★★┤ 推定+生效文书确认的事实
          │                   │       ┌ 形式：明示+默示+代理人承认
          │                   └ 自认★★┤     ┌ 涉及国家利益、社会公共利益、
          │                          │     │  他人合法权益的事实不自认
          │                          └ 效力┤ 调解和解无自认，双方同意除外
          │                                └ 身份关系不自认
          │                        ┌ 合同
          ├ 证明责任★★── 谁主张，谁举证 ┤ 侵权：受害方证明侵权责任构成要件；加害方
          │                        └ 证明有免责事由
证明 ──────┤          ┌ 一般：高度盖然性的标准
          ├ 证明标准★★┤ 特殊：排除合理怀疑（欺诈、胁迫、恶意串通事实+口头遗嘱或者赠
          │          └    与事实）
          │          ┌ 证据的收集★★ ┌ 收集方式 ── 当事人收集+法院收集
          │          │             └ 证据的保全 ── 诉前保全+诉讼保全
          │          │          ┌ 确定方式：法院指定或当事人协商
          │          ├ 举证期限★★┤ 效力：申请延长举证期限、申请鉴定、申请法院调查取
          │          │          │   证、申请证人出庭作证
          └ 证明过程 ─┤          └ 逾期：不予采纳；采纳但训诫、罚款
                     │        ┌ 主体：当事人
                     ├ 质证★★ ┤ 时间：法庭+审理前的准备阶段
                     │        └ 不公开质证：涉及国家秘密、商业秘密和个人隐私
                     └ 认证★ ┌ 非法证据排除规则+补强证据规则
                            └ 证明妨碍规则+最佳证据规则
```

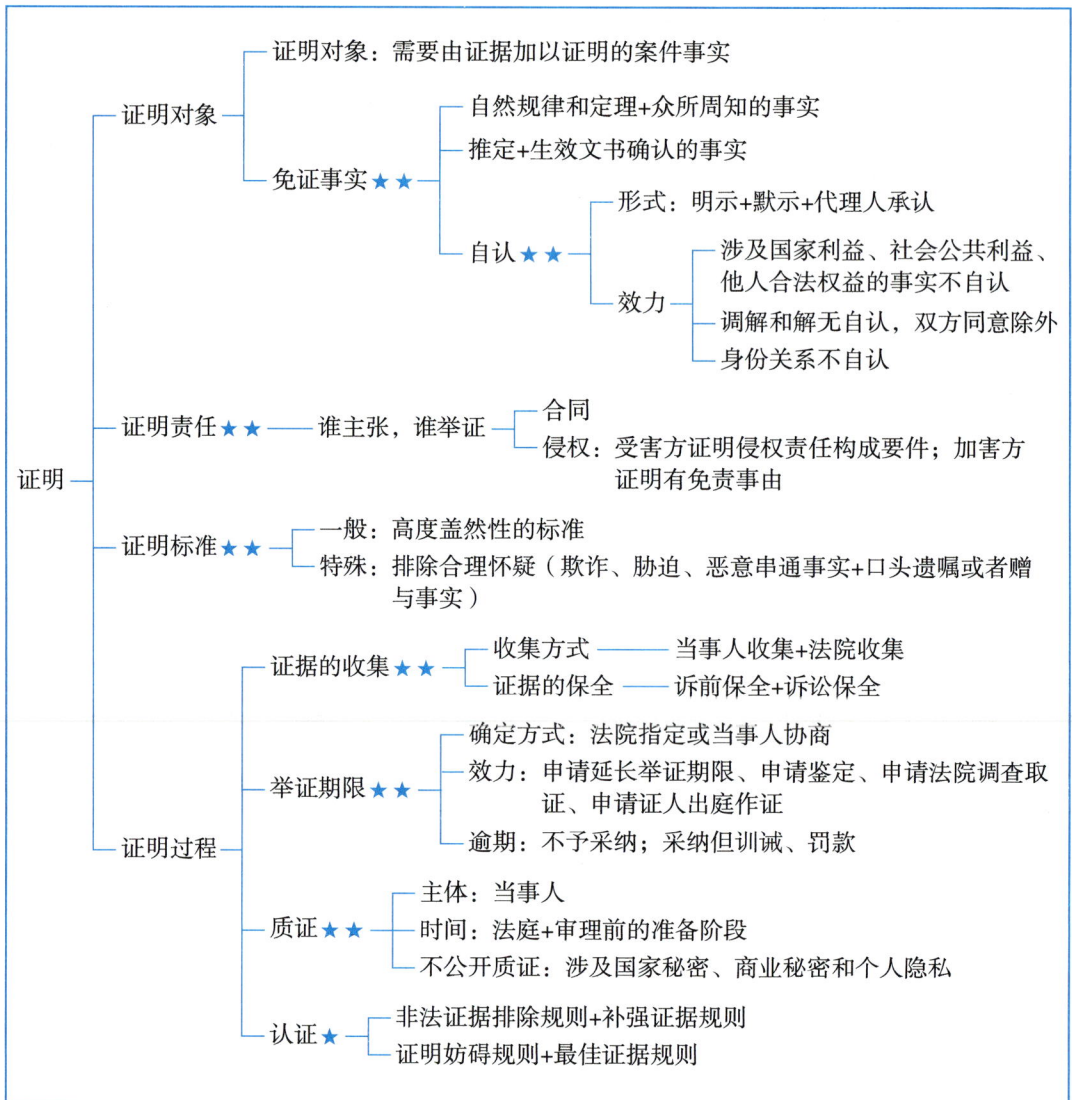

一、民事证据概述

（一）民事证据的概念
民事证据，指在民事诉讼中能够证明案件真实情况的各种资料。

（二）民事诉讼证据的特征
不是所有的证据材料都能够转化为定案根据，证据材料要转化成为定案根据，必须具备以下特征：

1.客观性，即民事证据必须是客观存在的事实。

2.关联性，即民事证据必须与待证的案件事实有内在的联系。

3.合法性，包括两方面的要求，一是证据应按法定要求取得；二是实体法要求某些法律行为必须采用法定形式的，作为证明这些法律行为的事实材料就应当具备这些法律

形式。

二、民事证据的种类

（一）当事人陈述

当事人陈述即当事人就案件情况向法院作出的叙述。

1.可以要求当事人本人到庭，就案件有关事实接受询问。在询问当事人之前，可以要求其签署保证书。保证书应当载明据实陈述、如有虚假陈述愿意接受处罚等内容。当事人应当在保证书上签名或者捺印。

2.负有举证证明责任的当事人拒绝到庭、拒绝接受询问或者拒绝签署保证书，待证事实又欠缺其他证据证明的，人民法院对其主张的事实不予认定。

3.如果当事人对自己的主张，只有本人陈述而不能提出其他相关证据的，其主张不予支持，但对方当事人认可的除外。

（二）书证

书证，是指以文字、符号、图案所反映出来的思想内容来证明案件事实的材料，即书证的核心是以具体载体上的内容来证明案件事实。

1.书证的形式与效力。

（1）书证应当提交原件；提交书证原件确有困难，才可以提供复印件。人民法院应当结合其他证据和案件具体情况，审查判断书证复制品等能否作为认定案件事实的根据。

（2）提交书证原件确有困难，包括下列情形：

①书证原件遗失、灭失或者毁损的；

②原件在对方当事人控制之下，经合法通知提交而拒不提交的；

③原件在他人控制之下，而其有权不提交的；

④原件因篇幅或者体积过大而不便提交的；

⑤承担举证证明责任的当事人通过申请人民法院调查收集或者其他方式无法获得书证原件的。

（3）常见的书证有：医疗费发票、诊疗证明、交警的事故责任认定书；合同文本；借条、收条等。

2.推定书证成立规则。

（1）书证在对方当事人控制之下的，承担举证证明责任的当事人可以在举证期限届满前书面申请人民法院责令对方当事人提交。申请理由成立的，人民法院应当责令对方当事人提交，因提交书证所产生的费用，由申请人负担。对方当事人无正当理由拒不提交的，人民法院可以认定申请人所主张的书证内容为真实。

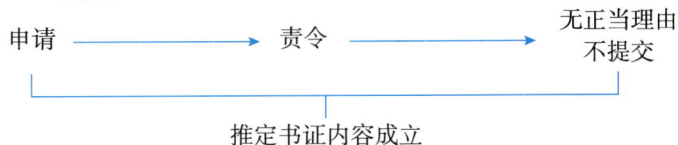

（2）应该提交的情形：控制书证的当事人在诉讼中曾经引用过的书证；为对方当事

人的利益制作的书证；对方当事人依照法律规定有权查阅、获取的书证；账簿、记账原始凭证；控制书证的当事人毁灭有关书证或者实施其他致使书证不能使用行为的；其他情形。

例1： 叶某诉汪某借款纠纷案，叶某向法院提交了一份内容为汪某向叶某借款3万元并收到该3万元的借条复印件，上有"本借条原件由汪某保管，借条复印件与借条原件具有同等效力"字样，并有汪某的署名。法院据此要求汪某提供借条原件，汪某以证明责任在原告为由拒不提供，后又称找不到借条原件。证人刘某作证称，他是汪某向叶某借款的中间人，汪某向叶某借款的事实确实存在；另外，汪某还告诉刘某，他在叶某起诉之后把借条原件烧毁，汪某在法院质证中也予以承认。法院可根据叶某提交的借条复印件，结合刘某的证言对案涉借款事实进行审查判断，本案中法院可认定汪某向叶某借款3万元的事实为真实。

例2： 哥哥王文诉弟弟王武遗产继承一案，王文向法院提交了一份其父生前关于遗产分配方案的遗嘱复印件，遗嘱中有"本遗嘱的原件由王武负责保管"字样，并有王武的签名。王文在举证责任期间书面申请法院责令王武提交遗嘱原件，法院通知王武提交，但王武无正当理由拒绝提交。法院可认定王文所主张的该遗嘱能证明的事实为真实（推定书证成立），但王文的诉讼请求不一定成立。（16年·卷三·80题）

3.公文书效力优先：国家机关或者其他依法具有社会管理职能的组织，在其职权范围内制作的文书所记载的事项推定为真实，但有相反证据足以推翻的除外。

4.妨碍取证：持有书证的当事人以妨碍对方当事人使用为目的，毁灭有关书证或者实施其他致使书证不能使用行为的，人民法院可以对其处以罚款、拘留。

（三）物证

物证，是指以其存在的外形、特征、质量、性能、所处位置等外部特征证明案件待证事实的物品和痕迹。

【注意】 书证和物证的区别：书证是用事实材料表达的思想内容来证明案件事实，物证是用事实材料的物质特征来证明案件事实。

因为证明对象不同，可能会使同一件事实材料在不同情形下表现出不同的证据属性，从而归于不同的类别。

例1： 一块手表当用表面上显示的时间来证明事故发生时间时，这块表是书证，当用手表的破损程度来证明损害赔偿请求人所遭受的物质损失时，这块表是物证。在判断某件证据材料究竟是何种法定证据时，首先应明确要证明的对象是什么，然后再根据证据的特性判断。

例2： 在一起案件中，同一证据可能既是书证，又是物证。例如，甲某持一张借条向法院起诉，要求乙某归还所借的2万元，而乙某则称该借条不是自己亲笔书写，而是甲某伪造的。用借条所反映的内容证明借贷法律关系的存在是书证，用字迹特征来证明借条是伪造的是物证。

（四）视听资料

视听资料，是指以录音带、录像带等所储存的信息证明案件事实所形成的证据。视听资料的范围主要限于录音资料和录像资料。

1.视听资料通常包括：录音带、录像带、唱片、电影胶片等。

2.视听资料区别于书证：书证和视听资料都是以其内容来证明案件事实，但视听资料的音像、图像或存储资料等，不限于以文字和符号来表达思想内容，而是独立地反映了案件的真实情况和法律事实，书证是静态地反映待证事实，而视听资料则是动态说明了待证事实的现实情景。

视听资料区别于物证：物证是以自己的客观存在来证明待证事实，而视听资料是以音像、图像、储存资料的内容等来证明案件的待证事实。

（五）电子数据

1.电子数据包括下列信息、电子文件：

（1）网页、博客、微博客等网络平台发布的信息；

（2）手机短信、电子邮件、即时通信、通讯群组等网络应用服务的通信信息；

（3）用户注册信息、身份认证信息、电子交易记录、通信记录、登录日志等信息；

（4）文档、图片、音频、视频、数字证书、计算机程序等电子文件；

（5）其他以数字化形式存储、处理、传输的能够证明案件事实的信息。

形成或存储在电子介质中的视听资料，适用电子数据的规定。

2.电子数据的提供方式：原件；与原件一致的副本；直接来源于电子数据的打印件或其他可以显示、识别的输出介质。

3.可以确认真实性的情形：（1）由当事人提交或者保管的于己不利的电子数据；（2）由记录和保存电子数据的中立第三方平台提供或者确认的；（3）在正常业务活动中形成的；（4）以档案管理方式保管的；（5）以当事人约定的方式保存、传输、提取的；（6）电子数据的内容经公证机关公证的。

【小结】

1.电子数据的判断看介质。

2.与其他证据种类竞合时，电子数据优先。但证人证言、鉴定意见、勘验笔录除外。

例1：李四向张三借钱，正常情况下打借条，借条是书面的，这叫书证。

现在李四发短信跟张三说借2万元。张三说没问题，让李四把账号发过来。然后打完了钱，张三跟李四说："钱已经到你指定账户了，你查收一下。"李四说："收到，六个月之内还钱。"以上证据形成和存储在电子介质中，所以不算书证了，算电子数据。

如果上述这段话是微信语音方式发送的，交流全部用语音方式来呈现，现在李四不还钱，这个微信语音是录音，但它存储在电子介质中，不算视听资料，是电子数据。

例2：张三和李四撞车了，警察出警了之后，就把现场撞的那个情况用数码相机拍了一张照片。现在张三起诉李四侵权，然后用U盘从警察那里把现场的照片给拷贝下来了，向法院提交作为证据使用。请问这个照片是什么证据种类？照片形成和存储在电子介质中，所以属于电子数据。

（六）证人证言

证人证言，是指当事人之外了解案件有关情况的人向人民法院就自己知道的案件事实所作的陈述。证人包括单位与个人。

【注意】在民事诉讼中，单位可以作为证人，而刑事诉讼中则不可以。

1.单位作证。

（1）单位作证的方式：单位向人民法院提出的证明材料，应当由单位负责人及制作证明材料的人员签名或者盖章，并加盖单位印章。

（2）单位作证的效力：人民法院就单位出具的证明材料，可以向单位及制作证明材料的人员进行调查核实。必要时，可以要求制作证明材料的人员出庭作证。单位及制作证明材料的人员拒绝人民法院调查核实，或者制作证明材料的人员无正当理由拒绝出庭作证的，该证明材料不得作为认定案件事实的根据。

【小结】单位作证，需要具备"三章两义务"。

2.自然人作证。

（1）不能正确表达意思的人，不能作为证人。待证事实与其年龄、智力状况或者精神状况相适应的无民事行为能力人和限制民事行为能力人，可以作为证人。

（2）原则：证人出庭为原则。

（3）例外：不出庭。

①符合法定情形：以书面证言、视听传输技术或者视听资料等方式作证。

法定情形：A.因健康原因不能出庭的；B.因路途遥远，交通不便不能出庭的；C.因自然灾害等不可抗力不能出庭的；D.其他有正当理由不能出庭的。

②不符合法定情形：不得作为认定案件事实的依据。

（4）证人出庭的程序启动：当事人申请或法院依职权通知。

未经人民法院通知，证人不得出庭作证，但双方当事人同意并经人民法院准许的除外。

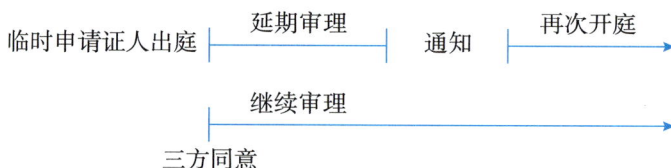

（5）证人保证书。

证人出庭作证前，法院应当告知其如实作证的义务以及作伪证的法律后果，并签署保证书，但无民事行为能力人和限制民事行为能力人除外。

证人拒绝签署保证书的，不得作证，并自行承担相关费用。

例：三个证人，分别是一男一女和一个14岁的小孩。现在法院要求他们签保证书，男证人签了，女证人没有签，14岁的小孩没有签保证书，请问谁能作证？男证人和14岁的小朋友是可以作证的。

（6）证人出庭作证费用的补偿。

证人因履行出庭作证义务而支出的交通、住宿、就餐等必要费用以及误工损失，由败诉一方当事人负担。当事人申请证人作证的，由该当事人先行垫付；当事人没有申请，人民法院通知证人作证的，由人民法院先行垫付。

判断：

1.限制民事行为能力的未成年人可以附条件地作为证人。（√）

分析：限制民事行为能力人所作的与其年龄和智力状况相当的证言，可以作为认定案件事实的依据，也就是限制民事行为能力的未成年人可以作为证人。

2.证人因出庭作证而支出的合理费用，由提供证人的一方当事人承担。（×）

分析：证人出庭费用的最终承担人不是提供证人的一方当事人，而是败诉方。

3.证人在法院组织双方当事人交换证据时出席陈述证言的，可视为出庭作证。（√）

分析：证人应当出庭作证，接受当事人的质询。证人在人民法院组织双方当事人交换证据时出席陈述证言的，可视为出庭作证。

4."未成年人所作的与其年龄和智力状况不相当的证言不能单独作为认定案件事实的依据"，是关于证人证言证明力的规定。（√）

分析："未成年人所作的与其年龄和智力状况不相当的证言不能单独作为认定案件事实的依据"，是指此类证据需要其他证据对其证明力进行补强，其证明力要低于其他证据的证明力，是关于证人证言证明力的规定。

5.凡是了解案件情况的人都有义务出庭作证。（√）

分析：凡是知道案件情况的单位和个人，都有义务出庭作证。不能正确表达意思的人，不能作为证人。

6.当事人申请证人出庭作证应当经人民法院许可。（√）

分析：当事人申请证人出庭作证，应当在举证期限届满10日前提出，并经人民法院许可。

7.与当事人一方有亲戚关系的人不能作为证人。（×）

分析：与当事人一方有利害关系的人可以作为证人，只是其所作出的证言不能单独作为定案依据；而且其所作出的有利于当事人的证言，其证明力小于其他证人证言。与当事人一方有亲戚关系的人，就是有利害关系的人，适用上述规定，因此说其不能作为证人是错误的。

8.无诉讼行为能力的人在一定情况下可以作为证人。（√）

分析：待证事实与其年龄、智力状况或精神健康状况相适应的无民事行为能力人和限制民事行为能力人可以作为证人。

例：杨青（15岁）与何翔（14岁）两人经常嬉戏打闹，一次，杨青失手将何翔推倒，致何翔成了植物人。当时在场的还有何翔的弟弟何军（11岁）。法院审理时，何军以证人身份出庭。何军作为了解案情的人，应该可以作为证人，但作为与当事人有利害关系的证人，何军所作的证言不能单独作为定案依据，证言的证明力较其他证据弱。（17年·卷三·79题）

（七）鉴定意见

鉴定意见是鉴定人运用专门的知识、经验和技能，对民事案件某些专门性问题进行分析、鉴别后所作出的意见。《民事诉讼法》将"鉴定结论"改为"鉴定意见"，说明鉴定机构作出的意见仅具有参考价值，最终的决定权在法院。

1.鉴定的启动方式：

（1）当事人申请鉴定。

①鉴定人产生方式：A.双方当事人协商确定具备资格的鉴定人；B.协商不成的，由人民法院指定。

②提出鉴定申请和预交鉴定费用：指定期间内不提出，视为放弃申请。指定期间内无正当理由不提出，承担举证不能的后果。

（2）法院委托鉴定：依职权确定鉴定人。

2.鉴定人出庭。

（1）原因：

①当事人对鉴定意见有异议：两次异议才出庭；

②人民法院认为鉴定人有必要出庭的。

【注意】鉴定人不是一定要出庭，只在这两种情形下才必须出庭。

（2）不出庭的后果：

①鉴定意见不得作为认定事实的根据；

②支付鉴定费用的当事人可以要求返还鉴定费用。

3.鉴定人的权利。

鉴定人有权了解进行鉴定所需要的案件材料，必要时可以询问当事人、证人。

4.出庭费用：败诉方承担。因鉴定意见不明确或者有瑕疵需要鉴定人出庭的，出庭费用由其自行负担。

5.鉴定书。

（1）鉴定材料必须经过质证。

（2）对鉴定书的异议：当事人在指定期间内以书面方式提出；法院应当要求鉴定人作出解释、说明或者补充（当庭或书面方式）；仍有异议，通知有异议的当事人预交鉴定人出庭费用，并通知鉴定人出庭；异议人不预交鉴定人出庭费用的，视为放弃异议；双方均有异议的，分摊预交鉴定人出庭费用。

6.鉴定意见的撤销。

（1）无正当理由被撤销的，鉴定人应返还鉴定费用；被处罚；支付当事人由此增加的合理费用。

（2）人民法院采信鉴定意见后准许鉴定人撤销的，应当责令其退还鉴定费用。

7.重新鉴定。

（1）重新鉴定的情形：鉴定人不具备相应资格的；鉴定程序严重违法的；鉴定意见明显依据不足的；鉴定人拒不出庭；其他情形。

（2）不予准许重新鉴定：可以通过补正、补充鉴定或者补充质证、重新质证等方法解决的。

（3）重新鉴定的后果：原鉴定意见不得作为认定案件事实的根据；退还鉴定费用。

8.有专门知识的人出庭。

鉴定意见是专门性的知识，对于这些专业性很强的问题，当事人要想质证有一定难度，因此需要有专门知识的人——专家辅助人出庭帮助质证。

（1）法院通知：依当事人申请。

（2）人数：1~2人。

（3）性质：就鉴定人作出的鉴定意见或者专业问题提出意见，视为当事人的陈述。

（4）出庭费用承担：由提出申请的当事人负担。

【注意】1.有专门知识的人不是证人。证人出庭作证的费用由败诉方负担，而有专门知识的人出庭的费用是谁申请出庭谁负担，与胜诉还是败诉无关。

2.有专门知识的人出庭只能依申请，但证人和鉴定人可以依申请，也可以由法院依职权通知出庭。

例：甲公司诉乙公司专利侵权，乙公司是否侵权成为焦点。经法院委托，丙鉴定中心出具了鉴定意见书，认定乙公司侵权。乙公司提出异议，并申请某大学燕教授出庭说明专业意见。燕教授是有专门知识的人，是专家辅助人，是帮助当事人对鉴定人所作的鉴定意见质证的人，其并不是鉴定人。证人的出庭费用由申请其出庭的当事人垫付，最终由败诉方负担。丙鉴定中心在鉴定过程中可以询问当事人，丙鉴定中心应当派员出庭，本案中当事人乙公司对鉴定意见提出异议，鉴定人必须出庭。燕教授是有专门知识的人，既不是鉴定人，也不是证人，其费用由聘请其出庭的当事人负担，不是由败诉方负担。（13年·卷三·50题）

（5）限制：不得参与专业问题之外的法庭审理活动。

（6）专家辅助人的意见：可以申请鉴定。

（八）勘验笔录

勘验笔录，是人民法院指派的勘验人员对案件的诉讼标的物和有关证据，经过现场勘验、调查所作的记录。勘验笔录的制作主体是审判人员，也包括审判人员指导下的人。鉴定意见是鉴定机构提供的意见，二者的主体不同。但是，人民法院可以要求鉴定人参与勘验。必要时，可以要求鉴定人在勘验中进行鉴定。

三、民事证据的分类

民事证据的分类是按照一定标准对民事证据在学理上所作的划分。

1.本证与反证：根据证据与证明责任负担者之间的关系不同，可以分为本证与反证。

（1）对待证事实负有举证责任一方当事人提出支持自己主张的证据为本证；对待证事实不负有举证责任一方当事人提出反驳对方主张的证据为反证。例如，甲诉乙偿还借款1万元，甲提供借条一张证明借款事实存在，因为甲对借款事实承担证明责任，则借条是本证；而乙提供一证人证明在借条书写的时间，乙与该证人在外国旅游，借款事实不存在，因为乙对借款事实不承担证明责任，则该证人证言是反证。

（2）原告、被告都有可能提出本证和反证，区分的关键在于谁对待证事实负有证明责任。（见图1、图2）

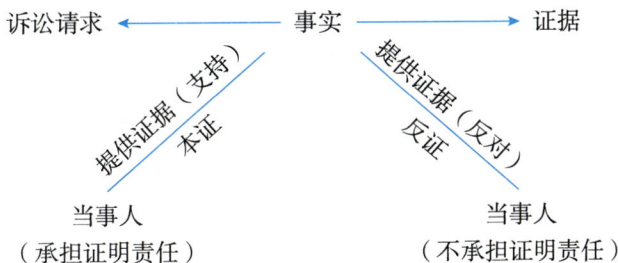

诉讼请求　←—————　事实　—————→　证据

提供证据（支持）本证　　　　提供证据（反对）反证

当事人（承担证明责任）　　　　当事人（不承担证明责任）

图1

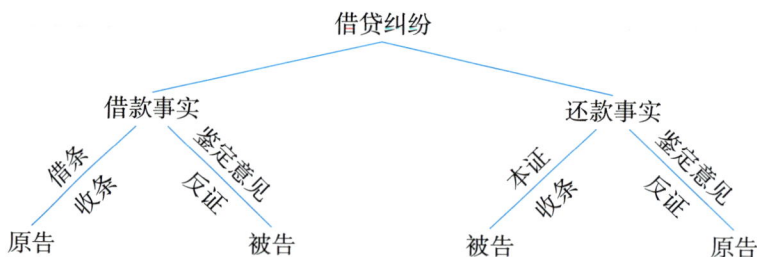

图2

2.直接证据与间接证据：根据是否能够单独证明案件主要事实，可以将证据分为直接证据和间接证据。

（1）直接证据是指能够单独、直接证明案件主要事实的证据。间接证据是指不能独立、直接证明案件主要事实的证据。间接证据必须结合其他的证据，使之形成"证据链条"，才能对主要事实进行认定。

（2）直接证据的证明力大于间接证据的证明力。

例1：张三和李四的借款纠纷，李四打了借条，借贷的内容是2万元，还款期限是六个月。借条是直接证据。

张三借给李四2万元没打借条，给钱的时候是通过银行转账的方式转过去的，所以提供转账凭条为证，转账凭条是个什么证据？间接证据。转账凭条只能证明张三曾经向李四转了2万元，但不能证明这2万元就是借款，转账凭条只能证明张三曾经给过李四2万元，不能证明他们之间是借贷法律关系。所以对借贷纠纷而言，转账凭条就是间接证据。

例2：周某与某书店因十几本工具书损毁发生纠纷，书店向法院起诉，并向法院提交了被损毁图书以证明遭受的损失。关于本案被损毁图书，被损毁的图书直接证明了工具书损毁的后果这一案件事实，因此是直接证据。被损毁图书并不是以其内容证明案件事实的，而是以其破损的外部形态证明案件事实，因此它为物证。（10年·卷三·83题）

3.原始证据与传来证据：根据证据是否源于案件事实，可将证据分为原始证据与传来证据。

（1）原始证据是指直接产生于争议而未经中间环节传播的证据。例如，合同原本、侵权行为中的受损害物品、甲伤害乙的木棍等。传来证据是指不是直接产生于争议过程中，而是经过中间环节辗转得来的证据，是来源于证据的证据。例如，合同的复印件、依据受损害物品所制作的录像带、甲伤害乙的木棍的照片等。

（2）原始证据的证明力大于传来证据的证明力。

判断：

1.传来证据有可能是直接证据。（√）（09年·卷三·40题）

分析：如果是经过了中间环节辗转得来，但是单独可以直接证明案件主要事实的，则该证据既是传来证据，也是直接证据，所以传来证据有可能是直接证据。

2.诉讼中原告提出的证据都是本证，被告提出的证据都是反证。（×）（09年·卷三·40题）

分析：本证与反证的区分与当事人在诉讼中是原告还是被告没有关系，而与证据是否是承担证明责任的人提出有直接关系。在诉讼中，原告和被告都可以提出本证或反证证明自己的事实主张或者推翻对方所主张的事实。

3.证人转述他人所见的案件事实都属于间接证据。（×）（09年·卷三·40题）

分析：证人转述他人所见的案件事实属于传来证据，只要证人转述的事实能够独立地证明案件真相就属于直接证据，所以并不是证人转述他人所见的案件事实都属于间接证据。

4.一个客观与合法的间接证据可以单独作为认定案件事实的依据。（×）（09年·卷三·40题）

分析：间接证据是指不能单独、直接证明案件主要事实的证据，间接证据本身就是不能单独、直接地证明案件主要事实，只有和其他证据配合构成证据链才能证明案件事实真相，即使是客观合法的间接证据，也不能单独作为认定案件事实的依据。

四、证明对象

证明对象是指诉讼中需要由证据加以证明的案件事实。

（一）证明对象与免证事实

1.需要证明的案件事实：（1）当事人主张的实体法律事实；（2）当事人主张的程序法律事实；（3）证据材料；（4）地方性法规（主要指非法院本地区的）和外国法律；（5）特别经验规则，主要是指专门性的特殊行业的经验法则。

2.免证事实：

（1）绝对免证：自然规律和定理、定律。（不允许反证推翻）

（2）相对免证：

①可以用相反证据反驳：众所周知的事实；根据法律规定推定的事实；根据已知的事实和日常生活经验法则推定出的事实；为仲裁机构的生效裁决所确认的事实。

例：夫妻二人于2000年结婚，2019年两个人离婚，孩子是2010年出生的，孩子是婚姻关系存续期间出生的，原则上就推定其为婚生子女，就是男方的孩子。男方可以用反证推翻，用亲子鉴定证明孩子不是男方的。

②可以用相反证据推翻：为人民法院发生法律效力的裁判所确认的基本事实；已为有效公证文书所证明的事实；自认。

例：李四诉张三欠了他50万元，李四胜诉了，这个债权债务关系是2016年产生的，张三和他的妻子在2017年的时候诉讼离婚。在离婚案件审理过程中，张三说这个债权债务关系是婚姻关系存续期间的共同债务，因此在离婚案件当中，张三要求免证可不可以？可以。但可以用反证推翻（证明债务是虚假的）。

（二）自认

自认，是指一方当事人对另一方当事人主张的不利于己的案件事实，明确地表示承认。

【注意】自认不是认诺，自认是对对方当事人提出的事实的承认，认诺是对对方当事人全部或部分诉讼请求的承认。根据当事人的认诺，法院可以直接判决一方当事人胜诉或者败诉。

1.自认的形式：

（1）明确承认：当事人对另一方当事人陈述的案件事实，明确地表示承认即构成自认，另一方当事人无需举证，但涉及身份关系的案件除外。

（2）默示承认：对对方陈述的事实不置可否，经审判人员充分说明并询问后仍不置可否的，视为自认。

【注意】默示承认一定要经过审判人员的充分说明并询问，否则不构成自认。

（3）委托代理人对事实的承认，视为当事人的承认。但授权委托书明确排除的事项除外；当事人在场但对其代理人的承认明确否认的除外。（排除和否认的除外）

例：张三要求李四还款2万元。自认形式有三种：

第一，明示承认。张三说李四借钱了，李四说借了，是自认；李四说还了，也是一种自认。

第二，默示承认。必须经过法院追问：张三说李四借钱了，李四不作声，法院问李四你借钱了吗？李四仍然不说话。法院问：李四你借钱了吗？如果你再不说话，我们就认定你借钱了。李四还不说话。李四构成自认。

第三，诉讼代理人的承认，原则上视为当事人的承认：

李四特别授权的代理人说李四确实向张三借钱了，构成自认，因为李四没有在授权委托书中排除代理人的权限。

李四一般授权的代理人说李四确实向张三借钱了，构成自认，因为李四没有在授权委托书中排除代理人的权限；李四在场表示反对，不构成自认。

2.自认的时间、方式和对象。

（1）时间：在证据交换、询问、调查过程中；庭审中。

（2）方式：书面（起诉状、答辩状、代理词等书面材料中）；口头。

（3）对象：必须向法院。

3.自认效力的限制：不能和案件真实相违背。

（1）对双方当事人无争议但涉及国家利益、社会公共利益或者他人合法权益的事实，人民法院可以责令当事人提供有关证据。即对于这样的事实，即使当事人自认，也需要提供证据证明。

（2）在诉讼中，当事人为达成调解协议或者和解的目的而作出妥协所涉及的对案件事实的认可，不得在其后的诉讼中作为对其不利的证据；但法律另有规定或双方当事人同意的除外。

（3）涉及身份关系的事实不能自认。

（4）程序性事实（追加当事人、中止诉讼、终结诉讼、回避等）不能自认。

（5）普通共同诉讼人：只对自己有效；必要共同诉讼人：不否认即有效。

（6）有所限制或者附加条件的承认，法院决定是否构成自认。

例1：开庭结束回去的路上，甲对乙说："我承认我借你钱是事实，但是法官问我，我就不承认，气死你。"甲不构成自认。自认必须向法院作出，向法院以外的其他人所作的承认至多算是证据。（2020年仿真题）

例2：法官问乙是否向甲借款，乙说："我当时向好几个人借款，我记不清楚了。"

法官让乙确认，乙还是说记不清楚了。此种情况构成默示自认。（2020年仿真题）

例3：在庭前证据交换的过程中，乙承认了向甲借款5万元的事实。在庭审中，乙辩称已向甲归还了3万元，甲拒不承认。乙当庭表示，既然甲不承认我已归还借款的事实，那我也不承认甲向我提供了借款。此种情况是附条件的自认，能够认定构成自认。（2020年仿真题）

例4：甲出示了一份乙在诉前签下的借据，借据上乙确认自己向甲借款并说明了借款的详细情况。自认必须向法院作出，庭前一方当事人向另一方当事人所作的承认，不构成自认。（2020年仿真题）

4.自认的撤回：

（1）时间：法庭辩论终结前。

（2）条件：对方同意；或胁迫或重大误解下作出的。

（3）文书：口头或书面裁定。

例1：被告在答辩状中对原告主张的事实予以承认，构成自认；被告在诉讼调解过程中对原告主张的事实予以承认，但该调解最终未能成功，不构成自认；被告认可其与原告存在收养关系，不构成自认；被告承认原告主张的事实，但该事实与法院查明的事实不符，不构成自认。（15年·卷三·40题）

例2：郭某诉张某财产损害一案，法院进行了庭前调解，张某承认对郭某财产造成损害，但在赔偿数额上双方无法达成协议。郭某仍需对张某造成财产损害的事实举证证明。（10年·卷三·48题）

五、证明责任

证明责任，又称举证责任，具体是指当作为裁判基础的法律要件事实在诉讼中处于真伪不明的状态时，由负有证明责任的一方承担诉讼上的不利后果。证明责任又分为结果意义上的证明责任和行为意义上的证明责任。

当案件事实处于非常明确（事实为真或事实为假）的情形时，法官依事实判案，不用依证明责任判案。例如，甲诉乙欠款1万元的案件，甲拿出真实有效的借条，则借款事实为真，人民法院判甲胜诉；甲诉乙欠款1万元的案件，甲拿出的借条被乙证明是伪造的，则借款事实为假，人民法院判乙胜诉。而在案件真伪不明时，谁承担证明责任，谁就承担诉讼上的不利后果。证明责任的结果责任由哪一方当事人承担是由法律、法规、司法解释预先确定的，因此在诉讼中不存在在原告和被告之间相互转移的问题。

证明责任负担的一般原则——谁主张，谁举证。

这里的"主张"指作为证明对象的主张，如果当事人提出的某一主张不需要作为证明对象，则不产生当事人的举证责任。针对一个证明对象，积极事实的主张者承担证明责任，消极事实的主张者不负证明责任。例如，甲主张乙向自己借钱的事实是积极事实，而乙主张自己没有向甲借钱的事实是消极事实，对于借款事实这一积极事实，由甲承担证明责任。（见下图）

事实

主张存在　　主张不存在

积极事实　　　　　消极事实
（承担证明责任）　（不承担证明责任）

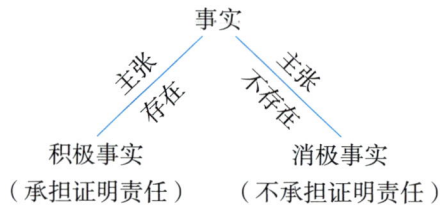

例1： 只有在待证事实处于真伪不明的情况下，证明责任的后果才会出现，对案件中的同一事实，只有一方当事人负有证明责任，证明责任的结果责任不会在原、被告间相互转移。当事人对其主张的某一事实没有提供证据证明，不一定承担败诉的后果，因为当事人对其主张的某一事实没有提供证据证明，但如果对方当事人对其承认的，则会免除其举证责任，因此有可能胜诉；如果当事人主张的是消极事实，他对该事实不承担证明责任，此时即使他不举证，只要对待证事实承担证明责任的当事人不能证明待证事实，则消极事实主张者也可能会胜诉。（11年·卷三·84题）

例2： 易某依法院对王某支付其5万元损害赔偿金之判决申请执行。执行中，法院扣押了王某的某项财产。案外人谢某提出异议，称该财产是其借与王某使用的，该财产为自己所有。法院裁定异议成立，则应由申请执行人易某提出异议之诉；法院如果裁定异议不成立，则应由案外人谢某提出异议之诉。但无论是申请执行人还是案外人提出的异议之诉，均由案外人谢某承担对其享有该财产所有权的证明责任。（17年·卷三·41题）

（一）证明责任承担的一般情形

合同纠纷案件	（1）主张法律关系存在的当事人，应当对产生该法律关系的基本事实承担举证证明责任； （2）主张法律关系变更、消灭或者权利受到妨害的当事人，应当对该法律关系变更、消灭或者权利受到妨害的基本事实承担举证证明责任。
一般侵权纠纷案件	（1）受害方证明侵权责任构成要件； （2）加害方证明有免责事由。 一般过错：4∶1；过错推定：3∶2；无过错：3∶1。

法律没有明确规定，根据司法解释无法确定举证责任的承担者时，人民法院可以根据公平原则和诚信原则，综合当事人的举证能力等因素确定举证责任的承担。

侵权案件证明责任的承担：

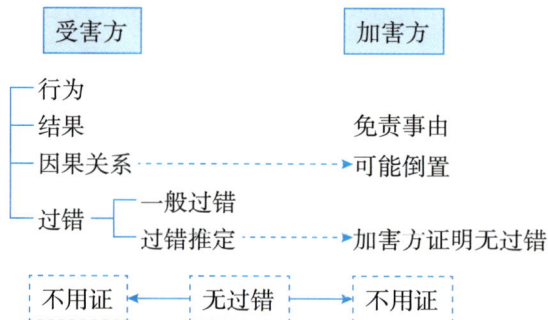

受害方　　　　　加害方

行为
结果
因果关系 ------→ 可能倒置
过错 ── 一般过错
　　　 过错推定 ------→ 加害方证明无过错

免责事由

不用证 ←── 无过错 ──→ 不用证

例1：王某诉钱某返还借款案审理中，王某向法院提交了一份有钱某签名、内容为钱某向王某借款5万元的借条，证明借款的事实；钱某向法院提交了一份有王某签名、内容为王某收到钱某返还借款5万元并说明借条因王某过失已丢失的收条。经法院质证，双方当事人确定借条和收条所说的5万元是相对应的款项。王某承担钱某向其借款事实的证明责任，钱某自认了向王某借款的事实，钱某提交的收条是案涉还款事实的本证，钱某提交的收条是案涉借款事实的自认，不是借款事实的本证，也不是借款事实的反证。（17年·卷三·39题）

例2：薛某雇杨某料理家务。一天，杨某乘电梯去楼下扔掉厨房垃圾时，袋中的碎玻璃严重划伤电梯中的邻居乔某。乔某诉至法院，要求赔偿其各项损失3万元。乔某应起诉薛某，薛某主观是否有过错不是本案的证明对象。（17年·卷三·40题）

例3：甲起诉乙归还325万元，向法院提供了借条。乙称借条是伪造的，向法院提交转账凭证200万元，证明乙只借了200万元，其余的125万元是高利贷。乙提供的转账凭证是反证，甲提供的借条是本证，甲向法院申请鉴定借条真伪否则承担诉讼结果的不利结果。（2020年仿真题）

（二）特殊侵权案件证明责任的分配

在特殊侵权案件中，并不是原告不负任何证明责任，原告原则上仍然对侵权责任构成的四个要件事实承担举证责任：（1）被告存在侵权行为的事实；（2）原告存在损害结果的事实；（3）侵权行为和结果之间有因果关系；（4）被告对侵权行为的发生主观上有过错。原告证明了以上要件事实的情况下，转而由被告证明法律规定由其承担证明责任的事项，即可免责。下列侵权案件，按照以下规定承担证明责任：

1.专利侵权责任。

由被告证明：产品制造方法不同于专利方法。

2.高度危险责任。

由加害人就受害人故意造成损害的事实承担证明责任。

例：县供电局安装的高压线电死了刘某的牛，刘某诉请损害赔偿，县供电局应就其对刘某的牛的死不存在过错承担举证责任，是否正确？

分析：错误。高压线路的经营人承担的是无过错责任，过错问题双方都不需要证明。

3.环境污染责任。

原告证明：（1）侵权行为（2）损害结果。

被告（污染者）证明：（1）法律规定的不承担责任的情形；（2）行为与损害之间不存在因果关系。

例：村集体雇了丙专业公司开飞机洒农药，飞机飞得低，且途径甲的养鸡场，后甲向乙履行肉鸡买卖合同，因为鸡的重量低于合同要求，甲认为是飞机把肉鸡吓得食欲下降，饿瘦了，甲起诉丙公司赔偿，该案为环境污染侵权，因果关系倒置由被告承担，所以丙公司应当对没有因果关系承担责任；丙公司的过错问题双方都不用证明。

4.物件损害责任。

（1）建筑物、构筑物或者其他设施及其搁置物、悬挂物发生倒塌、脱落、坠落造成他人损害，由所有人、管理人或者使用人证明自己没有过错。

例：房东与租客签订租赁合同，约定租赁期间发生损害由租客承担。租客为了提高生活品质，在阳台搭建花盘，物业公司提醒租客收回花盘，租客没有收。后刮大风导致花盘坠落，砸伤路人，路人欲提起诉讼，租客与房东为共同被告、正当被告。（2020年仿真题）

（2）从建筑物中抛掷物品或者从建筑物上坠落的物品造成他人损害，难以确定具体侵权人，由可能加害的建筑物使用人证明自己不是侵权人。

（3）堆放物倒塌造成他人损害，由堆放人证明自己没有过错。

（4）因林木折断造成他人损害，由林木的所有人或者管理人证明自己没有过错。

（5）在公共场所或者道路上挖坑、修缮安装地下设施等造成他人损害，由施工人证明尽到管理职责，例如已设置明显标志和采取安全措施。

（6）窨井等地下设施造成他人损害，由管理人证明尽到管理职责。

5.饲养动物责任。

（1）饲养的动物造成他人损害。

由动物饲养人或者管理人证明受害人有过错：①受害人故意；②受害人重大过失。

【注意】①被告仅仅证明受害人有过错，并不能免除责任，必须证明受害人的过错达到重大过失或故意的程度；②在因第三人行为导致动物侵权的案件中，被告不能以第三人过错作为抗辩理由。

（2）动物园的动物造成他人损害，由动物园证明尽到管理职责。

6.缺陷产品责任。

由产品的生产者就法律规定的免责事由承担举证责任。法律规定的免责事由，即至少存在下述情形之一：（1）未将产品投入流通的；（2）产品投入流通时，引起损害的缺陷尚不存在的；（3）将产品投入流通时的科学技术水平尚不能发现缺陷的存在的。

7.共同危险责任。

由行为人证明：确定具体侵权人。

《民法典》提高了共同危险人的举证难度，即单纯证明自己不是行为人已经不足以免责，而必须确切地证明具体侵权人是谁。

例：一群孩子在一起嬉戏，小刘称自己是超人，能躲过子弹，于是让同伴小赵、小王、小李一起向自己扔石子儿。在躲过"枪林弹雨"之后，忽然被一记"冷枪"击中，小刘挂了彩。小赵称自己都是往旁边扔石子，并未真的往小刘身上扔，并有在场大人作证。小王和小李均称不是自己扔的，但无法举证。问：小赵能否免责？

分析：小赵未能确定具体侵权人，仍要承担连带责任，不能免责。

8.医疗损害责任。由医疗机构证明医疗行为与损害结果之间不存在因果关系。

9.校园侵权。

（1）无民事行为能力人在幼儿园、学校或者其他教育机构学习、生活期间受到人身损害，幼儿园、学校或者其他教育机构承担的是过错推定责任，由幼儿园、学校或者其他教育机构证明尽到教育、管理职责。

（2）对于限制民事行为能力人在学校或者其他教育机构学习、生活期间受到人身损害，学校或者其他教育机构承担的是过错责任，原告应就学校或者其他教育机构未尽到教育、管理职责承担举证责任。

【总结】

案件类型	受害方	加害方
专利纠纷（4:1）	证明侵权要件：①侵权行为②损害结果③侵权行为和结果之间存在因果关系④加害方主观上有过错（高度危险作业、环境污染、动物致害、产品责任案件，建筑物、构筑物或者其他设施倒塌造成他人损害，无需证明加害人主观过错）	产品制造方法不同于专利方法（3:2）
高度危险作业（3:1）		受害人有故意（3:1）
环境污染（3:1）		（1）无因果关系（2）有免责事由（2:2）
建筑物、构筑物、其他设施：搁置物、悬挂物（3:2）		所有人或管理人无过错（3:2）
抛掷物、坠落物（不能确定侵权人）（3:1）		建筑物使用人证明自己不是侵权人（3:1）
堆放物（3:2）		堆放人无过错（3:2）
饲养的动物致害（3:1）		受害人有故意或重大过失（3:1）
产品责任（3:1）		有免责事由（3:1）
共同危险（3:1）		确定侵权人（2:2）
医疗侵权（一般过错：4:1；过错推定：3:2）		无因果关系（一般过错：3:2；过错推定：2:3）

例1：甲路过乙家门口，被乙叠放在门口的砖头砸伤，甲起诉要求乙赔偿。本案的证明责任分配：乙叠放砖头倒塌的事实（侵权行为），由原告甲承担证明责任；甲受损害的事实（损害结果），由原告甲承担证明责任；甲所受损害是由于乙叠放砖头倒塌砸伤的事实（因果关系），由原告甲承担证明责任。乙有主观过错的事实，双方都不用证明。（12年·卷三·37题）

例2：王某承包了20亩鱼塘。某日，王某发现鱼塘里的鱼大量死亡，王某认为鱼的死亡是因为附近的腾达化工厂排污引起，遂起诉腾达化工厂请求赔偿。腾达化工厂辩称，根本没有向王某的鱼塘进行排污。关于化工厂是否向鱼塘排污的事实的举证责任，应当由主张存在污染事实的王某负举证责任。（08年·卷三·33题）

例3：甲养的宠物狗将乙咬伤，乙起诉甲请求损害赔偿。诉讼过程中，甲认为乙被咬伤是因为乙故意逗狗造成的。乙应该证明：自己被甲的宠物咬伤；自己的损害结果（受伤情况、医疗费用等）；自己的损害结果和自己被宠物狗咬伤有因果关系。甲应当对乙故意逗狗而遭狗咬伤的事实负举证责任。（07年·卷三·45题）

例4：齐某被宏大公司的汽车撞伤，诉至法院要求赔偿损失。原告齐某应当举证证明是被宏大公司的汽车所撞受伤；原告齐某应当对自己受到的损失承担举证责任。被告宏大公司应当对其主张的原告齐某有主观故意承担举证责任。被告宏大公司的过错问题，双方都不用证明。

例5：甲工厂的生产污水流入李某承包的鱼塘，致使鱼虾死亡，损失2万元。李某起诉，请求甲工厂赔偿。鱼虾死亡的原因是否为甲工厂污水所致、是否具有免责事由这两

个事实应当由甲工厂承担举证责任。（05年·卷三·78题）

（三）行为意义上的证明责任

提供证据的责任。不管承担结果意义上的证明责任（败诉风险的承担责任）在哪一方当事人，双方当事人都有提供证据的责任，负有证明责任的当事人提供本证，不负有证明责任的当事人提供反证。

例1：主要办事机构在A县的五环公司与主要办事机构在B县的四海公司于C县签订购货合同，约定：货物交付地在D县；若合同的履行发生争议，由原告所在地或者合同签订地的基层法院管辖。现五环公司起诉要求四海公司支付货款。四海公司辩称已将货款交给五环公司业务员付某。五环公司承认付某是本公司业务员，但认为其无权代理本公司收取货款，且付某也没有将四海公司声称的货款交给本公司。四海公司向法庭出示了盖有五环公司印章的授权委托书，证明付某有权代理五环公司收取货款，但五环公司对该授权书的真实性不予认可。根据案情，法院依当事人的申请通知付某参加（参与）了诉讼。本案中，原告主张和被告四海公司之间存在合同法律关系，并据此要求四海公司支付货款，四海公司主张自己已履行了还款义务，实际上是主张合同法律关系已经消灭，因此应就合同法律关系消灭的事实承担证明责任。四海公司将货款交付给了五环公司的业务员付某、付某是五环公司的业务员、付某有权代理五环公司收取货款，这三项事实均得证，才能证明四海公司履行了支付货款的义务，五环公司和四海公司之间的合同法律关系消灭，这三项事实的结果意义上的证明责任均由四海公司承担，如果证明不了，则承担败诉风险。上述三项事实中，五环公司已经承认付某是五环公司业务员的事实，构成自认，因此四海公司可以免于证明，不再承担行为意义上的证明责任（提供证据的责任），四海公司应当证明其他两项事实，承担行为意义上的证明责任。（15年·卷三·96题）

例2：刘月购买甲公司的化肥，使用后农作物生长异常。刘月向法院起诉，要求甲公司退款并赔偿损失。诉讼中甲公司否认刘月的损失是因其出售的化肥质量问题造成的，刘月向法院提供了本村吴某起诉甲公司损害赔偿案件的判决书，以证明甲公司出售的化肥有质量问题且与其所受损害有因果关系。本题属于产品缺陷造成他人损害的侵权案件。

缺陷产品侵权，因果关系的结果意义上的证明责任并没有倒置，仍然应由刘月承担。从根本上而言，对待证事实的结果意义上的证明责任——败诉风险并没有在双方当事人之间转移。但刘月向法院提供了本村吴某起诉甲公司损害赔偿案件的判决书，生效判决书证明了因果关系的存在，该因果关系对于刘月就属于免证事实，除非甲公司能够提出相反的证据证明不存在因果关系，这时行为意义上的证明责任——提供证据的责任属于甲公司。（16年·卷三·40题）

例3：李老太投保理财产品，亏完了。李老太起诉称保险公司告诉她，其购买的产品是保本型。保险公司拿出合同，老太太亲笔写了"本人已知悉此产品存在本金损失风险"，老太太说是保险公司让她这么写的。保险公司提供的原始合同是直接证据，保险公司拿出证据以后，行为意义上的举证责任转移到老太太身上。（2020年仿真题）

（四）证明标准

证明标准指的是承担证明责任的当事人，对待证事实需要证明到何种程度，才能被法庭认定为待证事实存在。

1.特殊情况下为排除合理怀疑：当事人对欺诈、胁迫、恶意串通事实的证明，以及对口头遗嘱或者赠与事实的证明，人民法院确信该待证事实存在的可能性能够排除合理怀疑的，应当认定该事实存在。

2.一般情况下为高度盖然性的标准：按照《民诉解释》第108条第1款的规定，民事诉讼中的证明标准是高度盖然性的标准：即人民法院经审查并结合相关事实，确信待证事实的存在具有高度可能性的，应当认定该事实存在。

3.较大可能性：诉讼保全、回避等程序事项有关的事实。

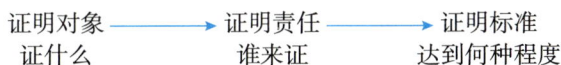

证明对象 ——→ 证明责任 ——→ 证明标准
证什么　　　 　谁来证　　　　 达到何种程度

六、证据的收集

（一）当事人收集证据

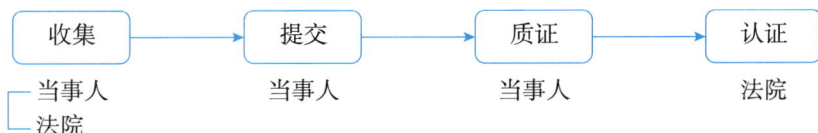

收集 ——→ 提交 ——→ 质证 ——→ 认证
当事人　　　 当事人　　　当事人　　　 法院
法院

（二）人民法院主动调查收集的证据

1.涉及可能损害国家利益、社会公共利益的；

2.涉及身份关系的；

3.涉及公益诉讼的；

4.当事人有恶意串通损害他人合法权益可能的；

5.涉及依职权追加当事人、中止诉讼、终结诉讼、回避等程序性事项的。

【注意】除上述情形外，人民法院调查收集证据，都只能依照当事人的申请进行。

（三）法院依当事人申请调查收集的证据

1.可以申请调查收集的证据范围：

（1）申请调查收集的证据属于国家有关部门保存并须人民法院依职权调取的档案材料；

（2）涉及国家秘密、商业秘密、个人隐私的材料；

（3）当事人及其诉讼代理人确因客观原因不能自行收集的其他材料。

2.申请的期限：举证期限届满前书面申请。

例：在周某诉贺某借款纠纷一案中，周某因自己没有时间收集证据，于是申请法院调查收集证据，在此情况下法院不应当进行调查收集。（08年·卷三·90题）

七、证据的保全

证据保全，是指在证据可能毁损、灭失或以后难以取得的情况下，人民法院根据利害关系人、当事人的申请或主动依职权，对证据加以固定和保护的制度。证据保全依据时间的不同可以分为两种：诉前证据保全和诉讼中的证据保全。

	诉前证据保全	诉讼中的证据保全
适用条件	证据可能灭失或者证据以后难以取得。	
启动方式	申请。申请人为争议标的权利人或者其他利害关系人。	当事人申请（在举证期限届满前书面提出）；人民法院依职权进行。
担保问题	证据保全采取查封、扣押等限制保全标的物使用、流通等保全措施，可能对他人造成损失的，人民法院应当要求申请人提供担保。	
管辖法院	证据所在地、被申请人住所地或者对案件有管辖权的法院。	受案法院。

例：甲县吴某与乙县宝丰公司在丙县签订了甜橙的买卖合同，货到后发现甜橙开始腐烂，未达到合同约定的质量标准。吴某退货无果，拟向法院起诉，为了证明甜橙的损坏状况，向法院申请诉前证据保全。法院应当在收到申请48小时内裁定是否保全；法院在保全证据时，不可以主动采取行为保全措施；如果法院采取了证据保全措施，可以免除吴某对甜橙损坏状况提供证据的责任。（13年·卷三·46题）

八、举证期限与证据交换

（一）举证期限

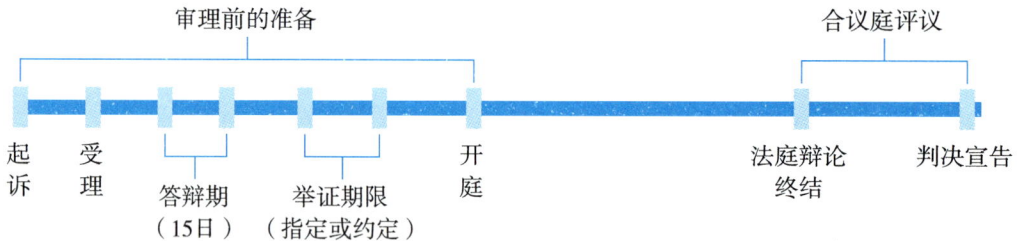

审理前的准备　　　　　合议庭评议

起诉　受理　答辩期（15日）　举证期限（指定或约定）　开庭　　法庭辩论终结　判决宣告

1. 举证期限的确定方式：人民法院指定或当事人协商并经法院准许。
2. 不同程序的举证期限：
（1）第一审普通程序案件：不得少于十五日。
（2）简易程序：不得超过十五日。
（3）小额诉讼程序：一般不超过七日。
（4）第二审案件：不得少于十日。
3. 举证期限的延长：由当事人申请，人民法院决定是否延长。
4. 举证期限的效力：
（1）增加、变更诉求、反诉、申请延长举证期限、申请鉴定、申请法院调查取证、申请证人出庭作证应当在举证期限内提出。
（2）证据保全：可以在举证期限届满前提出。

5.举证期限的中止和重新确定。

（1）中止：当事人提出管辖权异议，举证期限中止，自驳回管辖权异议的裁定生效之日起恢复计算。

（2）重新确定：追加当事人、有独立请求权的第三人参加诉讼或者无独立请求权的第三人经人民法院通知参加诉讼的；发回重审的案件；当事人增加、变更诉讼请求或者提出反诉的。

【小结】新人、新诉求、重新进行。

6.逾期提供证据的后果。

（1）人民法院应当责令其说明理由，必要时可以要求其提供相应的证据。

理由：

①当事人因客观原因逾期提供证据，或者对方当事人对逾期提供证据未提出异议的，视为未逾期。

②主观原因：

A.过错大：当事人因故意或者重大过失逾期提供的证据，人民法院不予采纳。但该证据与案件基本事实有关的，人民法院应当采纳，予以训诫、罚款。

B.过错小：当事人非因故意或者重大过失逾期提供的证据，人民法院应当采纳，并对当事人予以训诫。

（2）拒不说明理由或者理由不成立的：不予采纳该证据；（重要的）采纳该证据但予以训诫、罚款。

【小结】①实体上重要的证据必须采纳。②过错小（非因故意、重大过失）逾期提交的证据必须采纳。③客观原因和对方未提异议的，必须采纳。

7.对方可要求逾期方赔偿因逾期提供证据致使其增加的交通、住宿、就餐、误工、证人出庭作证等必要费用。

例：李某起诉王某要求返还10万元借款并支付利息5000元，并向法院提交了王某亲笔书写的借条。王某辩称，已还2万元，李某还出具了收条，但王某并未在法院要求的时间内提交证据。法院一审判决王某返还李某10万元并支付5000元利息，王某不服提起上诉，并称一审期间未找到收条，现找到了并提交法院。关于王某迟延提交收条，是一审中没有找到的证据，属于非因故意或重大过失逾期提交的证据，法院应当采纳，并对当事人予以训诫。（16年·卷三·41题）

8."新的证据"的界定。

举证期限的设置不排除举证期限届满后新的证据的提出。

（1）"新的证据"提出时间。

一审中，在一审开庭前或开庭审理时提出。二审中，开庭审理的，在二审开庭前或开庭审理时提出；不需要开庭审理的，在人民法院指定的期限内提出。再审中，在申请再审时提出。

（2）对法院的影响。

由于当事人的原因未能在指定期限内举证，致使案件在二审或者再审期间因提出新证据而被法院发回重审或者改判的，原审裁判不属于错误裁判。

（二）证据交换（举证期限届满之日为证据交换开始之日）

1.交换证据时间的确定有两种方式：当事人协商一致并经人民法院认可；由人民法院指定。

2.证据交换一般不超过两次。但重大、疑难和案情特别复杂的案件，人民法院认为确有必要再次进行证据交换的除外。

3.证据交换的适用。

（1）证据较多或者复杂疑难的案件：法院依职权组织。

（2）其余的案件：依当事人申请启动，申请时间为举证期限内。

【注意】不是所有的案件都有证据交换阶段。

4.证据交换与举证期限的关系：交换证据之日，是举证期限届满之日，举证期限延长的，证据交换日相应顺延。

九、质证

（一）质证的主体

当事人才能质证。法院不是质证的主体，而是证据认定的主体。

（二）质证的对象

所有的证据。

（三）不公开质证

证据应当在法庭上出示，并由当事人互相质证。但涉及国家秘密、商业秘密和个人隐私或者法律规定的其他应当保密的证据，不得在开庭时公开质证。

【注意】不公开质证的案件与不公开审理的案件不同：商业秘密属于相对不公开审理的案件，但是这类案件即使公开审理，也不得公开质证；涉及国家秘密和个人隐私的案件，既不公开审理，也不公开质证。

（四）质证的时间

1.原则：法庭上出示质证。

2.例外：当事人在审理前的准备阶段认可的证据，在人民法院调查、询问过程中发表过质证意见的证据，经审判人员在庭审中说明后，经审判人员在庭审中说明后，视为质证过的证据。

（五）质证的效力

未经质证的证据，不能作为认定案件事实的依据。

1.人民法院依照当事人申请调查收集的证据，应该进行质证。

2.人民法院依职权调查收集的证据，由审判人员对调查收集证据的情况进行说明后，听取当事人的意见。

3.人民检察院因履行法律监督职责向当事人或者案外人调查核实的情况，应当向法庭提交并予以说明，由双方当事人进行质证。

例1：高某诉张某合同纠纷案，终审高某败诉。高某向检察院反映，其在一审中提交了偷录双方谈判过程的录音带，其中有张某承认货物存在严重质量问题的陈述，足以推翻原判决，但法院从未组织质证。对此，检察院提起抗诉。该录音带属于视听资料，虽然系高某偷录，但仍可作为质证对象；如再审法院认定该录音带涉及商业秘密，应当依职权决定不公开质证。（13年·卷三·85题）

　　例2：在某一民事案件的审理过程中，原告一方因无法获得作为档案材料存放在某单位的证据，申请法院进行调查。庭审中对该证据的质证，应当由原、被告双方进行质证。（05年·卷三·42题）

十、认证

　　认证是指法院对经过质证或者当事人在证据交换中认可的各种证据材料作出审查判断，确认其能否作为定案的根据。影响法院质证的规则有：

　　1.非法证据排除规则。

　　以下以非法方法形成或取得的证据，不得作为定案依据：

　　（1）违反法律禁止性规定。

　　（2）严重违背公序良俗的方法形成或者获取的证据。

　　（3）严重侵害他人合法权益。

　　2.补强证据规则。

　　补强证据规则是指某些证据由于自身的缺陷，不能单独作为认定案件事实的依据，只有在其他证据加以佐证的情况下，才能作为认定案件的根据。

　　（1）当事人陈述；

　　（2）无民事行为能力人或者限制民事行为能力人的证人证言与年龄智力或精神状况不相当；

　　（3）证人与当事人、诉讼代理人有利害关系；

　　（4）有疑点的视听资料、电子数据；

　　（5）不能与原件、原物核对的复印件、复制品。

　　3.最佳证据规则。

　　（1）国家机关、社会团体依职权制作的公文书证的证明力一般大于其他书证。

　　（2）物证、档案、鉴定结论、勘验笔录或者经过公证、登记的书证，其证明力一般大于其他书证、视听资料和证人证言。

　　（3）原始证据的证明力一般大于传来证据。

　　（4）直接证据的证明力一般大于间接证据。

　　（5）证人提供的对与其有亲属或者其他密切关系的当事人有利的证言，其证明力一般小于其他证人证言。

　　【注意】这种比较是"一般"性的，而不是一种绝对的比较。由于证据分类有不同的标准，因此同一个证据按照不同的标准可能属于不同的证据种类，如果把以上内容绝对化就是错误的。

　　例：张三诉李四人身侵权，张三的母亲作证，只有张三的母亲的证言，能不能定案？不能，因为和张三有利害关系。

　　张三的母亲作证说："我看到李四打我儿子张三了。"这是己方证人所作的有利证言，证明力和案件当中的其他证人证言相比较小。

张三的母亲说:"李四根本没打我儿子,他自己摔了一跤,然后他讹人家李四。"这就是己方证人所作的不利证言,证明力与其他证人的证明力相当。

判断:

1.原始证据的证明力大于间接证据。(×)

分析:原始证据的证明力只有和传来证据才有可比性,直接证据的证明力只有和间接证据才有可比性,原始证据和间接证据的证明力不在同一标准下,没有可比性。

2.证明夫妻感情破裂的证据是间接证据。(√)

分析:作为离婚案件的判断标准,夫妻感情破裂是一个很主观的标准,没有哪一个证据能够一拿出来就能够单一地、直接证明夫妻感情破裂,所以证明夫妻感情破裂的证据都是间接证据。

经典考题: 1.下列哪一情况下法院应当推定甲主张的书证内容为真实?(2020年仿真题,单选)[①]

A.甲主张乙欠自己18万元,并说明因乙与妻子离婚,乙借走了借条未还。乙承认向甲借钱,但借款金额为8万元,且借条遗失,无法提供

[①]【答案】C

【考点】书证

【解题指引】书证与物证的特征常在一起命题,因此需要对书证和物证的特征牢牢掌握。书证是以其内容反映案情,物证是凭自身的物理特征反映案件情况。

【解析】A选项:《民诉解释》第90条规定,当事人对自己提出的诉讼请求所依据的事实或者反驳对方诉讼请求所依据的事实,应当提供证据加以证明,但法律另有规定的除外。在作出判决前,当事人未能提供证据或者证据不足以证明其事实主张的,由负有举证证明责任的当事人承担不利的后果。甲主张乙借款18万元,虽然乙承认了借款8万元,但是没有证据证明,因此法院不能认定甲主张的借款事实是真实的,故A选项错误。B选项:《民诉解释》第107条规定,在诉讼中,当事人为达成调解协议或者和解协议作出妥协而认可的事实,不得在后续的诉讼中作为对其不利的根据,但法律另有规定或者当事人均同意的除外。乙是在调解中作出的自认,不能适用后续的案件审理当中,法院同样无法认定甲主张的事实是真实的,故B选项错误。C选项:《民诉证据规定》第48条第2款规定:"控制书证的当事人存在《最高人民法院关于适用〈中华人民共和国民事诉讼法〉的解释》第一百一十三条规定情形的,人民法院可以认定对方当事人主张以该书证证明的事实为真实。"《民诉解释》第113条规定:"持有书证的当事人以妨碍对方当事人使用为目的,毁灭有关书证或者实施其他致使书证不能使用行为的,人民法院可以依照民事诉讼法第一百一十一条规定,对其处以罚款、拘留。"本题中,乙以妨碍对方当事人使用为目的,毁灭书证,法院应当认定该书证所要证明的事实为真实,故C选项正确。D选项:《民诉证据规定》第90条:"下列证据不能单独作为认定案件事实的根据:(一)当事人的陈述;(二)无民事行为能力人或者限制民事行为能力人所作的与其年龄、智力状况或者精神健康状况不相当的证言;(三)与一方当事人或者其代理人有利害关系的证人陈述的证言;(四)存有疑点的视听资料、电子数据;(五)无法与原件、原物核对的复制件、复制品。"本案中,甲提供借条复印件,乙承认复印件的内容为真,构成自认,但无法与原件核对,故只有复印件,不得单独作为认定案件事实的依据,也就是不能认定借条成立。故D选项错误。综上所述,本题答案为C。

B.甲主张乙欠自己钱，调解中乙承认欠钱事实，最后未能达成调解

C.甲有一个书证在乙那里，乙提供书证的时候一口吞了

D.甲提供借条复印件，乙承认复印件上所写的内容为真

2.根据司法解释的规定，下列哪些选项构成自认？（2020年仿真题，多选）①

A.开庭结束回去的路上，甲对乙说：我承认我借你款是事实，但是法官问我，我就不承认，气死你

B.法官问乙是否向甲借款，乙说：我当时向好几个人借款，我记不清楚了。法官让乙确认，乙仍然说：我记不清楚了

C.在庭前证据交换的过程中，乙承认了向甲借款5万元的事实，在庭审中，乙辩称已向甲归还了3万元，甲拒不承认，乙当庭表示：既然甲不承认我已归还借款的事实，那我也不承认甲向我提供了借款

D.甲出示了一份乙在诉前签下的借据，借据上乙确认自己向甲借款并说明了借款的详细情况

3.天河公司与宝华公司之间签订了一份钢材买卖合同，按照合同约定，天合公司不定期向宝华公司提供建筑用钢材，货款每半年结算一次。但宝华公司近两年一直拖欠货款。最终天河公司向宝华公司提供了一个对账单，宝华公司书面确认欠款450万元并在对账单上签字盖章。由于宝华公司仍不付款，天河公司向法院起诉宝华公司要求支付拖欠的钢材货款，并将该对账单提供给法院。在诉讼中，宝华公司对对账单的真实性不予认可，并否认拖欠货款金额为450万元这一事实。关于本案，以下哪些说法是正确的？

---

① 【答案】BC

【考点】自认

【解题指引】自认必须是在诉讼过程中，当事人对法院所作的对事实的认可。

【解析】《民诉证据规定》第3条规定，在诉讼过程中，一方当事人陈述的于己不利的事实，或者对于己不利的事实明确表示承认的，另一方当事人无需举证证明。在证据交换、询问、调查过程中，或者在起诉状、答辩状、代理词等书面材料中，当事人明确承认于己不利的事实的，适用前款规定。A选项：自认必须是在诉讼过程中，当事人对法院所作的对事实的认可。A选项所述不是在诉讼过程中对法案所作的事实的承认，不构成自认，最多可以作为证据适用。A项不构成自认。同理，D项中，甲出示了一份乙在诉前签下的借据，也不是在诉讼过程中向法院作出的，不构成自认，可以作为证据使用。D项不构成自认。《民诉证据规定》第4条规定，一方当事人对于另一方当事人主张的于己不利的事实既不承认也不否认，经审判人员说明并询问后，其仍然不明确表示肯定或者否定的，视为对该事实的承认。B项中，法官问乙是否向甲借款，乙的说法就是对借款事实既不承认也不否认，构成默示的自认。B项构成自认。《民诉证据规定》第7条规定，一方当事人对于另一方当事人主张的于己不利的事实有所限制或者附加条件予以承认的，由人民法院综合案件情况决定是否构成自认。C项中，在庭前证据交换的过程中，乙承认了向甲借款5万元的事实，根据《民诉证据规定》第3条的规定，已经构成自认。随后在诉讼中说："既然甲不承认我已归还借款的事实，那我也不承认甲向我提供了借款。"这是附条件地进行了自认。根据案情可以确定对借款事实构成了自认。C项构成自认。

（2018年仿真题，多选）①

A.宝华公司书面确认欠款450万元并在对账单上签字盖章的行为，属于自认

B.该对账单可以作为证明拖欠货款金额的证据

C.法院根据该对账单，可以认定拖欠货款金额为450万元

D.法院应根据对账单并结合其他证据来认定拖欠货款的金额

---

① 【答案】BD

【考点】民事诉讼中的证据和证明

【解题指引】证据与证明是两个知识点，不能混淆，证据是对案件情况的还原材料，而证明是指形成法定证据材料后，该材料的可信度。

【解析】《民诉解释》第92条第1款规定："一方当事人在法庭审理中，或者在起诉状、答辩状、代理词等书面材料中，对于己不利的事实明确表示承认的，另一方当事人无需举证证明。"诉讼之前在对账单上的承认不构成自认。只有在起诉状、答辩状、代理词等书面材料中，对于己不利的事实明确表示承认的，才构成自认，因此A项说法不正确。证据是产生于案件发生过程中的事实，对账单由天河公司提供，由宝华公司签字盖章确认，产生于合同履行过程中，所以可以作为证明拖欠货款金额的证据。B项正确。案件中的事实，可能会有多个证据可以证明。拖欠货款的金额，可能会有多个证据证明，对账单只是其中一个证据，如果有其他证据和对账单内容相左，则拖欠货款的金额就不能确定是450万元。故C项错误，D项正确。综上所述，本题答案为BD。

专题七　诉讼保障制度

命题点拨

本专题在法考中所占分值一般为1~2分。保全和先予执行是本专题重点；其他相对重要的知识点是：期间的计算；留置送达和电子送达。

知识体系图

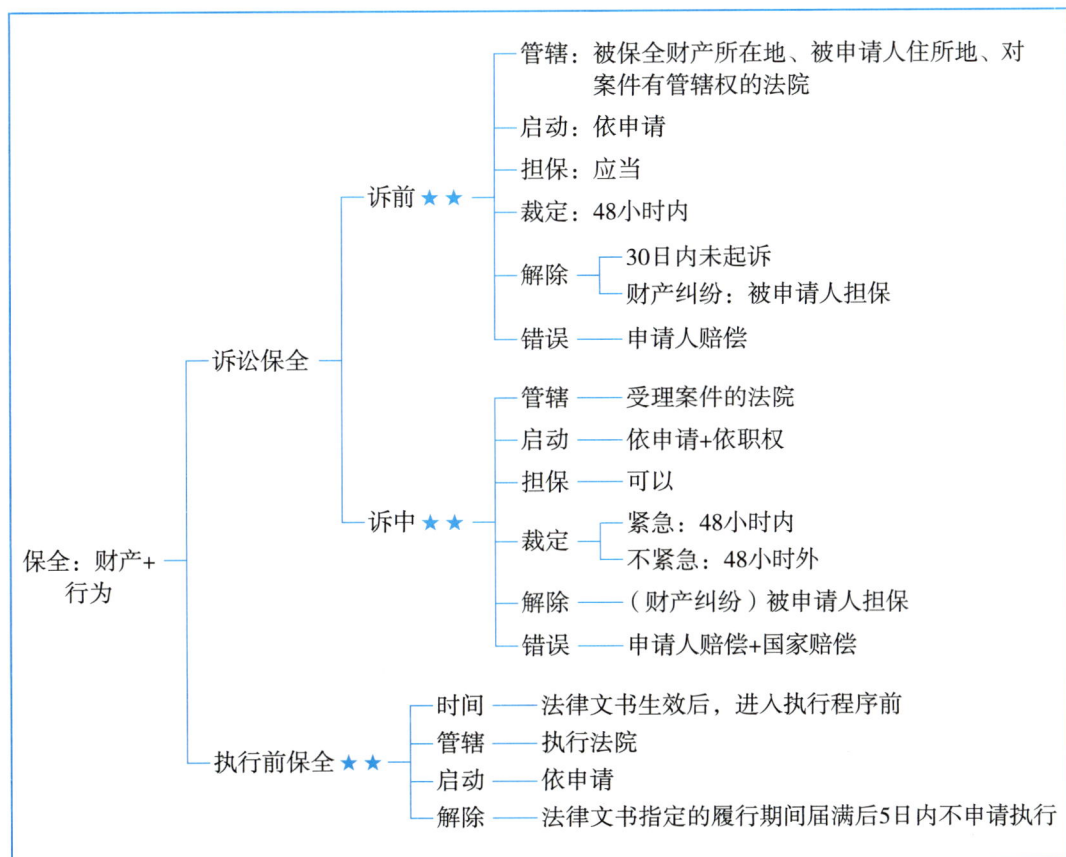

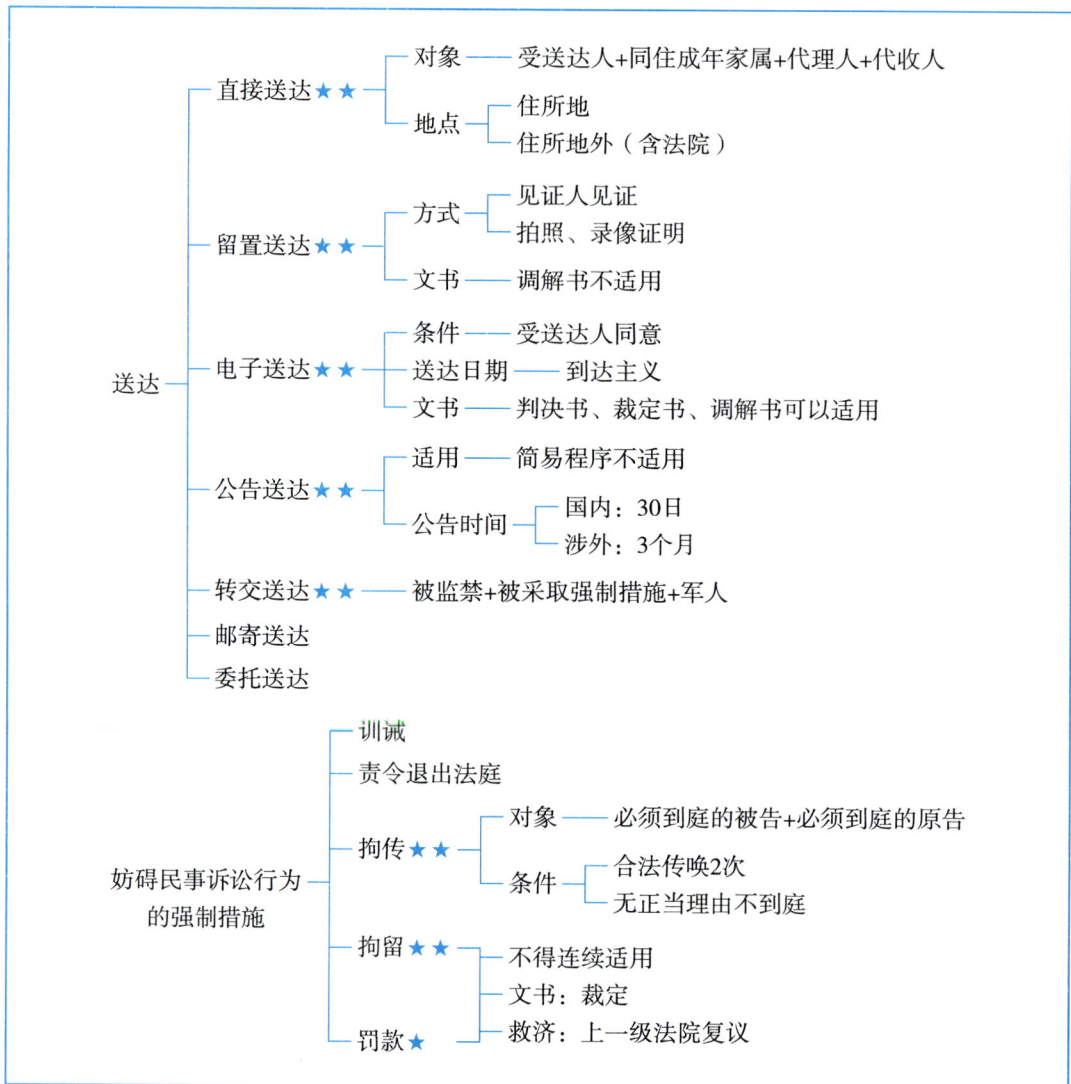

```
                        ┌ 对象 —— 受送达人+同住成年家属+代理人+代收人
         ┌ 直接送达★★ ┤
         │              └ 地点 ┬ 住所地
         │                     └ 住所地外（含法院）
         │
         │              ┌ 方式 ┬ 见证人见证
         ├ 留置送达★★ ┤      └ 拍照、录像证明
         │              └ 文书 —— 调解书不适用
         │
         │              ┌ 条件 —— 受送达人同意
    送达 ├ 电子送达★★ ┼ 送达日期 —— 到达主义
         │              └ 文书 —— 判决书、裁定书、调解书可以适用
         │
         │              ┌ 适用 —— 简易程序不适用
         ├ 公告送达★★ ┤
         │              └ 公告时间 ┬ 国内：30日
         │                         └ 涉外：3个月
         │
         ├ 转交送达★★ —— 被监禁+被采取强制措施+军人
         ├ 邮寄送达
         └ 委托送达


                           ┌ 训诫
                           ├ 责令退出法庭
                           │          ┌ 对象 —— 必须到庭的被告+必须到庭的原告
妨碍民事诉讼行为          ├ 拘传★★ ┤
  的强制措施            ┤          └ 条件 ┬ 合法传唤2次
                           │                 └ 无正当理由不到庭
                           ├ 拘留★★ ┬ 不得连续适用
                           │         ├ 文书：裁定
                           └ 罚款★   └ 救济：上一级法院复议
```

一、保全

广义而言，保全是指人民法院采取法定措施对证据、财产、行为等特定事物的法律特性和法律价值予以保存和保护的制度。狭义上的民事诉讼保全制度包括财产保全和行为保全，本专题所谓"保全"是指狭义上的保全。

（一）保全的种类

1.诉前保全与诉讼中保全、执行前保全、仲裁保全的区别：

区　别	诉前保全	诉讼保全	仲　裁	执行前保全
时间	必须在诉讼开始之前	在诉讼进行之中	仲裁前：直接向法院 仲裁中：仲裁委转交给法院	法律文书生效后，进入执行程序前

续　表

区　别	诉前保全	诉讼保全	仲　裁	执行前保全
管辖法院	被保全财产所在地、被申请人住所地或者对案件有管辖权的法院	受理案件的法院上诉案件，二审法院接到报送案件前，由一审法院保全	国内：被申请人住所地、财产所在地的基层人民法院 涉外：上述中院	执行法院 （1）法院文书：一审法院和与其同级的财产所在地法院 （2）其他文书：被执行人住所地或财产所在地法院
提起的主体	只能由利害关系人提出申请	由当事人申请或者人民法院依职权采取	依申请	依申请
是否要提供担保	（1）应当提供担保 （2）数额：全额或酌情	（1）可以提供担保 （2）数额：不超过30%	涉外仲裁必须提供担保	可以不提供担保
法院作出财产保全裁定的时限	必须在48小时内作出裁定	情况紧急的，必须在48小时内作出裁定，其他情况则可在48小时之外，5日以内作出裁定		
解除	（1）诉前保全措施采取后，利害关系人在30日内未起诉的 （2）被申请人提供担保的（财产纠纷案件：应当解除）	被申请人向人民法院提供担保的（财产纠纷案件：应当解除）		申请执行人在文书确定的履行期限届满后5日内不申请执行
错误的赔偿	申请人赔偿	申请人赔偿或国家赔偿		

　　【注意】诉前保全、诉中保全和执行前的保全可以在前一程序进入到后一程序时自动转化。

　　例：李某与温某之间的债权债务纠纷经甲市M区法院审理作出一审判决，要求温某在判决生效后15日内偿还对李某的欠款。双方均未提起上诉。判决履行期内，李某发现温某正在转移财产，温某在甲市N区有可供执行的房屋一套，故欲申请法院对该房屋采取保全措施。李某可向甲市M区法院或甲市N区法院申请保全；李某申请保全后，其在生效判决书指定的履行期间届满后5日内不申请执行的，法院应当解除保全措施。（16年·卷三·43题）

（二）保全的对象

行为和财产。限于请求的范围，或者与本案有关的财物：可以保全抵押物、质押物、留置物，但抵押权人、质权人、留置权人有优先受偿权；可以保全被申请人已到期的债权。

例1：李根诉刘江借款纠纷一案在法院审理，李根申请财产保全，要求法院扣押刘江向某小额贷款公司贷款时质押给该公司的两块名表。法院批准了该申请，并在没有征得该公司同意的情况下采取保全措施。某小额贷款公司保管的两块名表不用交由法院保管，法院可以不经某小额贷款公司同意对其保管的两块名表采取保全措施，某小额贷款公司不因法院采取保全措施而丧失对两块名表的优先受偿权和质权。（15年·卷三·80题）

例2：著作权人或者与著作权有关的权利人对于侵犯著作权的行为，专利权人或者利害关系人对于侵犯其专利权的行为，商标注册人或者利害关系人对于侵犯其注册商标专用权的行为，继承人对于侵犯其应继承财产的行为，均可以申请行为保全。

例3：甲公司以乙公司为被告向法院提起诉讼，要求乙公司支付拖欠的货款100万元。在诉讼中，甲公司申请对乙公司一处价值90万元的房产采取保全措施，并提供担保。一审法院在作出财产保全裁定之后发现，乙公司在向丙银行贷款100万元时已将该房产和一辆小轿车抵押给丙银行。一审法院可以对该房产采取保全措施，但是丙银行仍然享有优先受偿权。（08年·卷三·43题）

（三）救济

1.对保全的裁定不服的，可以申请复议一次，复议期间不停止裁定的执行；裁定有错误的，可以由法院主动决定启动再审程序纠正。（5日内申请，法院10日内审查）

2.申请保全人、被保全人、利害关系人认为保全裁定实施过程中的执行行为违反法律规定，提出书面异议的，人民法院应当自收到书面异议之日起15日内审查，理由成立的，裁定撤销或者改正；理由不成立的，裁定驳回。

人民法院对诉讼争议标的以外的财产进行保全，案外人对保全裁定或者保全裁定实施过程中的执行行为不服，基于实体权利对被保全财产提出书面异议的，人民法院应当自收到书面异议之日起15日内审查，理由成立的，裁定中止对该标的的执行；理由不成立的，裁定驳回。案外人、申请保全人对该裁定不服的，可以自裁定送达之日起15日内向人民法院提起执行异议之诉。

人民法院裁定案外人异议成立后，申请保全人在法律规定的期间内未提起执行异议之诉的，人民法院应当自起诉期限届满之日起7日内对该被保全财产解除保全。

（四）上诉期间内的财产保全

1.上诉期间内的财产保全裁定应由第一审法院作出，并及时报送二审法院。

2.作出解除财产保全裁定的法院不一定是作出财产保全裁定的法院，可能是二审法院。

例：某法院对齐某诉黄某借款一案作出判决，黄某提起上诉。在一审法院将诉讼材料报送二审法院前，齐某发现黄某转移财产。下列关于本案财产保全的哪种说法是正确

的？（06年·卷三·45题）[①]

    A.齐某向二审法院提出申请，由二审法院裁定财产保全

    B.齐某向二审法院提出申请，二审法院可以指令一审法院裁定财产保全

    C.齐某向一审法院提出申请，一审法院将申请报送二审法院裁定财产保全

    D.齐某向一审法院提出申请，由一审法院裁定财产保全

（五）再审保全的特殊规定

再审审查期间，债务人申请保全生效法律文书确定给付的财产的，人民法院不予受理。

再审审理期间，原生效法律文书中止执行，当事人申请财产保全的，人民法院应当受理。

二、先予执行

先予执行，是指人民法院受理案件后、终审判决作出前，为解决权利人生活或生产经营的紧急需求，根据权利人的申请，依法裁定义务人预先履行义务的制度。

（一）先予执行的适用范围

1.追索赡养费、扶养费、抚养费、抚恤金、医疗费用的案件。

2.追索劳动报酬的案件。

3.因情况紧急需要先予执行的案件。其中紧急情况是指：

（1）需要立即停止侵害，排除妨碍的；

（2）需要立即停止某项行为的；

（3）追索恢复生产、经营急需的保险理赔费的；

（4）需要立即返还社会保险金、社会救助资金的；

（5）不立即返还款项，将严重影响权利人生活和生产经营的。

（二）先予执行的适用条件

1.当事人之间权利义务关系明确。

2.申请人有实现权利的迫切需要，具有先予执行的必要性。即不先予执行将严重影响申请人的生活或者生产经营的。

3.被申请人有履行的能力。

4.当事人向法院提出了申请。

【注意】先予执行的提起只能依申请，不能依职权。

（三）先予执行的程序要求

1.当事人向法院提出了申请，法院不能在没有权利人提出申请的情况下主动依职权

---

① 【答案】D。在一审法院将诉讼材料报送二审法院前，齐某发现黄某转移财产，说明是上诉期间的财产保全，应由当事人向一审法院提出，并由一审法院裁定财产保全。二审法院此时对案件尚不了解，当事人向二审法院提出保全申请，并由二审法院裁定保全既不现实，也不有利于及时保护申请人权益。D项正确。

裁定采取先予执行的措施。

2.先予执行的适用时间为受理案件后、终审判决作出前。

3.对方当事人提出管辖权异议的，在管辖权尚未确定的情况下，人民法院不得先裁定先予执行。

4.当事人申请先予执行，人民法院认为有必要让申请人提供担保的，可以责令申请人提供担保，申请人不提供担保的，驳回申请。

5.申请人败诉的，应当赔偿被申请人因先予执行而遭受的财产损失。

6.对先予执行的裁定不服的，可以申请复议一次，复议期间不停止裁定的执行；裁定有错误的，可以由法院主动决定启动再审程序纠正。

（四）先予执行和保全

1.先予执行与保全的区别：

（1）先予执行只能在诉讼中，而保全包括诉前和诉讼中。

（2）先予执行有严格的条件，须当事人之间权利义务关系明确，而保全没有该项要求。

（3）先予执行有适用案件范围的限制，保全没有案件范围限制。

（4）先予执行只能依申请，保全既可以依申请，也可以依职权采取。

2.先予执行与保全的相同点：文书都为裁定，对裁定不服均可申请复议（5日内申请，法院10日内审查），裁定错误只能由法院主动决定再审。

三、期间

期间，是人民法院或者诉讼参与人进行或者完成某种诉讼行为应当遵守的期限和日期。

（一）期间的种类

1.法定期间，是指由法律明文规定的诉讼期间。法定期间也并非绝对不允许变更。

2.指定期间，是指人民法院根据案件审理时遇到的具体情况和案件审理的需要，依职权指定当事人及其他诉讼参与人进行或完成某项诉讼行为的期间。指定期间一般具有可变动的特点。

3.约定期间，是指根据法律或司法解释所确立的约定机制，由各方当事人协商一致，并经受诉人民法院认可的诉讼期间。

（二）期间的计算

1.计算单位：期间以时、日、月、年作为计算单位。

2.期间的计算。

（1）期间开始的时和日不计算在内。期间以月、年为计算单位，期间届满日为开始日的对应日，没有对应日的，以最后一个月的最后一天为期间届满日。

（2）期间届满后的最后一日为法定休假日的，以法定休假日后的第一日为期间届满日。

（3）诉讼文书的在途期间不包括在期间内。诉讼文书在期满前交邮的，无论人民法院收到诉讼文书是在原定的期间内还是超过了原定的期间届满日，不算过期。例如，诉讼文书通过邮局邮寄的，以该文书交邮时邮局在该文书邮件所盖的邮戳上的日期为准。

（三）期间的耽误及其补救

1.概念。

期间的耽误指当事人、其他诉讼参与人因故不能在法定期间或指定的期间内完成应为的诉讼行为时，依法申请补救，法院采取的顺延措施。

2.条件。

（1）因不可抗拒的事由或者其他正当理由耽误期间。

（2）申请顺延的时间，应在障碍消除后10日内提出。期间的补救只能依申请采取，不能依职权。

（3）顺延的天数：法定期间，将实际耽误的期间补足；指定期间，由法院根据具体情况决定，可以不补足。

例：张兄与张弟因遗产纠纷诉至法院，一审判决张兄胜诉。张弟不服，却在赴法院提交上诉状的路上被撞昏迷，待其经抢救苏醒时已超过上诉期限一天。张弟可在清醒后10日内，申请顺延期限，是否准许，由法院决定。（15年·卷三·41题）

四、送达

送达是人民法院依照法定程序和方式，向当事人及其他诉讼参与人送交诉讼文书和法律文书的行为。

（一）送达的主体：人民法院

送达是人民法院的职权行为，例如，人民法院向原告送达开庭传票的行为，向证人送达出庭作证通知书的行为等。而当事人向人民法院递交诉讼文书的行为不是送达，例如，当事人向人民法院递交答辩状、授权委托书等行为不能视为送达。

（二）送达的方式

1.直接送达。

受送达人是公民的，可由本人、其同住成年家属、诉讼代理人或指定的代收人签收；受送达人是法人或者其他组织的，应当由法人的法定代表人、其他组织的主要负责人、该法人、组织负责收件的人、诉讼代理人或指定的代收人签收。

特殊的直接送达情形：

（1）可以通知当事人到人民法院领取。当事人到达人民法院，拒绝签署送达回证的，视为送达。

（2）可以在当事人住所地以外向当事人直接送达诉讼文书。当事人拒绝签署送达回证的，采用拍照、录像等方式记录送达过程即视为送达。

【注意】在住所地以外向当事人送达诉讼文书，如果其签署了送达回证，则是直接送达；如果此时其拒绝签署送达回证，采用拍照、录像等方式记录送达过程，此时视为送达，产生的是留置送达的效果。

（3）在定期宣判时，当事人拒不签收判决书、裁定书的，应视为送达，并在宣判笔录中记明即可。

2.留置送达。

留置送达是人民法院在受送达人或他的同住成年家属无正当理由拒收诉讼文书的情

况下，依照法定程序将诉讼文书放置于送达人的住所并产生送达法律效力的送达方式。

具体而言，留置送达可以通过两种形式完成：

（1）见证人证明，即送达人把诉讼文书留在受送达人的住所，并邀请有关基层组织或者受送达人所在单位的代表到场，法院的送达人员应当向见证人说明情况，在送达回证上记明受送达人拒收事由和送达的日期，由送达人、见证人签名或者盖章；

（2）通过拍照、录像等证明，即送达人把诉讼文书留在受送达人的住所，并采用拍照、录像等方式记录送达过程。

例：法院通知原告的诉讼代理人到法院领取开庭通知，诉讼代理人到了法院，不签字，可以视为直接送达；诉讼代理人到了法院，不签字，法院找了见证人，见证人签字后，产生留置送达的效力。

【小结】

1.直接送达和留置送达都可以在住所地以外进行。

2.直接送达通常必须由当事人签署送达回证后方可产生送达效力，但如果是在法院向当事人直接送达（通知当事人到法院领取文书和当庭宣判两种情况），则即使当事人不签署送达回证，也可以产生直接送达的效力。

3.电子送达。

电子送达是指人民法院在受送达人同意的前提下，采用能够确认其收悉的电子方式送达诉讼文书（包括判决书、裁定书、调解书），以送达信息到达受送达人特定系统的日期为送达日期的送达方式。通过电子方式送达的判决书、裁定书、调解书，受送达人提出需要纸质文书的，人民法院应当提供。

例：张某诉美国人海斯买卖合同一案，由于海斯在我国无住所，法院无法与其联系，遂要求张某提供双方的电子邮件地址，电子送达了诉讼文书，并在电子邮件中告知双方当事人在收到诉讼文书后予以回复，但开庭之前法院只收到张某的回复，一直未收到海斯的回复。后法院在海斯缺席的情况下，对案件作出判决，驳回张某的诉讼请求，并同样以电子送达的方式送达判决书。向张某送达举证通知书是合法的；向张某送达缺席判决书是合法的（判决书、调解书、裁定书三种法律文书可以适用电子送达）；向海斯送达举证通知书和判决书是违法的（被告海斯下落不明，法院对海斯进行电子送达不可能取得其同意，因此向海斯送达举证通知书和判决书违法）。（14年·卷三·42题）

4.委托送达。

委托送达是指受诉法院直接送达诉讼文书有困难时（例如路途遥远），委托其他人民法院将需送达的诉讼文书、法律文书代为送达的送达方式。

5.邮寄送达。

邮寄送达是指受诉人民法院在直接送达有困难的情况下，将需要送达的诉讼文书通过邮局以挂号信形式邮寄给受送达人的送达方式。邮寄送达应当附有送达回证。挂号信回执上注明的收件日期与送达回证上注明的收件日期不相符的，或者送达回证没有寄回的，以挂号信回执上注明的收件日期为送达日期。

6.转交送达。

转交送达是指人民法院基于受送达人的有关情况而将诉讼文书、法律文书交受送达人所在部队或有关机关、单位代收后转交给受送达人的送达方式。转交送达只能适用于受送达人是军人、被监禁人或者被采取强制性教育措施的人。负责转交的机关、单位在收到诉讼文书、法律文书后，必须立即交受送达人签收，受送达人在送达回证上注明的签收日期为送达日期。

7.公告送达。

公告送达是指在受送达人下落不明或者用上述方法无法送达的情况下所采取的一种特殊的送达方式。自公告发出次日起，经过30日，即视为送达。但是，对在中华人民共和国领域内没有住所的当事人公告送达，自公告之日起满3个月，即视为送达。

【注意】人民法院在受送达人住所地张贴公告的，应当采取拍照、录像等方式记录张贴过程。

判断：

1.陈某以马某不具有选民资格向法院提起诉讼，由于马某拒不签收判决书，法院向其留置送达。（×）（13年·卷三·39题）

2.法院通过邮寄方式向葛某送达开庭传票，葛某未寄回送达回证，送达无效，应当重新送达。（×）（13年·卷三·39题）

3.法院在审理张某和赵某借款纠纷时，委托赵某所在学校代为送达起诉状副本和应诉通知。（√）（13年·卷三·39题）

4.经许某同意，法院用电子邮件方式向其送达证据保全裁定书。（×）（13年·卷三·39题）

例1：甲起诉要求与妻子乙离婚，法院经审理判决不予准许。书记员两次到甲住所送达判决书，甲均拒绝签收。将判决书交给甲的妻子乙转交或交给甲住所地居委会转交都是违法送达，请甲住所地居委会主任到场见证并将判决书留在甲住所是正确的。（09年·卷三·43题）

例2：甲与乙系夫妻关系，四年前乙下落不明。甲提起离婚之诉。对于该起诉，法院应当受理，并向乙公告送达有关的诉讼文书。（07年·卷三·44题）

五、对妨害民事诉讼行为的强制措施

（一）妨害民事诉讼行为的构成要件

1.主体条件：实施妨害民事诉讼行为的人，既可以是案件的当事人，也可以是其他诉讼参与人，还可以是案外人。

2.行为条件：必须实施了具体的妨害民事诉讼秩序的行为。既可以表现为作为，也可以表现为不作为。

3.主观条件：必须是出于行为人的主观故意，即行为人明知自己的行为有可能造成妨害民事诉讼秩序的结果且追求或放任这种结果的发生。

4.结果条件：必须是足以妨害民事诉讼进行，但尚未构成犯罪的行为。

5.时间条件：必须是在诉讼过程中实施的行为，不包括起诉前，也不包括执行后。也就是说，在执行过程中的行为妨碍了民事诉讼的正常进行，也是妨害民事诉讼的行为。

例外：在人民法院执行完毕后，被执行人或者其他人对已执行的标的有妨害行为的，人民法院应当采取措施，排除妨害，并可以根据情节轻重予以罚款、拘留；构成犯罪的，依法追究刑事责任。因妨害行为给申请执行人或者其他人造成损失的，受害人可以另行起诉。

（二）妨害民事诉讼行为的种类

1.必须到庭的被告及给国家、集体或他人造成损害的未成年人的法定代理人，经两次传票传唤，无正当理由拒不到庭的行为。必须到庭的被告，一般是指给付赡养费、抚养费、扶养费等案件中的被告，离婚案件中的被告以及被告不到庭就无法查清案件的被告。

2.违反法庭规则，扰乱法庭秩序的行为。包括但不限于以下情形：

（1）未经准许进行录音、录像、摄影的；

（2）未经准许以移动通信等方式现场传播审判活动的；

（3）其他扰乱法庭秩序，妨害审判活动进行的。

【注意】有以上情形的，人民法院可以暂扣诉讼参与人或者其他人进行录音、录像、摄影、传播审判活动的器材，并责令其删除有关内容；拒不删除的，人民法院可以采取必要手段强制删除。

3.妨害诉讼证据的收集、调查、阻拦法院依法执行职务、干扰诉讼的行为。

（1）伪造、毁灭重要证据，妨碍人民法院审理案件的；

（2）以暴力、威胁、贿买方法阻止证人作证或者指使、贿买、胁迫他人作伪证的；

（3）隐藏、转移、变卖、毁损已被查封、扣押的财产，或者已被清点并责令其保管的财产，转移已被冻结的财产的；

（4）对司法工作人员、诉讼参与人、证人、翻译人员、鉴定人、勘验人、协助执行的人，进行侮辱、诽谤、诬陷、殴打或者打击报复的；

（5）以暴力、威胁或者其他方法阻碍司法工作人员执行职务的；

（6）拒不履行人民法院已经发生法律效力的判决、裁定的。这些行为包括：①在法律文书发生法律效力后隐藏、转移、变卖、毁损财产，造成人民法院无法执行的；②以暴力、威胁或者其他方法妨碍或抗拒人民法院执行的；③有履行能力而拒不执行人民法院发生法律效力的判决书、裁定书、调解书和支付令的。

4.诉讼欺诈和执行欺诈行为。

（1）当事人之间恶意串通，企图通过诉讼、调解等方式侵害他人合法权益的，人民法院应当驳回其请求，并根据情节轻重予以罚款、拘留；构成犯罪的，依法追究刑事责任。

（2）被执行人与他人恶意串通，通过诉讼、仲裁、调解等方式逃避履行法律文书确定的义务的，人民法院应当根据情节轻重予以罚款、拘留；构成犯罪的，依法追究刑事责任。

5.有义务协助调查、执行的单位或组织拒不履行协助义务的行为，包括下列行为：

（1）有关单位拒绝或者妨碍人民法院调查取证的。

（2）有关单位接到人民法院协助执行通知书后，拒不协助查询、扣押、冻结、划拨、变价财产的。

（3）有关单位接到人民法院协助执行通知书后，拒不协助扣留被执行人的收入、办理有关财产权证照转移手续、转交有关票证、证照或者其他财产的。

（4）其他拒绝协助执行的。包括：①擅自转移已被人民法院冻结的存款，或擅自解冻的；②以暴力、威胁或者其他方法阻碍司法工作人员查询、冻结、划拨银行存款的；③接到人民法院协助执行通知后，给当事人通风报信，协助其转移、隐匿财产的。④允许被执行人高消费的；⑤允许被执行人出境的；⑥拒不停止办理有关财产权证照转移手续、权属变更登记、规划审批等手续的；⑦以需要内部请示、内部审批，有内部规定等为由拖延办理的。

6.采取非法拘禁他人或者私自扣押他人财产的方式追索债务的行为。

（三）强制措施的种类与适用

1.拘传。

拘传是对于必须到庭的<u>被告、原告</u>及<u>给国家、集体或他人造成损害而作为被告的未成年人的法定代理人</u>，经法院<u>两次传票传唤，无正当理由拒绝出庭</u>的，人民法院派出司法警察，强制被传唤人到庭参加诉讼活动的一种措施。

【注意】拘传适用的主体包括：①负有赡养、抚育、扶养义务的被告。②不到庭就无法查清案情的被告，如离婚案件的被告。③给国家、集体或他人造成损害的未成年人的法定代理人。④不到庭无法查明案情的原告。

2.训诫。

训诫是人民法院对妨害民事诉讼秩序行为较轻的人，以口头方式予以严肃的批评教育，并指出其行为的违法性和危害性，令其以后不可再犯的一种强制措施。

3.责令退出法庭。

责令退出法庭是指人民法院对于违反法庭规则的人，强制其离开法庭的措施。

4.罚款。

罚款是人民法院对实施妨害民事诉讼行为情节较重的人，责令其在规定的时间内，交纳一定数额金钱的强制措施。关于罚款数额，个人是人民币10万元以下，单位是人民币5万元以上100万元以下。

5.拘留。

拘留是人民法院对实施妨害民事诉讼行为情节严重的人，将其留置在特定的场所，在一定期限内限制其人身自由的强制措施。拘留的期限为15日以下。被拘留的人，由人民法院交公安机关看管。被拘留人在拘留期间认错悔改的，可以责令其具结悔过，<u>提前解除拘留</u>。提前解除拘留，应报经院长批准，并作出提前解除拘留决定书，交负责看管的公安机关执行。

【注意】对被拘留人采取拘留措施后，应当在<u>24小时内通知其家属</u>；确实无法按时通知或者通知不到的，应当记录在案。

【小结】

1.只有在拘传问题上有"两次传票传唤"的要求，其他如按撤诉处理、缺席判决没有次数要求，一次即可。

2.拘传可以适用于被告，也可以适用于原告。

3.强制措施中，须经法院院长批准的事项包括：（1）拘传；（2）罚款；（3）拘留；（4）提前解除拘留。

4.罚款、拘留应当用决定书。对决定不服的，可以向上一级人民法院申请复议一次。复议期间不停止决定的执行。

5.对同一行为，罚款和拘留不能连续适用，但是可以单独适用，也可以合并适用。

6.拘传、罚款和拘留的适用应当由院长批准。

经典考题： 1.法院电子邮件告知李红领取判决书，李红让诉讼代理人李欢代取，李欢发现判乙方败诉，对结果不认可，拒签送达回证，送达人员在回证上注明李欢拒收，由有关见证人签名，下列哪个选项正确？（2018年仿真题，单选）①

A.构成直接送达　　　　　　　　　B.构成委托送达

C.构成电子送达　　　　　　　　　D.构成留置送达

2.王某与胜达公司订立了商品房购房合同，购买位于甲市的房屋，后胜达公司拒绝交付房屋，王某根据仲裁条款向设立在乙市的仲裁委员会申请仲裁要求交付房屋，仲裁过程中，王某提出案件法律关系清楚，且自己结婚在即，申请先予执行。关于本案，以

---

① **【答案】** D

【考点】 送达

【解题指引】 必考知识点：人民法院可以在当事人住所地以外向当事人直接送达诉讼文书。当事人拒绝签署送达回证的，采用拍照、录像等方式记录送达过程即视为送达。审判人员、书记员应当在送达回证上注明送达情况并签名。

【解析】《民诉解释》第131条第2款规定："人民法院可以在当事人住所地以外向当事人直接送达诉讼文书。当事人拒绝签署送达回证的，采用拍照、录像等方式记录送达过程即视为送达。审判人员、书记员应当在送达回证上注明送达情况并签名。"《民诉解释》第132条规定："受送达人有诉讼代理人的，人民法院既可以向受送达人送达，也可以向其诉讼代理人送达。受送达人指定诉讼代理人为代收人的，向诉讼代理人送达时，适用留置送达。"本案中，当事人指定诉讼代理人代收，可以对其代理人采用各种送达方式。给代理人送达时，代理人拒不签收，由见证人签名，是留置送达的方式之一。所以本案的关键有两点，首先，可以对诉讼代理人送达，其次，对代理人可以适用留置送达。D项正确。如果向诉讼代理人送达时，李欢直接签收文书，则构成直接送达。本案中李欢没有签收，所以不构成直接送达。A项错误。委托送达是法院之间互相帮助送达的一种方式。本题中没有法院委托另一法院向当事人送达的情形，不构成委托送达。B项错误。《民诉解释》第135条第1款规定："电子送达可以采用传真、电子邮件、移动通信等即时收悉的特定系统作为送达媒介。"《民诉解释》第136条规定："受送达人同意采用电子方式送达的，应当在送达地址确认书中予以确认。"本题中，法院用电子邮件通知当事人领取诉讼文书，是告知当事人领取文书，是和当事人的沟通联系方式，不是以电子邮件方式直接将文书送给当事人，不是电子送达；另外电子送达必须当事人同意才能采用，本题当事人也没有同意法院采用电子送达方式，也不能适用电子送达方式，不构成电子送达。综上所述，本题答案为D。

下说法正确的是：（2020年仿真题，单选）①

　　A.王某无权申请先予执行

　　B.向乙市仲裁委员会提起先予执行申请，由仲裁委员会交给法院

　　C.直接向房屋所在地的基层法院提请先予执行

　　D.直接向中级法院申请先予执行

　　3.甲把乙撞了，乙要求支付赔偿金，乙起诉后可以要求：（2019年仿真题，多选）②

　　A.申请公开审理　　　　　　　　　B.申请先予执行

　　C.申请财产保全　　　　　　　　　D.申请对甲强制执行

---

① 【答案】A

　　【考点】先予执行

　　【解题指引】先予执行的记忆技巧："五费一报酬一紧急"。

　　【解析】《民事诉讼法》规定："人民法院对下列案件，根据当事人的申请，可以裁定先予执行：（一）追索赡养费、扶养费、抚养费、抚恤金、医疗费用的；（二）追索劳动报酬的；（三）因情况紧急需要先予执行的。""人民法院裁定先予执行的，应当符合下列条件：（一）当事人之间权利义务关系明确，不先予执行将严重影响申请人的生活或者生产经营的；（二）被申请人有履行能力。"在本题中，王某提出自己结婚在即的理由，不属于上述法条规定的紧急情形，不能申请先予执行，故A选项正确，BCD选项错误。综上所述，本题答案为A。

② 【答案】ABC

　　【考点】公开审判、保全的适用范围、先予执行的适用范围

　　【解题指引】强制执行一定要建立在具有生效法律文书的基础之上，但先予执行时未必会有生效的法律文书。

　　【解析】人身损害赔偿的案件，不属于不公开审理的案件，所以要求公开审理是可以的。A项正确。人身损害赔偿的案件，属于要求给付医疗费的情形，当事人可以申请先予执行。B项正确。人身损害的案件，当事人担心对方转移财产，生效法律文书作出后不能实现文书的内容，比如人身损害赔偿费用。符合申请财产保全的条件。C项正确。民事案件审理过程中，生效法律文书还没有作出，不能申请强制执行。D项不当选。综上所述，本题答案为ABC。

专题八 一审普通程序

命题点拨

　　本专题是法考中的重点。重要的知识点为：起诉的条件；案件受理的具体情形；不予受理、驳回起诉与驳回诉讼请求的比较；撤诉与缺席判决的适用；延期审理、诉讼中止与诉讼终结的法定情形；重复起诉；判决、裁定、决定的适用情形和区别；公益诉讼、第三人撤销之诉和执行异议之诉。重复起诉、第三人撤销之诉的知识群已连续考查多次，是考查的重点和难点。

知识体系图

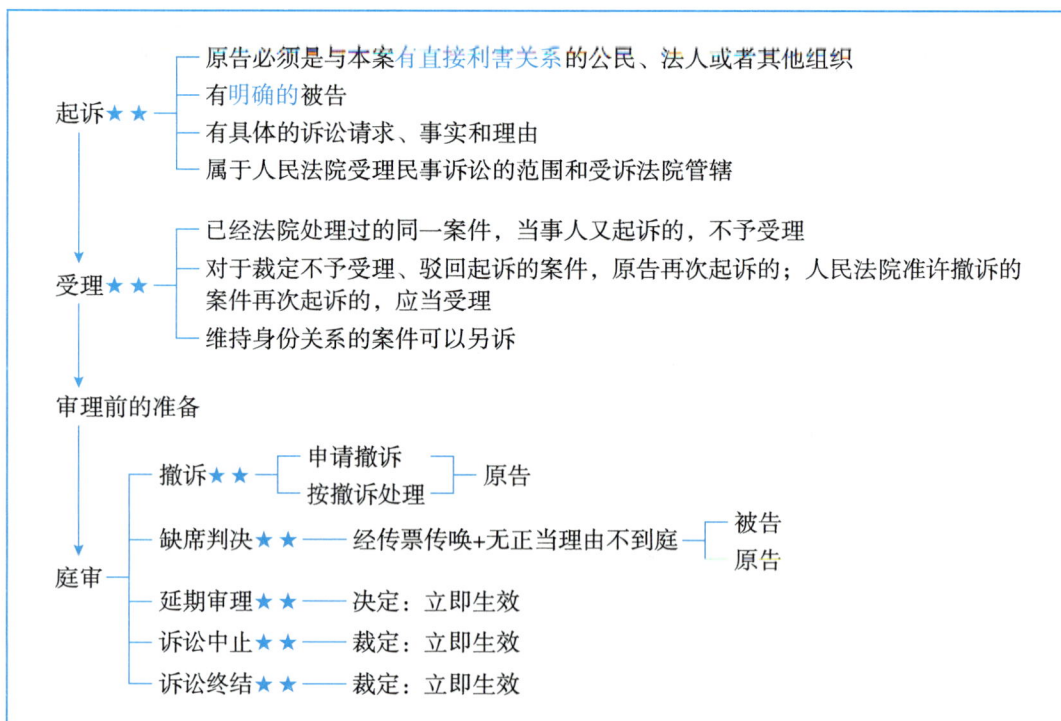

一、起诉与受理

（一）起诉的条件
1.起诉的实质条件。

（1）原告必须是与本案有直接利害关系的公民、法人或者其他组织。

但在有的情况下，非法律关系主体可以作为正当当事人，如失踪人的财产代管人；死亡人的近亲属；遗产管理人、遗嘱执行人；著作权集体管理组织等。该部分内容已在当事人部分讲过。

（2）有明确的被告。

【注意】对被告的要求是明确即可，而不是正确。正确与否，是在诉讼审理过程中由法院认定的。原告不正确，法院裁定不予受理；被告不明确，法院裁定不予受理，而被告不正确，在案件审理过程中查明后，法院判决驳回诉讼请求。

（3）有具体的诉讼请求、事实和理由。

（4）属于人民法院受理民事诉讼的范围和受诉法院管辖。

参见本书专题三主管与管辖部分，兹不赘述。

例：张三诉李四人身损害赔偿：

（1）起诉状上只写了"原告张三"。原告明确吗？不明确，世界上叫张三的人那么多，法院不知道是哪个张三起诉，所以法院不受理。

（2）起诉状上写"原告张三，男，20岁，住西北政法大学男生宿舍楼一门101，联系电话……"，这个起诉状的通讯方式写得很清楚，原告明确吗？是，张三确实是被李四打的，原告既是明确的，也是正确的，法院应当受理。

（3）如果张三被打晕住院了，张三的母亲张美丽以自己的名义起诉，起诉状上写"原告张美丽，女，50岁，住西北政法大学教师公寓一门101，联系电话……"，起诉状写得很清楚，原告明确吗？明确，但原告资格不正确。该受理吗？不受理。

2.起诉的形式条件。

（1）起诉应当向人民法院提出起诉状，书写起诉状确有困难的，也可以口头起诉。

（2）提供起诉状应当按照被告人数提供副本。

【注意】起诉状应当记明下列事项：①原告的基本信息；②被告的基本信息；③诉讼请求和所根据的事实与理由；④证据和证据来源，证人姓名和住所；⑤受诉人民法院的名称，起诉的时间、起诉人签名或盖章。

（二）立案登记

1.人民法院接到当事人提交的民事起诉状时，对符合起诉条件，但又不属于不予受理情形的，一律应当登记立案。

【注意】立案不再实行审查制，最大限度地保护当事人的诉权。

2.除了法律明确规定可以不予受理的案件以外，其他的案件，只要符合起诉条件，一律要登记在册。

3.对当场不能判定是否符合起诉条件的，应当接收起诉材料，并出具注明收到日期的书面凭证。

（三）受理

对于当事人的起诉，符合起诉条件，法院裁定受理；不符合起诉条件的：受理前裁定不予受理，受理后裁定驳回起诉。

裁定：受理

符合起诉条件

起诉　　立案　不符合起诉条件
　　　　登记

裁定：不予受理

裁定：驳回起诉

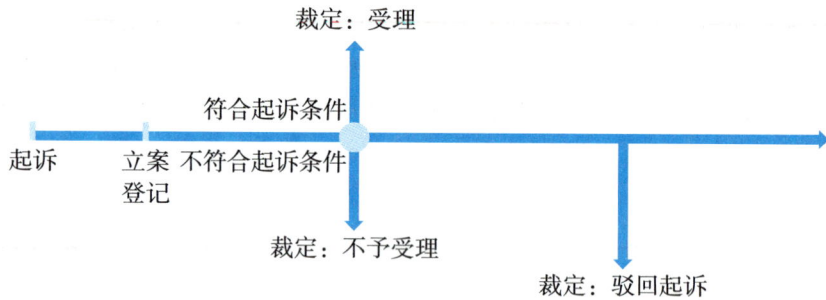

1.受理案件时特殊情形的处理。

有仲裁协议的情形	（1）有仲裁协议的，一方向人民法院起诉的，不予受理。 （2）仲裁协议无效，一方向人民法院起诉的，人民法院有权受理。 （3）起诉时未声明有仲裁协议，人民法院受理后，如果对方应诉答辩的，视为该人民法院有管辖权。 （4）一方起诉时未声明有仲裁协议，法院受理后，对方当事人在首次开庭前提出仲裁协议的，应当驳回起诉。（见下图）
管辖权	（1）对不属于本院管辖的案件，告知原告向有管辖权的人民法院起诉。 （2）案件受理后，人民法院发现自己受理的案件不属于本院管辖的，应当移送有管辖权的法院管辖。
一事不再理	（1）一般原则： 已经法院实体处理过的同一案件，当事人又起诉的，不予受理。 （2）不属于一事不再理的情形： ①对于裁定不予受理、驳回起诉的案件，原告再次起诉的，应予受理。 ②人民法院准许撤诉的案件再次起诉的，人民法院应当受理。 （3）一事不再理的例外： ①对于离婚案件，判决不准离婚或调解和好的，判决、调解维持收养关系的案件，被告可以随时起诉；原告有新情况、新理由，或原告在6个月之后起诉的，应予受理。 ②赡养费、扶养费、抚养费案件，裁判发生法律效力后，因新情况、新理由，一方当事人再行起诉要求增加或减少费用的，人民法院应作为新案受理。 （4）重复起诉的判断标准： ①后诉与前诉的当事人相同。 ②后诉与前诉的诉讼标的相同。 ③后诉与前诉的诉讼请求相同，或者后诉的诉讼请求实质上否定前诉裁判结果。
离婚、收养案件的特殊规定	（1）女方在怀孕期间、分娩后一年内或中止妊娠后6个月内，男方不得提出离婚。女方提出离婚的，或人民法院认为确有必要受理男方离婚请求的，人民法院应当受理。 （2）判决不准离婚、调解和好的离婚案件，原告撤诉或者按撤诉处理的离婚案件，以及判决、调解维持收养关系的案件，没有新情况、新理由，原告在6个月内又起诉的，不予受理。 （3）在婚姻关系存续期间，当事人不起诉离婚而单独要求过错方赔偿精神损害赔偿的，人民法院不予受理。

离婚、收养案件的特殊规定	（4）夫妻一方下落不明，另一方只要求离婚，不申请宣告失踪或死亡的，人民法院应当受理，对下落不明人用公告送达诉讼文书。 （5）人民法院作出的生效的离婚判决中未涉及探望权，当事人就探望权问题单独提起诉讼的，人民法院应予受理。 （6）男女双方协议离婚后1年内就财产分割问题反悔，请求变更或者撤销财产分割协议的，人民法院应当受理。 （7）当事人起诉请求解除同居关系的，人民法院不予受理。但当事人请求解除的同居关系，属于"有配偶者与他人同居"的，人民法院应当受理并依法予以解除。当事人因同居期间财产分割或者子女抚养纠纷提起诉讼的，人民法院应当受理。

【注意1】裁定驳回起诉解决的是程序问题，判决驳回诉讼请求解决的是实体问题；被裁定驳回起诉后还可以就同一纠纷向法院起诉，判决驳回诉讼请求后，不能就同一纠纷再向法院起诉。

【注意2】对于不予受理的案件，法院必须作出裁定书，也就是书面的裁定，这有利于保护当事人的上诉权。

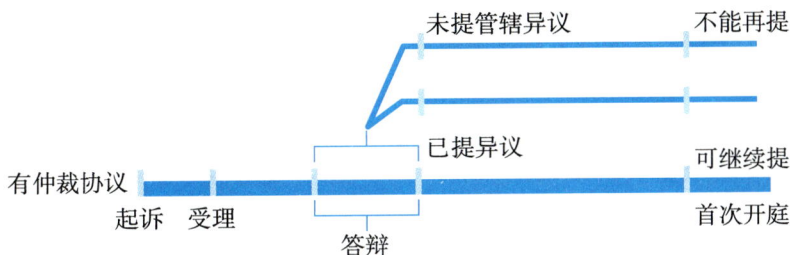

2.人民法院对受理的案件，分别情形，予以处理：

（1）当事人没有争议，符合督促程序规定条件的，可以转入督促程序；

（2）开庭前可以调解的，采取调解方式及时解决纠纷；

（3）根据案件情况，确定适用简易程序或者普通程序；

（4）需要开庭审理的，通过要求当事人交换证据等方式，明确争议焦点。

3.诉讼时效：

（1）期间：3年；有特殊规定的从其规定。

（2）起算点：

①当事人约定同一债务分期履行的，诉讼时效期间自最后一期履行期限届满之日起计算。

②无民事行为能力人或者限制民事行为能力人对其法定代理人的请求权的诉讼时效期间，自该法定代理终止之日起计算。

③未成年人遭受性侵害的损害赔偿请求权的诉讼时效期间，自受害人年满18周岁之日起计算。

（3）中止、中断、延长

①中止：诉讼时效期间的最后6个月内；自中止时效的原因消除之日起满6个月，诉

讼时效期间届满。

事由：不可抗力；无民事行为能力人或者限制民事行为能力人没有法定代理人，或者法定代理人死亡、丧失民事行为能力、丧失代理权；继承开始后未确定继承人或者遗产管理人；权利人被义务人或者其他人控制；其他导致权利人不能行使请求权的障碍。

②中断：有下列情形之一的，诉讼时效中断，从中断、有关程序终结时起，诉讼时效期间重新计算：权利人向义务人提出履行请求；义务人同意履行义务；权利人提起诉讼或者申请仲裁；与提起诉讼或者申请仲裁具有同等效力的其他情形。

③延长：最长20年的除斥期间；根据权利人的申请，可以延长。

（4）下列请求权不适用诉讼时效的规定：

①请求停止侵害、排除妨碍、消除危险；

②不动产物权和登记的动产物权的权利人请求返还财产；

③请求支付抚养费、赡养费或者扶养费。

（5）适用：

诉讼时效的期间、计算方法以及中止、中断的事由由法律规定，当事人约定无效；当事人对诉讼时效利益的预先放弃无效。

当事人超过诉讼时效期间起诉的，人民法院应予受理。受理后对方当事人提出诉讼时效抗辩，人民法院经审理认为抗辩事由成立的，判决驳回原告的诉讼请求。

判断：

1.法院裁定驳回起诉的，原告再次起诉符合条件的，法院应予受理。（√）

分析：裁定不予受理、驳回起诉的案件，原告再次起诉的，如果符合起诉条件，人民法院应予受理。

2.在一审、二审、再审程序中，原告撤诉后，当事人以同一诉讼请求再次起诉的，人民法院应予受理。（×）

分析：一审程序中，原告撤诉后又起诉的，其诉权不丧失，法院应予受理；二审程序和再审程序中，原告撤诉后，诉权丧失，再次起诉人民法院不予受理。也就是一审原告撤诉和二审、再审程序中原告撤诉的后果是不同的，前者诉权不丧失，后者诉权丧失。

3.判决不准离婚的案件，当事人没有新事实和新理由再次起诉的，法院一律不予受理。（×）

分析：判决不准离婚和调解和好的离婚案件，判决、调解维持收养关系的案件，没有新情况、新理由，原告在6个月内又起诉的，不予受理。不是一律不能再次起诉，而是有期限限制。

4.当事人超过诉讼时效起诉的，法院应当受理，受理后通过审理判决驳回诉讼请求。（√）

分析：当事人超过诉讼时效起诉，只是丧失了胜诉权，其起诉权并不受影响，所以法院应当受理。受理后，如果被告提起诉讼时效的抗辩，经法院查明无中止、中断、延长的事由，判决驳回原告诉讼请求。

5.追索赡养费案件的判决生效后，有新情况、新理由，当事人起诉要求增加赡养费的，法院应当受理。（√）

分析：赡养费、扶养费、抚养费案件，裁判发生法律效力后，因新情况、新理由，一方当事人再行起诉要求增加或减少费用的，人民法院应作为新案受理。

例：何某因被田某打伤，向甲县法院提起人身损害赔偿之诉，法院予以受理。何某的起诉行为，引起的后果是何某案件的诉讼时效中断。（13年·卷三·44题）

4.重复起诉：

（1）三条件具备：当事人相同、诉讼标的相同、诉讼请求相同或后诉的诉讼请求实质上否定了前诉的裁判结果，构成重复起诉。

（2）实质目的一致，构成重复起诉。

例1：张三起诉李四要求给付合同货款200万元，张三胜诉了。现在李四起诉张三要求确认其与张三的合同无效，算不算重复起诉？算，后诉的诉讼请求实质上否定了前诉的裁判结果。

例2：张三起诉李四要求给付合同货款200万元，张三胜诉了。现在李四诉张三要求解除其与张三的合同，算不算重复起诉？不算，在合同有效的情况下，张三可以要求给付合同货款，也可以要求解除合同，这是两个不同的诉讼请求。

例3：张三起诉李四偿还借款本金100万元胜诉了，又起诉要求李四给付利息5万元。算不算重复起诉？不算，本金和利息是两个不同的诉讼请求。

例4：李四欠张三200万元，李四怠于行使对王五的200万元债权。张三起诉李四还款200万胜诉后，又对王五提起代位诉讼要求其还200万元，构成重复起诉。相当于张三对李四的200万元债权主张了两次。

李四欠张三200万元，李四怠于行使对王五的200万元债权。张三对王五提起代位诉讼要求其还200万元，张三胜诉后，又起诉李四偿还其200万元，构成重复起诉。相当于张三对李四的200万元债权主张了两次。

例5：花花欠飞飞3000万元，花花将自己价值1000万元的房子低价卖给了果果。飞飞起诉，要求确认花花和果果之间买卖房屋的合同无效，飞飞败诉。飞飞又起诉要求撤销花花买卖房屋的行为，飞飞构成重复起诉。

例6：张三乘坐甲公司车辆，遭遇车祸。张三以合同违约为由起诉甲公司胜诉后，再起诉甲公司侵权，构成重复起诉。

例7：A公司与B公司发生合同纠纷，A公司提起诉讼请求法院判令解除合同，并判令B公司支付违约金。案件审理过程中，A公司增加诉讼请求，要求确认合同无效。根据当事人的要求，如果法院不能判处确认合同无效，则根据顺序审理合同解除案件。（2020年仿真题）

（四）庭前会议

人民法院受理案件后，在开庭审理之前，为保证开庭审理的顺利进行，需要做好以下准备工作，重点内容如下：

1.明确原告的诉讼请求和被告的答辩意见。

2.审查处理当事人增加、变更诉讼请求的申请和提出的反诉，以及第三人提出的与本案有关的诉讼请求。

3.根据当事人的申请决定调查收集证据，委托鉴定，要求当事人提供证据，进行勘验，进行证据保全。

4.组织交换证据。

5.归纳争议焦点，并就归纳的争议焦点征求当事人的意见。

6.进行调解。

（五）开庭审理

1.开庭审理时，由审判长或者独任审判员核对当事人身份，宣布案由和审判人员、书记员名单。

2.开庭审理分为审理前的准备、法庭调查、法庭辩论、合议与评议四个阶段。当事人同意的，法庭调查和法庭辩论可以合并进行。

【注意】核对当事人身份是由审判长或者独任审判员进行，不是由书记员核对。

二、撤诉与缺席判决

（一）撤诉

撤诉是人民法院受理争议案件后、宣告判决前，当事人撤回诉讼的行为。撤诉可以分为申请撤诉与按撤诉处理。

1.申请撤诉。

申请撤诉是原告主动要求撤回诉讼的行为，是指当事人在人民法院对案件作出实体判决以前，以积极明确的意思表示，向人民法院提出撤诉申请的诉讼行为，申请撤诉需要符合以下法定条件：

（1）申请撤诉的主体是原告及其法定代理人，其他人无权申请撤诉。包括本诉的原告、提出反诉的被告、有独立请求权第三人。也就是说有独立请求权的第三人也可以提出撤诉申请，但有独立请求权的第三人申请撤诉不影响原告和被告之间本诉的进行。

（2）申请撤诉应当在人民法院受理案件后，宣告判决之前。

（3）申请撤诉是否准许，由人民法院作出裁定。

①申请符合条件的，裁定准许；申请不符合条件的，裁定驳回申请，案件继续审理。

②法庭辩论终结后原告申请撤诉，被告不同意的，人民法院可以不予准许。

【注意】1.只要在判决宣告前，原告均可撤诉。但如果是法庭辩论终结后，原告申请撤诉，为了防止原告恶意提起诉讼，然后恶意撤诉，损害被告的合法权益，此时原告撤诉，要征得被告同意。这说明原告的撤诉在特定时间段要受到被告的制约。

2.被告如果同意撤诉，则法院应当准许；被告如果不同意撤诉，法院享有裁量权，可以准许撤诉，也可以不予准许撤诉。

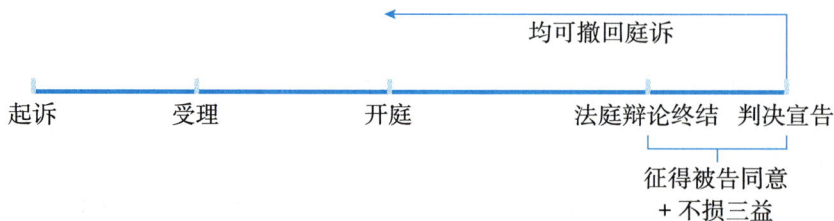

2.按撤诉处理。

按撤诉处理是人民法院根据当事人所实施的行为作出的法律上的推断，即只要当事人实施了法律所规定的某些行为，法院就视同当事人撤诉，而不论当事人主观上是否愿意。按撤诉处理的情形有以下两种：

（1）原告、有独立请求权的第三人、法定代理人经人民法院传票传唤，无正当理由拒不到庭或者未经法庭许可中途退庭的。

（2）原告接到人民法院预交案件受理费的通知后，既不预交费用，也不申请缓交、减交或者免交诉讼费用，以及申请缓交、减交或者免交未获准许后仍不交费的。

例1：王某是有独立请求权的第三人，开庭审理过程中未经法庭许可中途退庭，按撤诉处理。（04年·卷三·77题）

例2：韩律师是原告的委托代理人，无正当理由拒不到庭，法院继续审理。

例3：张某是无独立请求权的第三人，无正当理由拒不到庭，缺席判决。（04年·卷三·77题）

例4：李某是被告的法定代理人，无正当理由拒不到庭，缺席判决。（04年·卷三·77题）

3.撤诉的效果。

一审撤诉，当事人向法院再起诉的，法院应当受理。

二审程序和再审程序中，一审原告在审理程序中撤回起诉后重复起诉的，人民法院不予受理。

起诉是一切程序的源泉：

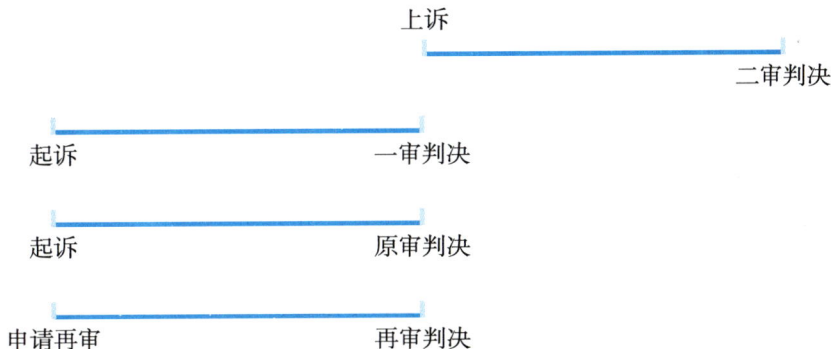

原告在不同程序中不到庭的处理：

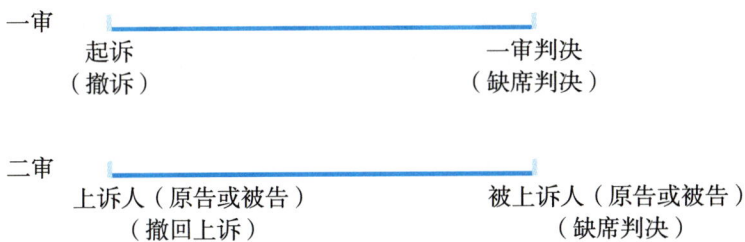

例1：张三起诉李四赔偿其人身损害1万元。一审中，张三申请撤回起诉，法院如果准许，将来张三向法院再次起诉，法院应当受理。因为张三申请撤回起诉之后，法院对这个案件没有进行过实体处理，所以张三将来还想保护自己的权利而起诉的，法院应当受理。

例2：张三起诉李四赔偿其人身损害1万元，一审法院判赔8000元，张三、李四都不服该判决。张三认为赔的太少，李四认为赔的太多。一审中，张三是原告，李四是被告。一审判决作出以后，谁对一审判决不服，谁上诉，谁就成为上诉人，对方当事人就是被上诉人。现在张三、李四都有可能上诉。

第一种情况：如果李四上诉，张三就是被上诉人。在二审中，李四如果说"算了，不就8000元，我撤回上诉"，则一审判决生效。

第二种情况：李四上诉，在二审程序审理过程中，张三申请撤回起诉。张三是二审的被上诉人，同时又是一审的原告，所以张三在二审中可以申请撤回起诉。没有起诉就没有一审，没有一审就没有二审。二审中，一审原告张三申请撤回起诉，法院如果准许的话，要一并撤销一审判决，同时张三的诉权丧失。

例3：张三起诉李四赔偿其人身损害赔偿1万元，生效法律文书判赔8000元。李四不服，申请再审，认为判决其赔的太多，则在再审程序中，李四是再审申请人，而张三是被申请人。在再审案件审理过程中，李四想要撤回再审申请，可不可以？可以，李四撤回再审申请，法院如果准许的话，原审判决本身就是生效的，不受影响。再审案件审理过程中，一审原告张三想清楚了，申请撤回起诉，法院如果准许的话，要一并撤销原审判决，张三的诉权丧失。

（二）缺席判决

缺席判决实际上是对未到庭一方当事人的惩罚，在以下法定情形时才能作出：

1.被告、反诉中的被告、被上诉人、无独立请求权的第三人及其法定代理人经传票传唤无正当理由拒不到庭或者未经法庭许可中途退庭的。

【注意】这里的被告包括非必须到庭的被告和必须到庭的被告。

对于非必须到庭的被告，传唤一次后，可以直接缺席判决。

必须到庭的被告是一个相对的概念，对其完全可以一次传票传唤后就缺席判决（传唤一次后，发现被告不来，案情其实也可以查明，根本不用给被告拘传的机会让其亲自到庭，可以直接缺席判决），也可以经过两次传票传唤，其无正当理由拒不到庭的，应当对其拘传。但拘传不一定能把人拘来，如果拘传都拘不来，此时案情可以查明的，可以缺席判决；案情此时无法查清的，则只能诉讼中止。

因此，对所有的被告，无论是必须到庭的被告，还是非必须到庭的被告，缺席判决都是可以适用的，只是适用的条件和前提不同。

例如，离婚案件，通常认为被告是必须到庭的被告，如果其不到庭，似乎只能适用拘传而不能适用缺席判决。但实际上，夫妻一方下落不明，另一方诉至人民法院，只要求离婚，不申请宣告下落不明人失踪或死亡的案件，人民法院应当受理，对下落不明的人用公告送达诉讼文书。公告期限届满，被告仍不应诉的，可以缺席判决。

再如，借贷纠纷案件，分两种情况：（1）债权人起诉时，债务人下落不明的，法院受理后公告传唤债务人应诉。公告期限届满，债务人仍不应诉，借贷关系明确的，经审理后可缺席判决；借贷关系无法查明的，裁定中止诉讼。（2）在审理中，债务人出走，下落不明，借贷关系明确的，可以缺席判决；事实难以查清的，裁定中止诉讼。说明在被告不到庭的情况下，不是只能缺席判决，也可以中止诉讼。

2.原告申请撤诉，人民法院裁定不准许撤诉的，原告经传票传唤，无正当理由拒不到庭的，可以缺席判决。

【小结】在原告、被告、有独立请求权的第三人、无独立请求权的第三人中，可以按撤诉处理的是原告、有独立请求权的第三人及其法定代理人；可以缺席判决的是被告、无独立请求权的第三人及其法定代理人，还有一个能对原告采取缺席判决的情形，那就是原告申请撤诉但法院不准，而原告不来参加庭审。

三、延期审理、诉讼中止与诉讼终结

（一）延期审理

延期审理，是人民法院确定开庭审理期日后或者在进行开庭审理的过程中，由于发生某种特殊情况，使开庭审理无法按期或者继续进行，从而将开庭审理顺延到下一时间进行审理的诉讼制度。

1.延期审理的情形：

（1）必须到庭的当事人和其他诉讼参与人有正当理由没有到庭的。如无正当理由没有到庭，则对原告按撤诉处理，对被告缺席判决；

诉讼中当事人不到庭的处理方法：

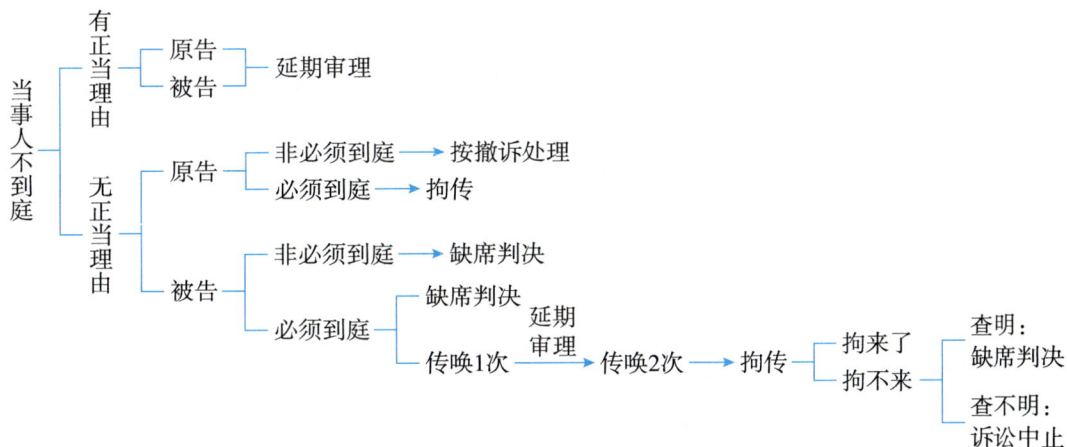

（2）当事人临时提出回避申请的；

（3）需要通知新的证人到庭，调取新的证据，重新鉴定、勘验，或者需要补充调查的；

（4）其他应当延期审理的情形。如必须到庭的当事人经一次传票传唤而未到庭的。

2.文书及效力。

延期审理用决定作出。再次开庭后，延期审理前已进行的诉讼行为仍然有效，但延期的时间不计入审限。

（二）诉讼中止

诉讼中止是诉讼进行过程中，出现一些法定特殊原因，使诉讼程序无法继续进行或不宜进行时，法院裁定暂停诉讼程序，等特殊原因消失以后再行恢复诉讼程序的法律制度。

1.诉讼中止的情形：

（1）一方当事人死亡，需要等待继承人表明是否参加诉讼的；

（2）一方当事人丧失诉讼行为能力，尚未确定法定代理人的；

（3）作为一方当事人的法人或者其他组织终止，尚未确定权利义务承受人的，如法人合并或分立，则诉讼继续进行，无需中止；

（4）一方当事人因不可抗拒的事由，不能参加诉讼的，如洪水、地震、成为植物人等，若当事人身体受伤或生病，则应延期审理；

（5）本案必须以另一案的审理结果为依据，而另一案尚未审结的；

（6）其他应当中止诉讼的情形。

例1：上午9点开庭，8点钟当事人遭遇了车祸，当事人打电话跟法官说自己现在到不了法庭了。这算不算"因不可抗拒的事由不能参加诉讼"？算不算"当事人有正当理由没有到庭"？都算，这时就出现了法条竞合，此事应该优先适用哪一个？延期审理。

上午9点开庭，8点钟当事人遭遇车祸死亡，如何处理？诉讼中止。

离婚案件，上午9点开庭，8点钟当事人遇车祸死亡，如何处理？诉讼终结。

例2：李四拿刀捅张三，既构成故意伤害罪，又构成侵权。针对张三诉李四人身损害赔偿案件，李四因故意伤害罪被追诉了，这个时候要先刑后民，民事案件应当诉讼中止。

例3：张三和李四的合同纠纷案件审理过程中，张三的父母申请认定张三为无民事行为能力人。合同纠纷争讼程序和非讼程序，这两个程序能不能同时进行？不能。谁是前提？非讼是前提。因为如果张三被认定为无民事行为能力人，是会影响合同效力的，所以诉讼中止。

例4：张三与李四的借贷纠纷，张三说李四借了他2万元，案件审理过程中，李四因盗窃罪被刑事追诉，民事案件要不要诉讼中止？不用，两个案件之间没有关联，不是互为前提的关系。

例5：甲县法院受理居住在乙县的成某诉居住在甲县的罗某借款纠纷案，诉讼过程中，成某出差归途所乘航班失踪，经全力寻找仍无成某生存的任何信息，主管方宣布机上乘客不可能生还，成某妻子遂向乙县法院申请宣告成某死亡。甲县法院应当裁定中止诉讼。

例6：甲起诉其子乙请求给付赡养费。开庭审理前，法院依法对甲、乙进行了传唤，但开庭时乙未到庭，也未向法院说明理由。法院决定延期审理，传唤第二次，如果乙再不出庭，法院拘传。（09年·卷三·85题）

例7：甲、乙人身损害赔偿一案，甲在前往法院的路上，胃病发作住院治疗。法院决定延期审理。（09年·卷三·85题）

例8：甲诉乙离婚案件，在案件审理中甲死亡。法院裁定按甲撤诉处理是错误的，应裁定诉讼终结。（09年·卷三·85题）

例9：原告在诉讼中因车祸成为植物人，在原告法定代理人没有确定的期间，法院裁定中止诉讼。（09年·卷三·85题）

例10：张某向安某借钱，安某不放心，赵某提供连带保证。后张某没还钱，安某于是向公安举报张某诈骗，后来又起诉了保证人赵某，法院审查后发现，张某因集资诈骗罪被公安机关拘留，法院裁定诉讼中止，等刑事案件审完。（2020年仿真题）

2.延期审理与诉讼中止的比较：

（1）适用的文书不同：延期审理用决定；诉讼中止用裁定。

（2）适用范围：延期审理只能适用于开庭审理阶段；诉讼中止发生在整个审判程序中，从诉讼开始到判决作出。

（3）适用效果：延期审理只是开庭日期推迟，有关诉讼活动还在进行；诉讼中止后，诉讼程序中途搁置，法院与当事人的诉讼活动都应当停止进行。

（4）恢复审理：延期审理的法定情形来自诉讼之中，因此一般法院直接确定恢复审理的日期，诉讼程序确定重新开始。诉讼中止的法定情形来自诉讼之外，何时能恢复诉讼，法院难以确定，诉讼程序也许会恢复，也许会终结，具有不确定性。

（三）诉讼终结

诉讼终结是在诉讼进行过程中，因发生某种法定的特殊原因，使诉讼程序无法继续进行或者继续进行已无必要时，由人民法院裁定终结诉讼程序的法律制度。

1.诉讼终结的情形：

（1）原告死亡，没有继承人，或者继承人放弃诉讼权利的。

（2）被告死亡，没有遗产，也没有应当承担义务的人的。

（3）离婚案件一方当事人死亡的。无论在一审还是二审中死亡，均诉讼终结。

（4）追索赡养费、扶养费、抚养费以及解除收养关系案件的一方当事人死亡的。

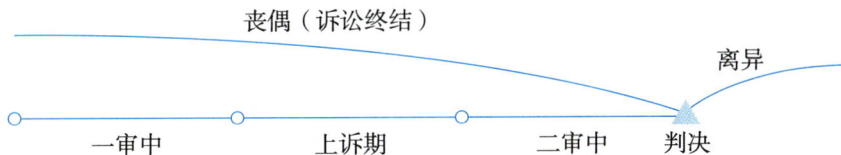

例1：对张男诉刘女离婚案（两人无子女，刘父已去世），因刘女为无行为能力人，法院准许其母李某以法定代理人身份代其诉讼。2017年7月3日，法院判决二人离婚，并对双方共有财产进行了分割。该判决同日送达双方当事人，李某对解除其女儿与张男的婚姻关系无异议，但对共有财产分割有意见，拟提起上诉。2017年7月10日，刘女身亡。在此情况下，本案将产生如下法律后果：本案裁定诉讼终结；一审判决未生效，二人的共有财产应依法分割，张男与李某对刘女的遗产均有继承权。（17年·卷三·81题）

例2：甲、乙为夫妻，育有一女丙。甲向法院起诉要求与乙离婚，一审法院判决准予离婚，乙不服提起上诉。在二审中，乙因病去世。法院应当裁定终结诉讼。（06年·卷三·38题）

2.诉讼终结的法律后果。

（1）诉讼终结后，当事人不得以同一事实和理由，就同一诉讼标的再行起诉，法院也不得再行受理此案。

（2）诉讼终结并没有解决当事人之间的实体权益问题，因此人民法院是以裁定的方式终结诉讼的，而不是判决。对诉讼终结的裁定一经作出即发生法律效力，当事人不能上诉，也不能申请复议。诉讼终结的裁定既可以是书面的，也可以是口头的。

【注意】①发生延期审理情形时，诉讼程序确定会重新启动；发生诉讼终结情形时，诉讼程序确定会结束；发生诉讼中止情形时，程序的发展具有不确定性，也许会重新开始，也许会终结。②延期审理用决定，诉讼中止和诉讼终结用裁定。对此三种裁判文书，都不可以上诉或复议。

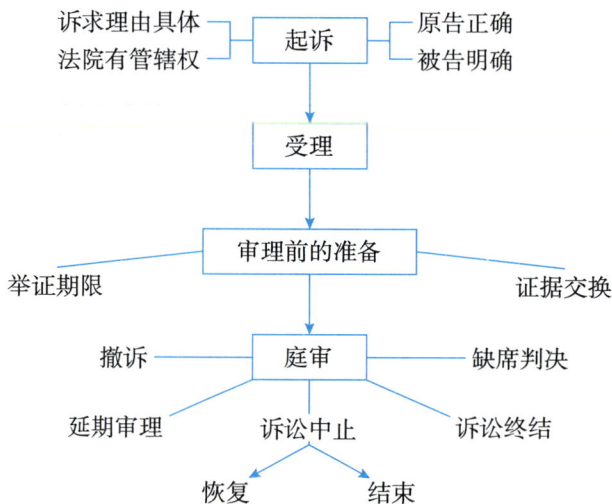

四、民事裁判

（一）民事判决

1.对判决的救济。

一审上诉的判决：按二审程序处理。

一审不上诉的判决和二审判决：按审判监督程序处理。

2.判决书的补正。

判决书中的文字误写、误算、诉讼费用漏写和其他笔误的，用裁定书补正，而不能上诉或申请再审。

例：某法院对甲乙之间的租赁合同纠纷案件作出了判决，当事人在上诉期内均未上诉。后该法院发现判决书将支付房租数额10000元误写成了1000元。法院作出补正错误

的裁定书并送达双方当事人。（05年·卷三·35题）

（二）民事裁定

1.民事裁定的适用范围。

（1）不予受理；（2）管辖权异议；（3）驳回起诉；（4）财产保全和先予执行；（5）准许或者不准许撤诉；（6）中止或者终结诉讼；（7）补正判决书中的笔误；（8）中止或者终结执行；（9）撤销或者不予执行仲裁裁决；（10）不予执行公证机关赋予强制执行效力的债权文书；（11）裁定再审或裁定驳回再审申请；（12）裁定驳回对执行管辖权的异议；（13）裁定驳回对违法执行行为的异议；（14）其他需要裁定解决的事项。

2.对裁定的救济：

（1）可以上诉的裁定：不予受理、驳回起诉、管辖权异议、驳回破产申请。

（2）可以申请再审的裁定：不予受理、驳回起诉。

（3）可以申请复议的裁定：①向作出裁定的法院申请复议：财产保全裁定、先予执行裁定；②向上一级法院申请复议：执行管辖权异议的裁定、执行行为异议的裁定。

（三）民事决定

1.民事决定的适用范围。

（1）处理有关回避和妨害民事诉讼行为的强制措施方面的问题。

（2）处理法院内部工作关系方面的问题。例如，延期审理、审判组织的决定、诉讼费用的缓减免、人民法院对已经生效的裁判认为应当再审等，对此类决定不可申请复议。

2.对决定的救济。

（1）重要的决定可以复议：回避决定，向作出决定的法院申请复议；罚款和拘留的决定，向上一级法院申请复议。

（2）绝大多数决定作出即生效，无救济方式。

判断：

1.判决解决民事实体问题，而裁定主要处理案件的程序问题，少数涉及实体问题。（√）（14年·卷三·82题）

2.判决都必须以书面形式作出，某些裁定可以口头方式作出。（√）（14年·卷三·82题）

3.一审判决都允许上诉，一审裁定有的允许上诉，有的不能上诉。（×）（14年·卷三·82题）

分析：最高人民法院的判决、小额诉讼程序的判决、特别程序、公示催告程序的判决作为一审判决，是不能上诉的，说"一审判决都允许上诉"错误。不予受理、驳回起诉、管辖权异议的裁定可以上诉，其他的裁定不能上诉。

4.财产案件的生效判决都有执行力，大多数裁定都没有执行力。（×）（14年·卷三·82题）

五、公益诉讼

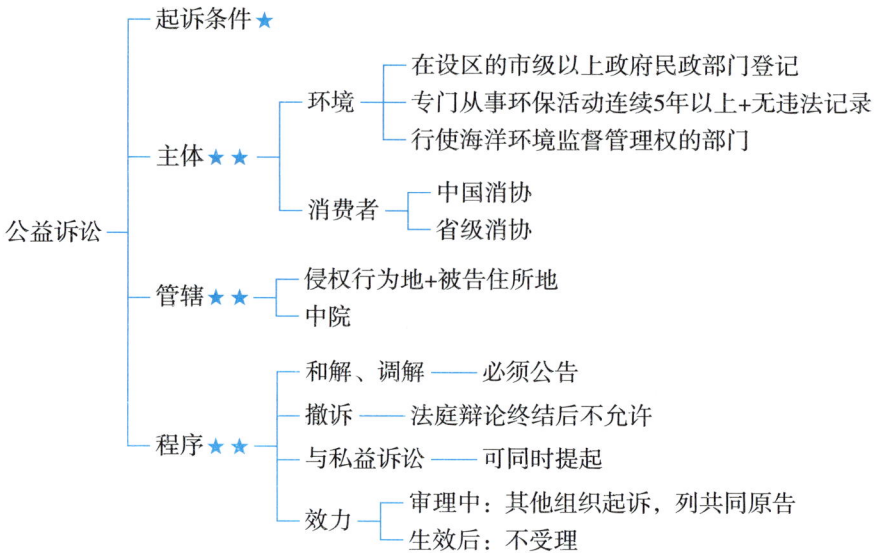

（一）起诉条件

1.有明确的被告；

2.有具体的诉讼请求；

3.有社会公共利益受到损害的初步证据；

4.属于人民法院受理民事诉讼的范围和受诉人民法院管辖。

（二）管辖

1.由侵权行为地或者被告住所地中级人民法院管辖。

2.因污染海洋环境提起的公益诉讼，由污染发生地、损害结果地或者采取预防污染措施地海事法院管辖。

3.对同一侵权行为分别向两个以上人民法院提起公益诉讼的，由最先立案的人民法院管辖，必要时由它们的共同上级人民法院指定管辖。

（三）和解与调解

1.可以和解，人民法院可以调解。法院应当将和解或者调解协议进行公告。公告期间不得少于30日。

2.公告期满后，人民法院经审查，和解或者调解协议不违反社会公共利益的，应当出具调解书；和解或者调解协议违反社会公共利益的，不予出具调解书，继续对案件进行审理并依法作出裁判。

（四）撤诉限制：原告在法庭辩论终结后申请撤诉的，人民法院不予准许

（五）与私益诉讼的关系：法院受理公益诉讼案件，不影响同一侵权行为的受害人根据《民事诉讼法》的规定提起诉讼

（六）效力

1.受理公益诉讼案件后，依法可以提起诉讼的其他机关和有关组织，可以在开庭前向人民法院申请参加诉讼。人民法院准许参加诉讼的，列为共同原告。

2.裁判发生法律效力后，其他依法具有原告资格的机关和有关组织就同一侵权行为另行提起公益诉讼的，人民法院裁定不予受理，但法律、司法解释另有规定的除外。

例：四川的某企业排污导致水污染，水顺流而下流经贵州和云南。按照法律规定，四川、贵州和云南的环保组织都可以提起公益诉讼，都是适合的原告。现在，四川的环保组织先起诉，法院受理了案件之后，贵州和云南的环保组织在开庭前向四川的法院申请参加诉讼，可不可以？可以，多个原告力量更强大，法院可以将其列为共同诉讼的原告。这个时候它们是必要共同诉讼的原告，还是普通共同诉讼的原告？公共利益是不可分割的，只能起诉一次、审理一次、判决一次，因此它们是必要共同诉讼的原告。

四川的环保组织起诉该企业环境污染，案件已经审完了，该企业须赔10亿元。此时，贵州和云南的环保组织发现，除了水污染，该企业还造成了土壤污染，还应对土壤污染要求该企业赔偿损失20亿元，这个时候环保组织可不可以另行起诉？可以，因为水污染和土壤污染不是一个损害，是两个损害。

（七）环境民事公益诉讼

1.管辖。

第一审环境民事公益诉讼案件由污染环境、破坏生态行为发生地、损害结果地或者被告住所地的中级以上人民法院管辖。

中级人民法院认为确有必要的，可以在报请高级人民法院批准后，裁定将本院管辖的第一审环境民事公益诉讼案件交由基层人民法院审理。

2.当事人追加。

有权提起诉讼的其他机关和社会组织在公告之日起30日内申请参加诉讼，经审查符合法定条件的，人民法院应当将其列为共同原告；逾期申请的，不予准许。

公民、法人和其他组织以人身、财产受到损害为由申请参加诉讼的，告知其另行起诉。

3.被告不得反诉。

4.撤诉：负有环境保护监督管理职责的部门依法履行监管职责而使原告诉讼请求全部实现，原告申请撤诉的，人民法院应予准许。

【注意】一般情况下，达成和解或调解后，当事人可以申请撤回起诉或制作调解书；但在环境民事公益诉讼案件中，达成和解或调解后，只能制作调解书，不能撤回起诉。

例1：大洲公司超标排污导致河流污染，公益环保组织甲向A市中级法院提起公益诉讼，请求判令大洲公司停止侵害并赔偿损失。法院受理后，在公告期间，公益环保组织乙也向A市中级法院提起公益诉讼，请求判令大洲公司停止侵害、赔偿损失和赔礼道歉。公益案件审理终结后，渔民梁某以大洲公司排放的污水污染了其承包的鱼塘为由提起诉讼，请求判令赔偿其损失。

（1）对乙组织的起诉，法院应允许其参加诉讼，与甲组织列为共同原告。（17年·卷三·98题）

（2）公益环保组织因与大洲公司在诉讼中达成和解协议申请撤诉，法院应将双方的和解协议内容予以公告，不准许公益环保组织的撤诉申请，应依职权根据和解协议内容

制作调解书。（17年·卷三·98题）

（3）对梁某的起诉，法院应予受理，其诉讼请求不受公益诉讼影响。

例2：某品牌手机生产商在手机出厂前预装众多程序，大幅侵占标明内存，某省消费者保护协会以侵害消费者知情权为由提起公益诉讼，法院受理了该案。本案应当由侵权行为地或者被告住所地中级法院管辖（15年·卷三·35题）

（八）消费者公益诉讼

1.反诉：被告不得反诉。

2.公益诉讼提起后，因同一行为提起的私益诉讼可以诉讼中止。

3.举证责任：公益诉讼认定的事实，私益诉讼中双方均无需举证证明，但有异议并有相反证据足以推翻的除外。

公益诉讼认定的不法行为，私益诉讼中原告可以主张适用，被告有反证推翻的除外；被告主张对其有利的认定，法院不予支持。

例：消费者协会起诉A公司，称A公司的手机有设计缺陷，导致使用的时候会发生爆炸。法院在公益诉讼案件审理过程中认定这款手机确实有设计缺陷，同时还认定如果消费者不当使用，也可能会导致手机爆炸。公益诉讼案件审完后，消费者甲提起私益诉讼，甲称其用A公司的手机时，手机发生爆炸导致了人身损害，要求A公司赔偿。公益诉讼中所作的对消费者有利的事实认定是A公司的手机有设计缺陷。那么，针对设计缺陷这个问题，消费者甲在私益诉讼中可不可以免证？可以，消费者甲不需要提供证据证明，但对方可以用反证推翻。经营者主张，消费者不当使用手机也会导致爆炸，这也是公益诉讼中认定的事实，且是对消费者不利的事实认定。那这个时候经营者直接主张适用，法院会支持吗？不支持，得继续举证证明。

六、第三人撤销之诉

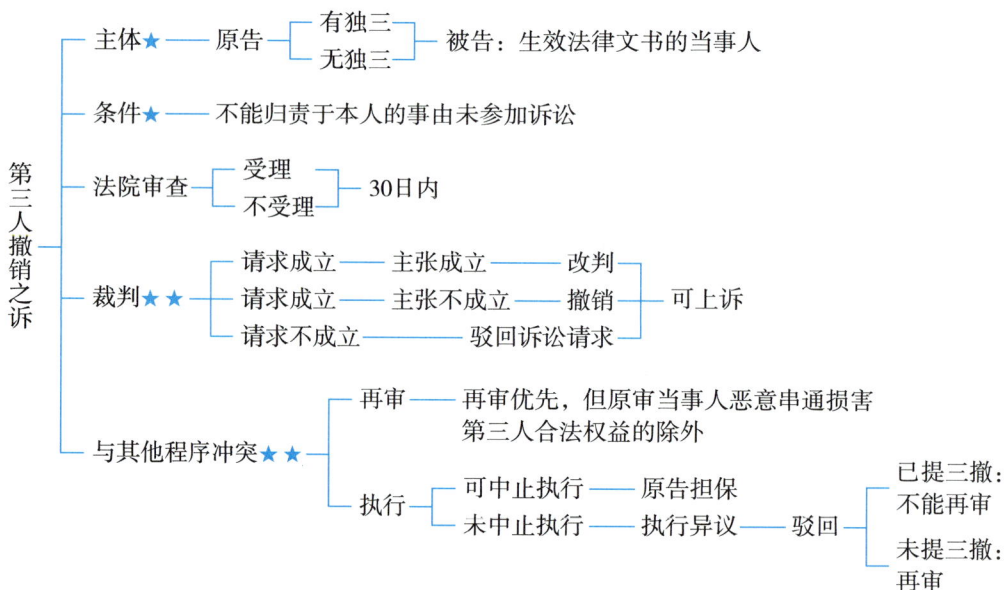

　　第三人因不能归责于本人的事由未参加诉讼，发现已经发生法律效力的判决、裁定、调解书全部或者部分内容错误并损害其民事权益，自知道或者应当知道其民事权益受到损害之日起6个月内，向作出生效判决、裁定、调解书的人民法院提出的诉讼。

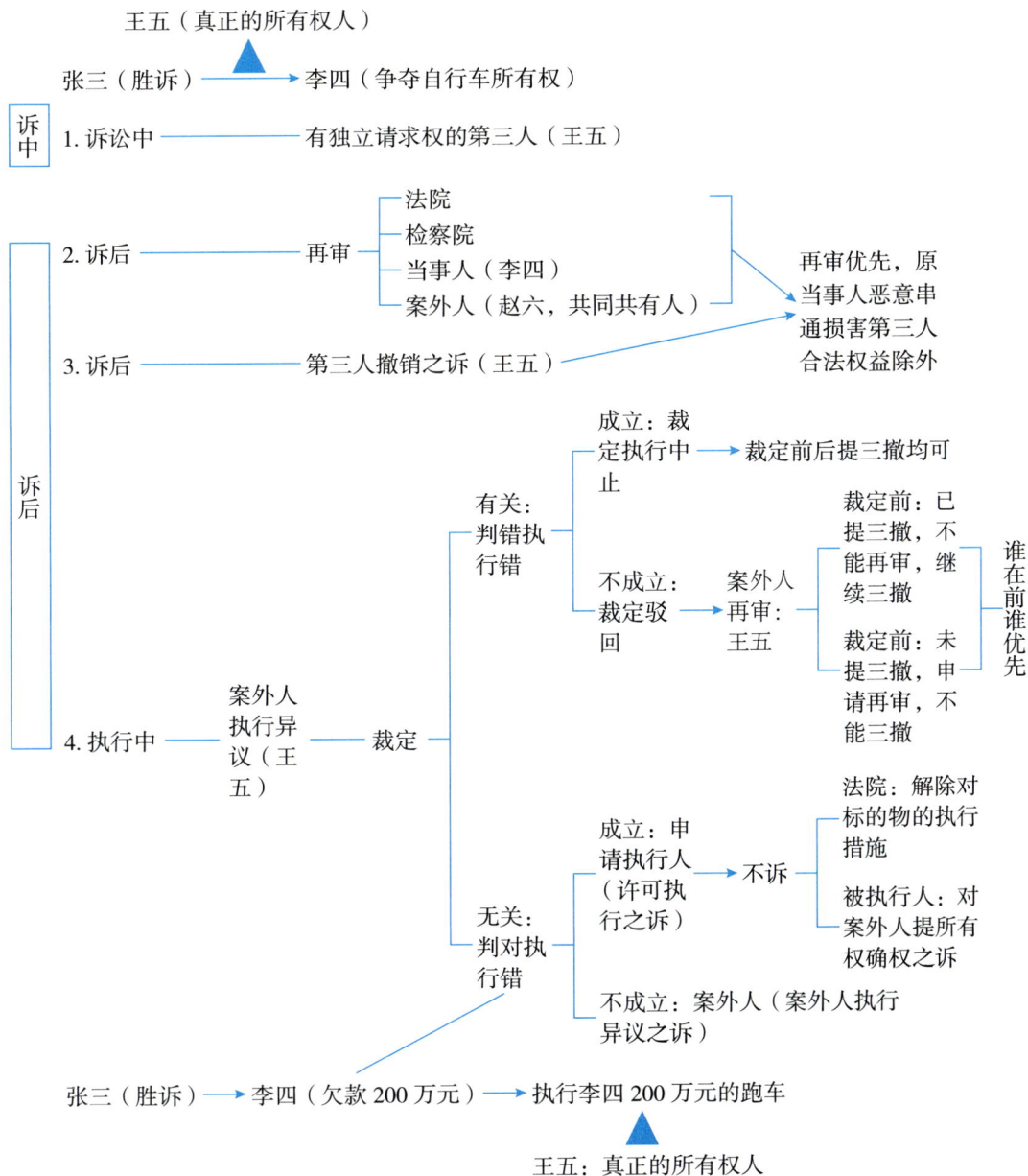

王五（真正的所有权人）

张三（胜诉）━━━▶李四（争夺自行车所有权）

诉中
1. 诉讼中 ———— 有独立请求权的第三人（王五）

诉后
2. 诉后 —— 再审 ┬ 法院
　　　　　　　　├ 检察院
　　　　　　　　├ 当事人（李四）
　　　　　　　　└ 案外人（赵六，共同共有人）

3. 诉后 —— 第三人撤销之诉（王五）

再审优先，原当事人恶意申通损害第三人合法权益除外

4. 执行中 —— 案外人执行异议（王五）—— 裁定

有关：判错执行错
- 成立：裁定执行中止 ━▶ 裁定前后提三撤均可
- 不成立：裁定驳回 ━▶ 案外人再审：王五
  - 裁定前：已提三撤，不能再审，继续三撤
  - 裁定前：未提三撤，申请再审，不能三撤
  谁在前谁优先

无关：判对执行错
- 成立：申请执行人（许可执行之诉）━▶ 不诉
  - 法院：解除对标的物的执行措施
  - 被执行人：对案外人提所有权确权之诉
- 不成立：案外人（案外人执行异议之诉）

张三（胜诉）━━▶李四（欠款200万元）━━▶执行李四200万元的跑车

王五：真正的所有权人

| 小结 | 第三人的四条救济途径 | 1. 在本诉进行中，以有独立请求权的第三人身份参加本诉；
2. 任何主体启动再审；
3. 提第三人撤销之诉；
4. 在执行程序中：以案外人身份对执行标的提异议，法院作裁定，对裁定不服，以案外人身份申请再审。 |

续　表

小结	再审和三撤的关系	二选一	1.未进入执行：再审优先，原审当事人恶意串通损害第三人合法权益的除外。
	再审和三撤的关系	二选一	2.进入执行，和案外人执行异议中的案外人申请再审竞合：谁在前，谁优先（以案外人执行异议的裁定为标准）。
	案外人执行异议（对执行标的）	法院作裁定	对裁定不服，执行标的与生效法律文书有关：再审。 异议成立：执行中止。 异议不成立：案外人申请再审。
			对裁定不服，执行标的与生效法律文书无关：执行异议之诉。 异议成立：申请执行人提执行异议之诉。 异议不成立：案外人提执行异议之诉。
	三撤和执行程序的关系	执行停下来等三撤	第三人提三撤+提供担保。
			第三人提三撤+提出异议。
	案外人申请再审	必要共同诉讼人	直接提。
		非必要共同诉讼人	有前置程序：案外人执行异议—裁定—（有关）案外人申请再审。

　　例1： 杨之元开设古玩店，因收购藏品等所需巨额周转资金，即以号称"镇店之宝"的一块雕有观音图像的翡翠（下称翡翠观音）作为抵押物，向胜洋小额贷款公司（简称胜洋公司）贷款200万元，但翡翠观音仍然置于杨之元店里。后古玩店经营不佳，进入亏损状态，无力如期偿还贷款。胜洋公司遂向法院起诉杨之元。

　　法院经过审理，确认抵押贷款合同有效，杨之元确实无力还贷，遂判决翡翠观音归胜洋公司所有，以抵偿200万元贷款及利息。判决生效后，杨之元未在期限内履行该判决。胜洋公司遂向法院申请强制执行。

　　在执行过程中，案外人商玉良向法院提出执行异议，声称该翡翠观音属于自己，杨之元无权抵押。并称：当初杨之元开设古玩店，需要有"镇店之宝"装点门面，经杨之元再三请求，商玉良才将自己的翡翠观音借其使用半年（杨之元为此还支付了6万元的借用费），并约定杨之元不得处分该翡翠观音，如造成损失，商玉良有权索赔。

　　法院经审查，认为商玉良提出的执行异议所提出的事实没有充分的证据，遂裁定驳回商玉良的异议。（15年·卷四·四题）

　　1.执行异议被裁定驳回后，商玉良是否可以提出执行异议之诉？为什么？

　　2.如商玉良认为作为法院执行根据的判决有错，可以采取哪两种途径保护自己的合法权益？

　　3.与第2问"两种途径"相关的两种民事诉讼制度（或程序）在适用程序上有何特点？

　　4.商玉良可否同时采用上述两种制度（或程序）维护自己的权益？为什么？

　　分析：1.商玉良不可以提出执行异议之诉。因为，商玉良主张被抵押的翡翠观音属自己所有，即法院将翡翠观音用以抵偿杨之元的债务的判决是错误的，该执行异议与原判决有关，不能提起执行异议之诉。

2.商玉良可以根据《民事诉讼法》的规定，提起第三人撤销之诉；或以案外人身份申请再审。

3.（1）第三人撤销之诉在适用上的特点：

①诉讼主体：有权提起第三人撤销之诉的须是当事人以外的第三人，该第三人应当具备诉的利益，即其民事权益受到了原案判决书的损害。商玉良是原告，杨之元和胜洋公司是被告。

②诉讼客体：损害了第三人民事权益的发生法律效力的判决书。

③提起诉讼的期限、条件与受理法院：期限是自知道或应当知道其民事权益受到损害之日起6个月内。条件为：因不能归责于本人的事由未参加诉讼；发生法律效力的判决的全部或者部分内容错误；判决书内容错误，损害其民事权益。受诉法院为作出生效判决的人民法院。

（2）案外人申请再审程序的特点：

①适用一审程序进行再审的，得追加案外人为当事人；适用二审程序进行再审的，可以进行调解，调解不成的，应撤销原判决，发回重审，并在重审中追加案外人为当事人。

②其他程序内容与通常的再审程序基本相同。

4.商玉良不可以同时适用上述两种制度（或程序）。

根据《民诉解释》第303条的规定，第三人提起撤销之诉后，未中止生效判决、裁定、调解书执行的，执行法院对第三人依照《民事诉讼法》的规定提出的执行异议，应予审查。第三人不服驳回执行异议裁定，申请对原判决、裁定、调解书再审的，人民法院不予受理。案外人对人民法院驳回其执行异议裁定不服，认为原判决、裁定、调解书内容错误损害其合法权益的，应当根据《民事诉讼法》的规定申请再审，提起第三人撤销之诉的，人民法院不予受理。

例2：汤某设宴为母祝寿，向成某借了一尊清代玉瓶装饰房间。毛某来祝寿时，看上了玉瓶，提出购买。汤某以30万元将玉瓶卖给了毛某，并要其先付钱，寿典后15日内交付玉瓶。毛某依约履行，汤某以种种理由拒绝交付。毛某诉至甲县法院，要求汤某交付玉瓶，得到判决支持。汤某未上诉，判决生效。在该判决执行时，成某知晓了上述情况。对此，成某依法可采取下列救济措施：①以案外人身份向甲县法院申请再审（但不能以案外人身份直接申请再审，必须先以案外人身份对执行标的提异议，法院作出裁定，对裁定不服，才能以案外人身份申请再审）；②向甲县法院提出执行异议；③向甲县法院提出第三人撤销之诉；④向甲县法院申诉，要求甲县法院依职权对案件启动再审。（17年·卷三·77题）

（一）因不能归责于本人的事由未参加诉讼

这是指没有被列为生效判决、裁定、调解书当事人，且无过错或者无明显过错的情形。包括：

1.不知道诉讼而未参加的；

2.申请参加未获准许的；

3.知道诉讼，但因客观原因无法参加的；

4.因其他不能归责于本人的事由未参加诉讼的。

（二）法院审查期间：30日内立案或裁定不予受理

（三）审判组织形式：合议庭

（四）不予受理的案件范围

1.适用特别程序、督促程序、公示催告程序、破产程序等非讼程序处理的案件；

2.婚姻无效、撤销或者解除婚姻关系等判决、裁定、调解书中涉及身份关系的内容；

3.《民事诉讼法》规定的未参加登记的权利人对代表人诉讼案件的生效裁判；

4.《民事诉讼法》规定的损害社会公共利益行为的受害人对公益诉讼案件的生效裁判。

（五）当事人

1.原告：第三人。

2.被告：生效判决、裁定、调解书的当事人。

3.第三人：生效判决、裁定、调解书中没有承担责任的无独立请求权的第三人，可以列为第三人。

（六）法院裁判及效力

1.法院裁判：

（1）请求成立且确认其民事权利的主张全部或部分成立的，改变原判决、裁定、调解书内容的错误部分。

（2）请求成立，但确认其全部或部分民事权利的主张不成立，或者未提出确认其民事权利请求的，撤销原判决、裁定、调解书内容的错误部分。

（3）请求不成立的，驳回诉讼请求。

例：甲起诉乙，请求判决合同无效，一审判决支持甲的请求。丙提出第三人撤销之诉，法院在审理中发现原生效裁判中甲主张合同无效的证据是伪造的，但是丙不能证明合同无效影响自己的利益，法院应"裁定驳回起诉"。

2.裁判效力：

当事人可以上诉：当事人对第三人撤销之诉的裁判不服的，可以上诉。

（七）与其他程序的关系

1.与再审程序。

（1）再审优先，第三人撤销之诉并入再审：第三人撤销之诉案件审理期间，人民法院对生效判决、裁定、调解书裁定再审的，受理第三人撤销之诉的人民法院应当裁定将第三人的诉讼请求并入再审程序。

并入再审后的处理方式：

①按照第一审程序审理的，人民法院应当对第三人的诉讼请求一并审理，所作的判决可以上诉；

②按照第二审程序审理的，人民法院可以调解，调解达不成协议的，应当裁定撤销原判决、裁定、调解书，发回一审法院重审，重审时应当列明第三人。

（2）第三人撤销之诉优先，中止再审：第三人撤销之诉案件审理期间，人民法院对生效判决、裁定、调解书裁定再审，但有证据证明原审当事人之间恶意串通损害第三人合法权益的，人民法院应当先行审理第三人撤销之诉案件，裁定中止再审诉讼。

例： 丙公司因法院对甲公司诉乙公司工程施工合同案的一审判决（未提起上诉）损害其合法权益，向A市B县法院提起撤销诉讼。案件审理中，检察院提起抗诉，A市中级法院对该案进行再审，B县法院裁定将撤销诉讼并入再审程序。关于中级法院对丙公司提出的撤销诉讼请求，根据自愿原则进行调解，调解不成的，裁定撤销原判发回重审。本案中，第三人撤销之诉和检察院抗诉引起的再审竞合，法院应当先行审理再审，将第三人的诉讼请求并入再审。该案生效法律文书是基层人民法院，检察院提起抗诉，A市中级法院对该案进行再审，构成提审，适用二审程序审理。按照二审程序审理的，法院对第三人的诉讼请求，法院应该先行调解，调解不成的，发回一审法院重审。（17年·卷三·38题）

2.与执行程序。

（1）可中止原裁判执行：受理第三人撤销之诉案件后，原告提供相应担保，请求中止执行的，人民法院可以准许。

（2）未中止生效判决、裁定、调解书执行的：第三人不服驳回执行异议裁定，则已提起第三人撤销之诉的，不得申请再审；未提起第三人撤销之诉的，可以申请再审。即：

①第三人提起撤销之诉后，未中止生效判决、裁定、调解书执行的，执行法院对第三人提出的执行异议，应予审查。第三人不服驳回执行异议裁定，申请对原判决、裁定、调解书再审的，人民法院不予受理。

②案外人对人民法院驳回其执行异议裁定不服，认为原判决、裁定、调解书内容错误损害其合法权益的，应当根据《民事诉讼法》的规定申请再审，提起第三人撤销之诉的，人民法院不予受理。

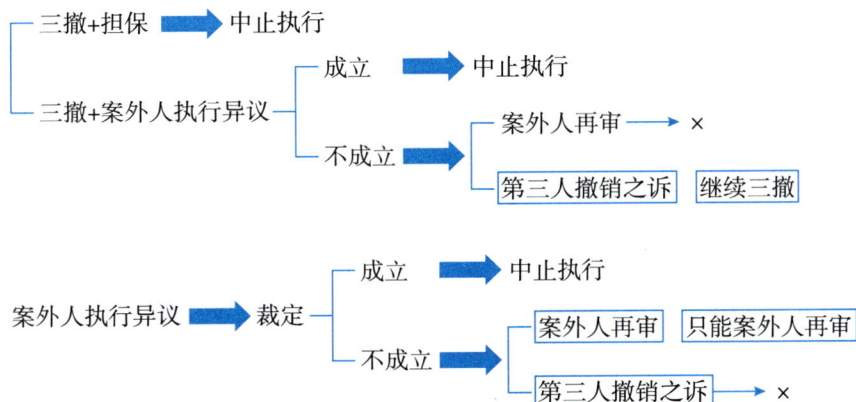

（八）债权人的第三人撤销之诉
1.该债权人的债权是优先保护的债权（优先受偿权）。
2.债权人不能行使撤销权。
3.生效法律文书是虚假诉讼。

【总结】

因不能归责于本人的事由未参加诉讼	（1）不知道诉讼而未参加的； （2）申请参加未获准许的； （3）知道诉讼，但因客观原因无法参加的； （4）因其他不能归责本人的事由未参加诉讼的。	
审查期间	30日内立案或裁定不予受理。	
审判组织形式	合议庭。	
不予受理的案件范围	（1）适用特别程序、督促程序、公示催告程序、破产程序等非讼程序处理的案件； （2）婚姻无效、撤销或者解除婚姻关系等判决、裁定、调解书中涉及身份关系的内容； （3）《民事诉讼法》规定的未参加登记的权利人对代表人诉讼案件的生效裁判； （4）《民事诉讼法》规定的损害社会公共利益行为的受害人对公益诉讼案件的生效裁判。	
当事人	（1）原告：第三人。 （2）被告：生效判决、裁定、调解书的当事人。 （3）第三人：生效判决、裁定、调解书中没有承担责任的无独立请求权的第三人，可以列为第三人。	
法院裁判	（1）请求成立且确认其民事权利的主张全部或部分成立的，改变原判决、裁定、调解书内容的错误部分； （2）请求成立，但确认其全部或部分民事权利的主张不成立，或者未提出确认其民事权利请求的，撤销原判决、裁定、调解书内容的错误部分； （3）请求不成立的，驳回诉讼请求。	
	裁判效力：当事人对第三人撤销之诉的裁判不服的，可以上诉。	
与再审程序的关系	再审优先，原审当事人恶意串通损害第三人合法权益的除外。	
	再审优先，第三人撤销之诉并入再审	第三人撤销之诉案件审理期间，人民法院对生效判决、裁定、调解书裁定再审的，受理第三人撤销之诉的人民法院应当裁定将第三人的诉讼请求并入再审程序。 并入再审后的处理方式： ①按照第一审程序审理的，人民法院应当对第三人的诉讼请求一并审理，所作的判决可以上诉； ②按照第二审程序审理的，人民法院可以调解，调解达不成协议的，应当裁定撤销原判决、裁定、调解书，发回一审法院重审，重审时应当列明第三人。
	第三人撤销之诉优先，中止再审	第三人撤销之诉案件审理期间，人民法院对生效判决、裁定、调解书裁定再审，但有证据证明原审当事人之间恶意串通损害第三人合法权益的，人民法院应当先行审理第三人撤销之诉案件，裁定中止再审诉讼。

续 表

与执行程序的关系	可中止原裁判执行：受理第三人撤销之诉案件后，原告提供相应担保，请求中止执行的，人民法院可以准许。	
与执行程序的关系	未中止生效判决、裁定、调解书执行的：第三人不服驳回执行异议裁定，则已提起第三人撤销之诉的，不得申请再审；未提起第三人撤销之诉的，可以申请再审。即：谁在前，谁优先。	①第三人提起撤销之诉后，未中止生效判决、裁定、调解书执行的，执行法院对第三人提出的执行异议，应予审查。第三人不服驳回执行异议裁定，申请对原判决、裁定、调解书再审的，人民法院不予受理。 ②案外人对人民法院驳回其执行异议裁定不服，认为原判决、裁定、调解书内容错误损害其合法权益的，应当根据《民事诉讼法》的规定申请再审，提起第三人撤销之诉的，人民法院不予受理。

七、执行异议之诉

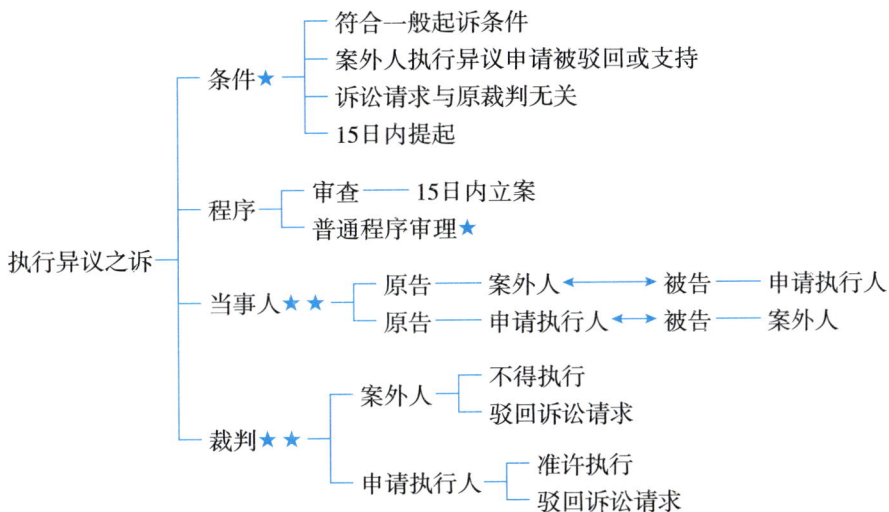

```
                    ┌ 符合一般起诉条件
              条件★ ┤ 案外人执行异议申请被驳回或支持
                    │ 诉讼请求与原裁判无关
                    └ 15日内提起

              程序 ┬ 审查 ── 15日内立案
                   └ 普通程序审理★

执行异议之诉 ┤
              当事人★★ ┬ 原告 ── 案外人 ←→ 被告 ── 申请执行人
                        └ 原告 ── 申请执行人 ←→ 被告 ── 案外人

                    ┌ 案外人 ┬ 不得执行
              裁判★★┤        └ 驳回诉讼请求
                    └ 申请执行人 ┬ 准许执行
                                 └ 驳回诉讼请求
```

（一）提起条件

1.符合一般的起诉条件；

2.案外人的执行异议申请已经被人民法院裁定驳回（案外人提起执行异议之诉的条件）；或依案外人执行异议申请，人民法院裁定中止执行（申请执行人提起执行异议之诉的条件）；

3.有明确的排除对执行标的执行的诉讼请求，且诉讼请求与原判决、裁定无关；

4.自执行异议裁定送达之日起15日内提起。

（二）程序

1.法院应当在收到起诉状之日起15日内决定是否立案。

2.适用普通程序。

（三）当事人

1.被执行人反对：原告：案外人 ──→ 被告：申请执行人+被执行人

或： ──→ 原告：申请执行人 ──→ 被告：案外人+被执行人

2.被执行人不反对：原告：案外人 ──→ 被告：申请执行人

第三人：被执行人

或 原告：申请执行人 ──→ 被告：案外人

第三人：被执行人

（四）法院的裁判

1.案外人提起的执行异议之诉。

（1）案外人就执行标的享有足以排除强制执行的民事权益的，判决不得执行该执行标的；

（2）案外人就执行标的不享有足以排除强制执行的民事权益的，判决驳回诉讼请求；

（3）案外人同时提出确认其权利的诉讼请求的，人民法院可以在判决中一并作出裁判；

【注意】案外人执行异议之诉审理期间，人民法院不得对执行标的进行处分。申请执行人请求人民法院继续执行并提供相应担保的，人民法院可以准许。

2.申请执行人提起的执行异议之诉。

（1）案外人就执行标的不享有足以排除强制执行的民事权益的，判决准许执行该执行标的；

（2）案外人就执行标的享有足以排除强制执行的民事权益的，判决驳回诉讼请求。

【注意】人民法院对执行标的裁定中止执行后，申请执行人在法律规定的期间内未提起执行异议之诉的，人民法院应当自起诉期限届满之日起7日内解除对该执行标的采取的执行措施。

例：张山承租林海的商铺经营饭店，因拖欠房租被诉至饭店所在地甲法院，法院判决张山偿付林海房租及利息，张山未履行判决。经律师调查发现，张山除所居住房屋以外，其名下另有一套房屋，林海遂向该房屋所在地乙法院申请执行。乙法院对该套房屋进行查封、拍卖。执行过程中，张山前妻宁虹向乙法院提出书面异议，称两人离婚后该房屋已由丙法院判决归其所有，目前尚未办理房屋变更登记手续。

1.对于宁虹的异议，乙法院应当自收到异议之日起15日内审查，若异议理由不成立，裁定驳回。此案中执行标的与原生效法律文书无关，因此案外人宁虹提出异议后法院应作出裁定，异议不成立，宁虹另诉林海；异议成立，林海另诉宁虹。（15年·卷三·98题）

2.如乙法院裁定支持宁虹的请求，林海不服提出执行异议之诉，有关当事人的诉讼地位是：林海是原告，宁虹是被告，张山视其态度而定。（15年·卷三·99题）

3.乙法院裁定支持宁虹的请求，林海提出执行异议之诉，如乙法院审理该案，应适用普通程序，宁虹应对自己享有涉案房屋所有权承担证明责任。（15年·卷三·100题）

执行依据		执行异议依据	能否排除执行
非金钱债权	确权裁判	无论确权还是给付	不排除执行
	给付裁判	确权裁判	排除执行
	给付裁判	给付裁判	法院自裁
金钱债权		物权请求权	排除执行
		债权请求权	不排除执行

小结： 确权裁判优先于给付裁判；物权请求权大于债权请求权；时间优先。

经典考题： 1.赵某将画卖钱某100万元，违约金约定为50万元，钱某转给赵某100万元之后，赵某得知钱某将画卖给了仇人孙某，遂拒绝，钱某起诉解除合同，法院予以支持，判决赵某退还100万元。在执行过程中，赵某退还100万元，钱某要求赵某赔偿违约金50万元，两人无法协商一致。下列选项中正确的是：（2020年仿真题，单选）①

A.法院应执行赵某100万元，违约金由钱某另诉

B.法院应终结执行程序，告知钱某另诉

C.法院应中止执行程序，告知钱某另诉

D.法院应执行赵某150万元

2.张某向安某借钱，安某不放心，赵某提供连带保证。后张某没还钱，安某于是向公安举报张某诈骗，后来起诉了保证人赵某，法院审查后发现，张某因集资诈骗罪被公安机关拘留，法院如何处理？（2020年仿真题，单选）②

---

① 【答案】B

【考点】重复起诉

【解题指引】"后诉与前诉的诉讼请求相同，或者后诉的诉讼请求实质上否定前诉裁判结果"这一判断标准是历年来考试的易错点，对其精准把握需要对诉的类型有扎实的知识基础。

【解析】《民诉解释》第247条第1款规定："当事人就已经提起诉讼的事项在诉讼过程中或者裁判生效后再次起诉，同时符合下列条件的，构成重复起诉：（一）后诉与前诉的当事人相同；（二）后诉与前诉的诉讼标的相同；（三）后诉与前诉的诉讼请求相同，或者后诉的诉讼请求实质上否定前诉裁判结果。"由此可知，钱某可以针对违约金事宜另行起诉赵某，并不属于重复起诉的范围，因为前诉和后诉的诉讼请求不同。另外，该法院已经作出了退还100万元的生效判决，执行过程中，钱某主张支付50万元违约金属于另一个诉讼请求，法院没有经过审理，也没有作出判决，因此法院不需要执行，只需执行生效的100万元即可，并且赵某已经退还100万元，执行完毕，法院应终结执行程序，告知违约金由钱某另行起诉。故B选项正确，ACD选项错误。综上所述，本题答案为B。

② 【答案】A

【考点】诉讼中止、当事人

【解题指引】诉讼中止是诉讼的暂停，诉讼终止是诉讼活动终结。

【解析】《民事诉讼法》规定："有下列情形之一的，中止诉讼：……（五）本案必须以另一案的审理结果为依据，而另一案尚未审结的。"本题中，张某与安某之间的借款合同是否有效需要以是否构成集资诈骗罪为依据，如果张某的行为构成犯罪，那么张某与安某之间签订的借款合同因违反法律的强制性规定而归属于无效，因此法院应当中止审理，故A选项正确，D选项错误。（转下页）

A.裁定中止诉讼，等刑事案件审完

B.追加张某为共同被告

C.应当追加赵某为第三人

D.驳回起诉，等刑事案件审完

3.甲起诉乙，请求判决甲乙之间的合同无效，一审判决支持甲的请求。丙提出第三人撤销之诉，法院审理中发现原生效裁判中甲主张合同无效的证据是伪造的，但是丙不能证明合同无效会影响自己的利益，法院应该采取的做法是：（2020年仿真题，多选）①

A.裁定驳回起诉

B.判决驳回诉讼请求

C.自行启动再审，裁定撤销原判，发回重审

D.自行启动再审，判决撤销原判，依法改判

（接上页）BC选项：《民诉解释》第66条规定，因保证合同纠纷提起的诉讼，债权人向保证人和被保证人一并主张权利的，人民法院应当将保证人和被保证人列为共同被告。保证合同约定为一般保证，债权人仅起诉保证人的，人民法院应当通知被保证人作为共同被告参加诉讼；债权人仅起诉被保证人的，可以只列被保证人为被告。由此可知，在一般保证中，不能只列保证人为被告，连带保证中是可以根据原告的起诉列明当事人的，也即在连带保证中，债权人可以只起诉保证人，故BC选项错误。

① 【答案】AD

【考点】第三人撤销之诉

【解题技巧】第三人撤销之诉的规定并不难记忆，难点在于判断案情中的第三人，如果第三人判断出错，解题方向也会出现偏差。

【解析】《民诉解释》第292条规定："第三人对已经发生法律效力的判决、裁定、调解书提起撤销之诉的，应当自知道或者应当知道其民事权益受到损害之日起六个月内，向作出生效判决、裁定、调解书的人民法院提出，并应当提供存在下列情形的证据材料：（一）因不能归责于本人的事由未参加诉讼；（二）发生法律效力的判决、裁定、调解书的全部或者部分内容错误；（三）发生法律效力的判决、裁定、调解书内容错误损害其民事权益。"由此可知，第三人提起撤销之诉，需要对自己权益受到损害的事实进行举证证明，如果无法证明，说明原告不符合起诉条件，法院应当裁定驳回起诉。（驳回起诉是人民法院立案后经审查查明原告的起诉不符合法律规定，法院依法驳回原告的起诉权利；而驳回诉讼请求是人民法院立案审理后，认定诉讼主体的诉讼请求或主张证据不足或者超过诉讼时效又无中止、中断、延长事由以及其他依法不予保护的诉讼请求或主张，判决予以驳回。）故A选择正确，B选项错误。CD选项：《民事诉讼法》规定，各级人民法院院长对本院已经发生法律效力的判决、裁定、调解书，发现确有错误，认为需要再审的，应当提交审判委员会讨论决定。《民诉解释》第407条规定，人民法院经再审审理认为，原判决、裁定认定事实清楚、适用法律正确的，应予维持；原判决、裁定认定事实、适用法律虽有瑕疵，但裁判结果正确的，应当在再审判决、裁定中纠正瑕疵后予以维持。原判决、裁定认定事实、适用法律错误，导致裁判结果错误的，应当依法改判、撤销或者变更。由此可知，本题中，法院发现原审的证据是伪造的，应当自行启动再审。原判决事实不清、证据不足的，应当撤销原判，依法作出判决。故C选项错误，D选项正确。综上所述，本题答案为AD。

专题九　简易程序

命题点拨

　　本专题考查分值不是很多，主要考查的知识点有：简易程序的适用范围、简易程序的特点、简易程序和普通程序的转化、裁判文书的制作、小额诉讼程序。尤其是对简易程序的特点和小额诉讼程序，应特别加以重视。

知识体系图

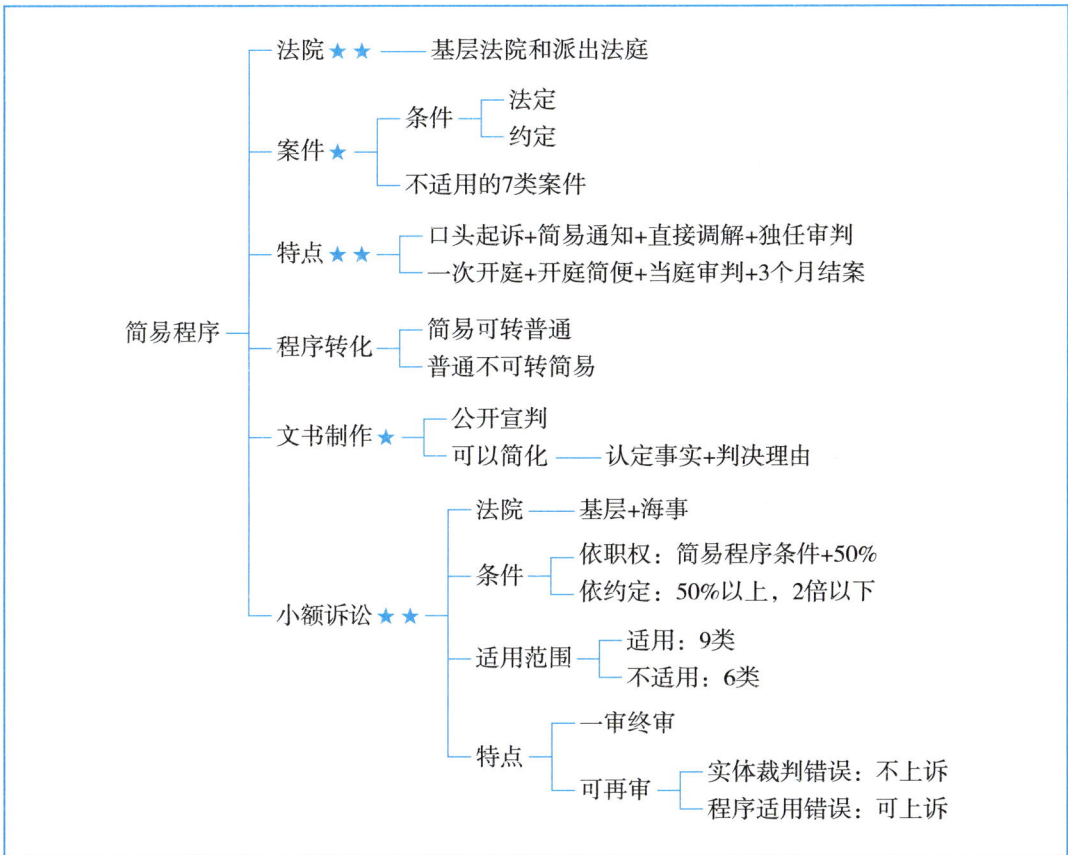

一、简易程序的适用范围

　　简易程序是相对于普通程序而言的，是基层人民法院和它的派出法庭审理事实清楚、权利义务关系明确、争议不大的简单的民事案件所适用的一种独立的第一审诉讼程序。

（一）适用简易程序的人民法院：基层人民法院及其派出法庭

派出法庭所作的判决的效力与人民法院是相同的。

（二）适用简易程序的审级：一审程序

（三）适用简易程序的案件

1.事实清楚、权利义务关系明确、争议不大的简单的民事案件。

（1）事实清楚，是指当事人双方对争议的事实陈述基本一致，并能提供可靠的证据，无须人民法院调查收集证据即可判明事实、分清是非。

（2）权利义务关系明确，是指谁是责任的承担者，谁是权利的享有者，关系明确。

（3）争议不大，是指当事人对案件的是非、责任以及诉讼标的争执无原则分歧。

2.当事人约定适用简易程序的。

当事人双方约定适用简易程序的，应当在开庭前提出。口头提出的，记入笔录，由双方当事人签名或者捺印确认。

【注意】当事人可以约定适用简易程序，但不能约定不适用简易程序，即不能约定适用普通程序，普通程序的适用只能由法院决定。

（四）不适用简易程序的案件

1.起诉时被告下落不明的；

2.发回重审的；

3.当事人一方人数众多的；

4.适用审判监督程序的；

5.涉及国家利益、社会公共利益的；

6.第三人起诉请求改变或者撤销生效判决、裁定、调解书的；

7.其他不宜适用简易程序的案件，如适用特别程序、督促程序、公示催告程序、企业法人破产还债程序的案件。

二、简易程序的特点

1.起诉方式简便：可以口头起诉，普通程序以书面为原则，以口头为例外。

2.受理方式简便：当事人双方同时到法院要求解决纠纷的，可以当即受理，当即审理，也可以另择日期审理。

3.传唤、送达方式简便：可以捎口信、电话、短信、传真、电子邮件等简便方式通知、传唤当事人、证人，送达裁判文书以外的诉讼文书；判决书、裁定书、调解书，送达人明确表示同意的，可以电子送达。

【注意】简易送达和电子送达的相同点：都需要确认收到；不能送达判决、裁定和调解书。

简易送达和电子送达的区别：电子送达需要受送达人同意才能采用，简易送达不需要；电子送达在任何程序中都可以适用，简易送达只在简易程序中适用。

4.审判组织简便：审判员一人独任审理。

5.审理程序简便：可以不必像普通程序那样严格按照程序进行法庭调查、辩论等。

6.审限短：应当在立案之日起3个月内审结；有特殊情况需要延长的，经本院院长批准，可以延长1个月。

    7.开庭方式简便：经当事人双方同意，可以采用视听传输技术等方式开庭。

    8.可以公告送达。

三、简易程序和普通程序的转化

基层人民法院在审理第一审民事案件时，可以自行决定适用普通程序还是适用简易程序。这两种程序在一定条件下可以互相转化。

（一）简易程序转化为普通程序

1.原因：审理过程中发现案情复杂。

2.具体情形：

（1）当事人就适用简易程序提出异议，人民法院认为异议成立的；

（2）人民法院在审理过程中发现不宜适用简易程序的；

（3）原告提供了被告的准确送达地址，人民法院无法向被告直接送达或留置送达的。

【注意】原告不能提供被告准确的送达地址，人民法院经查证后仍不能确定被告送达地址的，可以被告不明确为由裁定驳回原告起诉。

3.审理期限。

转入普通程序审理的民事案件的审理期限自人民法院立案的次日起开始计算，而不是从程序转化之日开始重新计算。法院应用书面形式告知合议庭成员及相关事项。

（二）普通程序转化为简易程序

1.原则上已经按照普通程序审理的案件，在审理过程中无论是否发生了情况变化，都不得改用简易程序审理。法院不得违反当事人自愿原则自行将普通程序转为简易程序。

2.例外，基层人民法院适用第一审普通程序审理的民事案件，当事人各方自愿选择适用简易程序，经人民法院审查同意的，可以适用简易程序进行审理。

四、简易程序的裁判

1.裁判文书的制作，必须加盖基层人民法院的印章。

2.简易程序的宣判：

（1）当庭宣判；

（2）不宜当庭宣判的，可以定期宣判。

3.适用简易程序审理的民事案件，有下列情形之一的，人民法院在制作裁判文书时对认定事实或者判决理由部分可以适当简化：

（1）达成调解，即当事人达成调解协议并需要制作民事调解书的。

（2）明确承认，即一方当事人在诉讼过程中明确表示承认对方全部诉讼请求或者部分诉讼请求的。

（3）涉及秘密，即涉及个人隐私或者商业秘密的案件，当事人一方要求简化裁判文书中的相关内容，人民法院认为理由正当的。

（4）双方同意：即双方同意简化的。

【注意】仲裁程序中，经当事人同意，可以在裁决书中完全不写明争议事实和裁决理由；简易程序中能够简化的内容仅限于认定事实和判决理由，其他部分不得简化。

例：夏某因借款纠纷起诉陈某，法院决定适用简易程序审理。法院依夏某提供的被告地址送达时，发现有误，经多方了解和查证也无法确定准确地址。对此，法院裁定驳回起诉。本案中，被告无法确定准确地址，属于被告不明确的情况，原告的起诉不符合起诉条件。不符合起诉条件，法院受理前发现的，应该裁定不予受理；受理后发现的，应该裁定驳回起诉。因此D项正确。本案的关键在于被告的准确地址无法确定，如果考生将其认定为属于被告下落不明，则应该公告送达，而简易程序的案件不能公告送达，则案件就应该由简易程序转为普通程序审理，就会选择A项。但被告没有准确的地址，属于被告不明确；被告如果有准确的地址，只是找不到人，才属于下落不明。本案中，被告的情形属于被告不明确，而不属于下落不明。（17年·卷三·43题）

判断：关于简易程序，判断以下说法是否正确：

1.受理程序简便，可以当即受理，当即审理。（√）（13年·卷三·41题）

2.审判程序简便，可以不按法庭调查、法庭辩论的顺序进行。（√）（13年·卷三·41题）

3.庭审笔录简便，可以不记录诉讼权利义务的告知、原被告的诉辩意见等通常性程序内容。（×）（13年·卷三·41题）

4.裁判文书简便，可以简化裁判文书的事实认定或判决理由部分。（√）（13年·卷三·41题）

五、小额诉讼程序

（一）适用主体

1.适用小额诉讼程序的法院只能是基层人民法院和它派出的法庭。

2.海事法院可以审理海事、海商小额诉讼案件。

（二）适用条件

1.依职权适用：小额诉讼程序适用于事实清楚、权利义务关系明确、争议不大的简单金钱给付民事案件，标的额为各省、自治区、直辖市上年度就业人员年平均工资50%以下。

2.依约定适用：标的额超过各省、自治区、直辖市上年度就业人员年平均工资50%但在2倍以下。

（三）适用案件范围

1.下列金钱给付案件，适用小额诉讼程序审理：

（1）买卖合同、借款合同、租赁合同等合同纠纷；

（2）身份关系清楚，仅在给付的数额、时间、方式上存在争议的赡养费、抚养费、扶养费纠纷；

（3）责任明确，仅在给付的数额、时间、方式上存在争议的交通事故损害赔偿和其他人身损害赔偿纠纷；

（4）供用水、电、气、热力合同纠纷；

（5）银行卡纠纷；

（6）劳动关系清楚，仅在劳动报酬、工伤医疗费、经济补偿金或者赔偿金给付数额、时间、方式上存在争议的劳动合同纠纷；

（7）劳务关系清楚，仅在劳务报酬给付数额、时间、方式上存在争议的劳务合同纠纷；

（8）物业、电信等服务合同纠纷；

（9）其他金钱给付纠纷。

2.下列案件，不适用小额诉讼程序审理：

（1）人身关系、财产确权案件；

（2）涉外案件；

（3）需要评估、鉴定或者对诉前评估、鉴定结果有异议的案件；

（4）一方当事人下落不明的案件；

（5）当事人提出反诉的案件；

（6）其他不宜适用小额诉讼的程序审理的案件。

（四）特点

1.一审终审：小额诉讼中的判决和驳回起诉、管辖权异议的裁定都是一审终审。

这既是小额诉讼的最大特点，也是小额诉讼与简易程序的最大区别，简易程序的案件实行的是两审终审。

人民法院适用小额诉讼的程序审理案件，可以一次开庭审结并且当庭宣判。

【注意】《民事诉讼法》将小额诉讼程序放在简易程序一章，对小额诉讼程序相对于简易程序更为方便快捷的程序特点未具体规定。据此，从法律适用角度讲，简易程序一章中的一些规定，如可以口头起诉、当即审理、用简便方式传唤当事人和证人、送达诉讼文书、审理案件，由审判员一人独任审理等，在小额诉讼程序中应同样适用。

2.可以再审。

（1）小额诉讼裁判存在错误，当事人不服一审判决、裁定的，可以向原审人民法院申请再审。申请再审事由成立的，应当裁定再审，组成合议庭进行审理。作出的再审判决、裁定，当事人不得上诉。

（2）当事人以不应按小额诉讼案件审理为由向原审人民法院申请再审的，人民法院应当受理。理由成立的，应当裁定再审，组成合议庭审理。作出的再审判决、裁定，当事人可以上诉。

【小结】

（1）一般案件申请再审是向原审法院的上一级法院，小额诉讼是向原审法院。

（2）小额原审是独任制，小额的再审是合议制。

（3）一般案件的再审事由是裁判错误，小额诉讼除此之外还多了一个事由：适用程序错误（维护两审终审的审级利益）。

（4）以实体裁判错误为由申请再审，再审后不得上诉；以适用程序错误为由申请再审，再审后可以上诉。

小额裁判 ────→ 申请再审 ────→ 再审审理 ┌─ 裁判错误 ────→ 不可上诉
（独任制）　　　（原审法院）　　　（合议制）└─ 适用小额程序错误 ──→ 可上诉

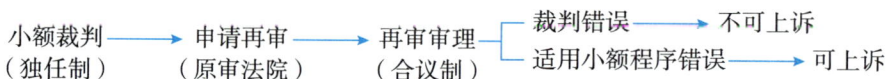

3.当庭裁判的案件，裁判过程经庭审录音录像或者庭审笔录完整记录的，人民法院在制作裁判文书时可以不再载明裁判理由。

4.程序转化：小额可转简易，可转普通（原则不转，确有必要除外）。

人民法院在审理过程中，发现案件不宜适用小额诉讼的程序的，应当适用简易程序的其他规定审理或者裁定转为普通程序。当事人认为案件适用小额诉讼的程序审理违反法律规定的，可以向人民法院提出异议。人民法院对当事人提出的异议应当审查，异议成立的，应当适用简易程序的其他规定审理或者裁定转为普通程序；异议不成立的，裁定驳回。

（五）审理期限

人民法院适用小额诉讼的程序审理案件，应当在立案之日起2个月内审结。有特殊情况需要延长的，经本院院长批准，可以延长1个月。

经典考题： C法院是民事诉讼繁简分流改革试点法院。苏强向C法院起诉其子苏明，要求每月支付赡养费3000元。苏明答辩称自己没有固定收入，无法按照该标准支付赡养费。关于本案的审理程序，下列哪些说法是正确的？（2020年仿真题，多选）[1]

A.经双方当事人同意，判决书可不载明判决理由

B.本案可以一审终审

C.经双方当事人同意，可在线视频审理

D.经双方当事人同意，可不开庭审理

---

[1]【答案】BC

【考点】小额诉讼程序

【解题技巧】在线视频审理是疫情后法院普遍适用的审理方式。

【解析】《民事诉讼程序繁简分流改革试点实施办法》第9条规定，适用小额诉讼程序审理的案件，可以比照简易程序进一步简化裁判文书，主要记载当事人基本信息、诉讼请求、答辩意见、主要事实、简要裁判理由、裁判依据、裁判主文和一审终审的告知等内容。对于案情简单、法律适用明确的案件，法官可以当庭作出裁判并说明裁判理由。对于当庭裁判的案件，裁判过程经庭审录音录像或者庭审笔录完整记录的，人民法院在制作裁判文书时可以不再载明裁判理由。所以适用小额诉讼程序审理的案件可以不载明审判理由，但是不是以当事人同意为前提。A项错误。《民诉解释》第271条规定，人民法院审理小额诉讼案件，实行一审终审。《民事诉讼法》规定，基层人民法院和它派出的法庭审理事实清楚、权利义务关系明确、争议不大的简单金钱给付民事案件，标的额为各省、自治区、直辖市上年度就业人员年平均工资50%以下的，适用小额诉讼的程序审理，实行一审终审。当事人之间的争议标的额为3000元，适用一审终审。故B选项正确。《民诉解释》第259条规定，当事人双方可就开庭方式向人民法院提出申请，由人民法院决定是否准许。经当事人双方同意，可以采用视听传输技术等方式开庭。由此可知，C选项正确。民事纠纷一审一律开庭审理，没有例外，因此D选项错误。本题答案为BC。

专题十 二审程序

命题点拨

二审程序是重要考查部分,主要考点有:上诉的实质要件与形式要件;上诉人与被上诉人的地位确定;二审法院审理上诉案件的范围;上诉的撤回和二审中起诉的撤回;上诉案件的审理方式;二审调解的适用情形;二审裁判。

知识体系图

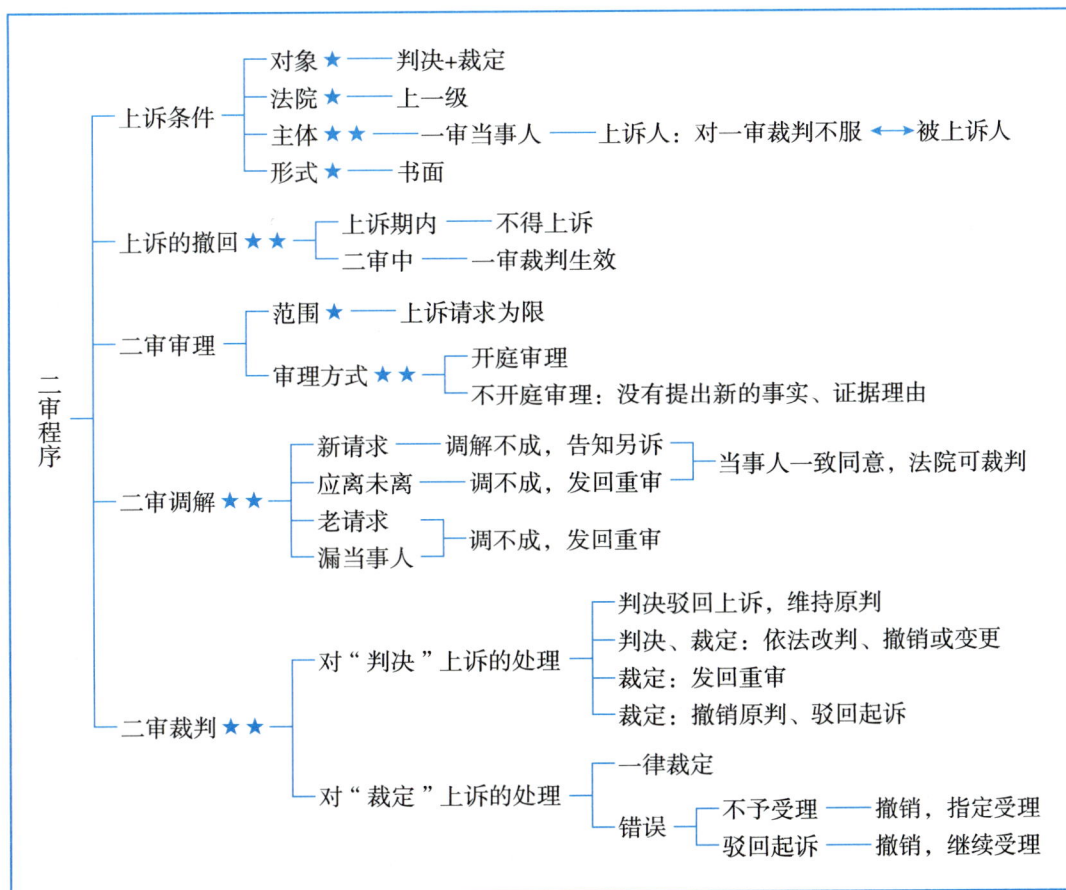

一、上诉

上诉是指当事人对第一审法院的判决、裁定,在法定期间内声明不服,依法请求上一级法院对上诉请求事项重新进行审理并撤销原判决、裁定的诉讼行为。提起上诉必须具备法定的条件和遵守相应的程序。

（一）上诉的提起条件

1.上诉的对象。

（1）允许上诉的判决，即地方各级人民法院适用普通程序与简易程序审理后作出的第一审判决，以及人民法院对发回重审与按照一审程序对案件进行再审后作出的判决。

以下两类判决不能上诉：一是最高人民法院作出的一审判决；二是法院适用特别程序、督促程序、公示催告程序作出的判决。

（2）允许上诉的裁定，即不予受理、驳回起诉、管辖权异议、驳回破产申请的裁定。

【注意】调解书不能上诉，调解结案的案件实行一审终审，当事人丧失上诉权。按非诉程序审理后作出的裁判，第二审法院的终审裁判以及最高人民法院的一审裁判，当事人都不能提起上诉。

2.上诉的主体：一审当事人。

（1）上诉人必须是本案的当事人，包括依法享有上诉权的原告、被告、共同诉讼人、诉讼代表人和被代表的成员、有独立请求权的第三人、法院判决承担民事责任的无独立请求权的第三人；无民事行为能力人、限制民事行为能力人的法定代理人，可以代理当事人提起上诉。

（2）上诉人、被上诉人的确定：谁不服，谁就是上诉人，对谁不服，谁就是被上诉人。

①通常的案件：提起上诉的人是上诉人，没有提起上诉是被上诉人。双方当事人和第三人都提出上诉的，均为上诉人。

②必要共同诉讼：上诉的是上诉人，针对的是被上诉人，不涉及的依原审诉讼地位列明。

其一，该上诉是对与对方当事人之间权利义务分担有意见，不涉及其他共同诉讼人利益的，对方当事人为被上诉人，未上诉的同一方当事人依原审诉讼地位列明。

其二，该上诉仅对共同诉讼人之间权利义务分担有意见，不涉及对方当事人利益的，未上诉的同一方当事人为被上诉人，对方当事人依原审诉讼地位列明。

其三，该上诉对双方当事人之间以及共同诉讼人之间权利义务承担有意见的，未提出上诉的其他当事人均为被上诉人。

③普通共同诉讼人之间没有共同利害关系，其中一人的上诉行为不对其他人发生拘束力，每个普通共同诉讼人有独立的上诉权，未提起上诉的，均不能追加为上诉人。

例1： 张三、李四、王五三个人共同共有一套房子，赵六放火把房子给烧了。张三、李四、王五三人起诉赵六，要求其赔偿损失600万元。一审法院判决赵六赔偿500万元，张三、李四、王五三人均分。赔偿500万元是对外关系，三人均分是对内关系。

张三不服，提起上诉，称赵六应当赔偿600万元。这是对外不服，则张三是上诉人，赵六是被上诉人，李四、王五依原审诉讼地位列明，即原审原告。

张三不服，提起上诉，称不应当均分，自己应当多分。这是对内不服，张三是上诉人，李四、王五是被上诉人，赵六在二审中叫原审被告。

张三不服，提起上诉，称赵六应当赔偿600万元；不应当均分，自己应当多分。对内对外都不服，张三是上诉人，李四、王五、赵六是被上诉人。

例2：甲、乙、丙三人共同致丁身体损害，丁起诉三人要求赔偿3万元。一审法院经审理判决甲、乙、丙分别赔偿2万元、8000元和2000元，三人承担连带责任。甲认为丙赔偿2000元的数额过低，提起上诉。本案二审当事人诉讼地位的确定是：甲为上诉人，丙为被上诉人，乙为原审被告，丁为原审原告。甲、乙、丙共同侵权，是一审中必要共同诉讼的被告。甲认为丙赔偿2000元的数额过低，提起上诉，甲是上诉人。甲对共同诉讼人中的丙不服，认为丙的赔偿数额过低，是仅对共同诉讼人之间权利义务分担有意见，不涉及对方当事人利益的，未上诉的同一方当事人丙为被上诉人；对方当事人丁依原审诉讼地位列明，为原审原告；甲对共同诉讼人乙也没有不同意见，乙也依原审诉讼地位列明。（17年·卷三·44题）

例3：甲、乙、丙诉丁遗产继承纠纷一案，甲不服法院作出的一审判决，认为分配给丙和丁的遗产份额过多，提起上诉。关于本案二审当事人诉讼地位的确定：甲是上诉人，乙为原审原告，丙、丁为被上诉人。（16年·卷三·44题）

例4：甲对乙享有10万元到期债权，乙无力清偿，且怠于行使对丙的15万元债权，甲遂对丙提起代位权诉讼，法院依法追加乙为第三人。一审判决甲胜诉，丙应向甲给付10万元。乙、丙均提起上诉，乙请求法院判令丙向其支付剩余5万元债务，丙请求法院判令甲对乙的债权不成立。二审当事人地位：丙是上诉人，甲是被上诉人。（13年·卷三·48题）

3.上诉的期间。

（1）当事人不服地方人民法院第一审判决的，有权在判决书送达之日起15日内向上一级人民法院提起上诉。

（2）裁定则是在裁定书送达之日起10日内向上一级人民法院提起上诉。上诉期间的计算，是从送达后的第二日开始计算。当事人分别收到的，以各自收到的时间计算。

（3）在中华人民共和国领域内没有住所的当事人，不服第一审人民法院判决、裁定的，有权在判决书、裁定书送达之日起30日内提起上诉。被上诉人在收到上诉状副本后，应当在30日内提出答辩状。当事人不能在法定期间提起上诉或者提出答辩状，申请延期的，是否准许，由人民法院决定。

【注意】此种情形的判断标准是当事人的住所，而不是当事人的国籍。

4.上诉的形式：应当提交上诉状（书面）。

一审宣判时或判决书、裁定书送达时，当事人口头表示上诉的，人民法院应告知其必须在法定上诉期间内提出上诉状。未在法定上诉期间内递交上诉状的，视为未提起上诉。

【注意】当事人起诉以书面为原则，以口头为例外；但上诉必须采用书面方式，不允许口头上诉。

（二）上诉的受理

1.二审案件的管辖法院：一审法院的上一级法院。

2.诉讼文书的接收与送达。

（1）当事人上诉，原则上应将上诉状交给原审法院，也可以将上诉状交给上一级人民法院。

（2）原审人民法院收到上诉状后，应当在5日内将上诉状副本送达对方当事人，对方当事人在收到之日起15日内提出答辩状。人民法院应当在收到答辩状之日起5日内将副本送达上诉人。对方当事人不提出答辩状的，不影响人民法院审理。原审人民法院收到上诉状、答辩状后，应当在5日内连同全部案卷和证据，报送到第二审人民法院。当事人直接向第二审人民法院上诉的，第二审人民法院应当在5日内将上诉状移交原审人民法院。

（三）上诉的撤回

撤回上诉，是指上诉人在二审法院受理案件后、判决宣告前，放弃其上诉请求的一种诉讼行为。

1.在上诉期内上诉人撤回上诉后，不得再次上诉；但判决是否生效需取决于其他当事人在上诉期内是否上诉。

2.在二审审理过程中，上诉人撤回上诉，法院裁定准许后，一审判决即生效。

3.经审查认为一审判决确有错误，或者双方当事人串通损害国家和集体利益、社会公共利益及他人合法权益的，不应准许。

【小结】未经二审法院判决，而一审判决生效只有两种情况：要么是上诉期满无人上诉；要么是上诉后上诉人撤回上诉，获得法院准许。

例1：张某诉新立公司买卖合同纠纷案，新立公司不服一审判决提起上诉。二审中，新立公司与张某达成协议，双方同意撤回起诉和上诉。因双方达成合意撤回起诉和上诉的，法院可准许张某二审中撤回起诉。（17年·卷三·45题）

例2：石山公司起诉建安公司请求返还86万元借款及支付5万元利息，一审判决石山公司胜诉，建安公司不服提起上诉。二审中，双方达成和解协议：石山公司放弃5万元利息主张，建安公司在撤回上诉后15日内一次性付清86万元本金。建安公司向二审法院申请撤回上诉后，并未履行还款义务。石山公司可依一审判决申请强制执行。（17年·卷三·46题）

二、上诉的审理

（一）二审法院对上诉案件的审理范围

1.审理范围。第二审人民法院审理问题，应限定在上诉人的上诉请求范围内。即要受当事人上诉请求范围的限制，体现了法院对当事人处分权的尊重。

例外：如果发现在上诉请求以外原判决违反法律禁止性规定、侵害社会公共利益或者他人利益的，也应予以纠正。

2.不予审查的范围。

被上诉人在答辩中要求变更或者补充第一审判决内容的，第二审人民法院可以不予审查。

例：朱某诉力胜公司商品房买卖合同纠纷案，朱某要求判令被告支付违约金5万元；因房屋质量问题，请求被告修缮，费用由被告支付。一审法院判决被告败诉，认可了原告全部诉讼请求。力胜公司不服令其支付5万元违约金的判决，提起上诉。二审法院发现一审法院关于房屋有质量问题的事实认定，证据不充分。二审法院应针对上诉人不服违约金判决的请求进行审理，不可对房屋修缮问题进行审理；针对上诉人上诉请求所涉及的事实认定和法律适用进行审理，不能全面审查一审法院的事实认定和法律适用问题。（17年·卷三·82题）

（二）二审审理方式

1.开庭审理。即第二审人民法院对上诉案件，应当组成合议庭，开庭审理。

经当事人同意，民事诉讼活动可以通过信息网络平台在线进行。民事诉讼活动通过信息网络平台在线进行的，与线下诉讼活动具有同等法律效力。

2.不开庭审理。对符合下列三类条件的案件，可以不开庭审理：（1）经过阅卷、调查和询问当事人；（2）对没有提出新的事实、证据或者理由；（3）人民法院认为不需要开庭审理的。

具体情形：

（1）不服不予受理、管辖权异议和驳回起诉裁定的；

（2）当事人提出的上诉请求明显不能成立的；

（3）原判决、裁定认定事实清楚，但适用法律错误的；

（4）原判决严重违反法定程序，需要发回重审的。

【注意】1.不开庭审理不是书面审理。即使不开庭，也应当询问当事人，而书面审理不询问当事人。

2.当事人提出新的事实、证据或者理由的，应当开庭审理；对没有提出新的事实、证据或者理由，是可以不开庭审理，而不是必须不开庭审理。

（三）二审中的调解与和解

1.二审中的调解。

（1）调解不成的，发回重审——针对的是漏事、漏人。

①对当事人在一审中已经提出的诉讼请求，原审人民法院未作审理、判决的，第二审人民法院可以根据当事人自愿的原则进行调解，调解不成的，发回重审。

例：朱某起诉刘某人身损害赔偿，要求刘某赔偿2万元并赔礼道歉，一审法院经审理判决刘某赔偿1.2万元，但对赔礼道歉请求未作出判决。朱某上诉，要二审法院改判刘某赔偿2万元，二审法院认为事实清楚、适用法律正确，但一审法院没有对赔礼道歉请求进行审理和判决是不正确的，遂判决维持一审法院1.2万元的判决，同时判决刘某向朱某赔礼道歉。本案中，二审法院可就当事人的上诉请求进行判决，对遗漏的诉讼请求进行调解，调解不成，撤销原判，发回重审；二审法院超出上诉人的上诉请求作出的判决不当。（2020年仿真题）

②必须参加诉讼的当事人在一审中未参加诉讼，第二审人民法院可以根据当事人自愿的原则予以调解，调解不成的，发回重审。发回重审的裁定书不列应当追加的当事人。

```
┌──────────┐      ┌──────────┐      ┌──────────────────────┐
│ 遗漏当事人 │─────→│ 一审应追加 │─────→│ 二审：调解不成，发回重审 │
└──────────┘      └──────────┘      └──────────────────────┘
（必要共同诉讼人）
```

③一审判决不准离婚的案件，上诉后，第二审人民法院认为应当判决离婚的，可以

根据当事人自愿的原则，与子女抚养、财产问题一并调解，调解不成的，发回重审。双方当事人同意由第二审人民法院一并审理的，第二审人民法院可以一并裁判。

例1：二审法院审理继承纠纷上诉案时，发现一审判决遗漏另一继承人甲。二审法院可根据自愿原则进行调解，调解不成的，裁定撤销原判决，发回重审。（10年·卷三·80题）

例2：甲起诉乙，请求离婚，一审判决不准离婚，甲不服提起上诉。二审法院审理后认为应当判决离婚。二审法院应对离婚、子女抚养和财产问题一并进行调解，调解不成的，发回重审。（06年·卷三·42题）

例3：杨某向基层法院起诉离婚，一审判决不准离婚，杨某上诉，二审法院判决准予离婚并对财产分割、子女抚养问题调解，因为双方存在重大分歧无法达成一致，发回重审。一审法院重审判决不准离婚，杨某不服再次上诉。此时二审法院应重新组织调解，调解不成的：对离婚事项先判决离婚；针对财产分割，告知当事人另行起诉。（2020年仿真题）

（2）调解不成的，告知另行起诉——针对的是新事。

在二审中，原审原告增加诉讼请求或原审被告提出反诉的，二审能调则调，调不成，告知其另行起诉。

双方当事人同意由第二审人民法院一并审理的，第二审人民法院可以一并裁判。

【注意】二审中先调解，调解不成则发回重审或告知当事人另行起诉的案件，目的在于保障当事人两审终审的审级利益。否则，二审法院若直接改判，就导致此类案件中的某些诉讼请求只经过一级法院审理，违反了两审终审制度。二审中的调解不成功的话：即凡是属于法院过错的，撤销原判发回重审，如一审漏掉了当事人的诉讼请求或漏掉了必须参加诉讼的当事人；凡是不属于法院过错的，调解不成，告知其另行起诉，但双方当事人同意由第二审人民法院一并审理的，第二审人民法院可以一并裁判，如二审增加新的诉讼请求和一审没有判决离婚，二审认为应当离婚的案件。

例1：甲起诉乙支付货款。一审判决后，乙提起上诉，并提出产品质量存在问题，要求甲赔偿损失。乙在二审中提出的"产品质量存在问题，要求甲赔偿损失"，旨在抵销、吞并一审原告的诉讼请求的反请求，是反诉，对二审中提出的反诉，法院不能直接和一审诉讼请求一并判决，应当先调解，调解不成的，告知当事人另行起诉。（06年·卷三·39题）

例2：齐远、张红是夫妻，因感情破裂诉至法院离婚，提出解除婚姻关系、子女抚养、住房分割等诉讼请求。一审判决准予离婚并对子女抚养问题作出判决。齐远不同意离婚提出上诉。二审中，张红增加诉讼请求，要求分割诉讼期间齐远继承其父的遗产。一审漏判的住房分割诉讼请求，二审可调解，调解不成，发回重审；遗产分割的诉讼请求，二审可调解，调解不成，告知另行起诉，但当事人同意的，二审法院可一并裁判。（15年·卷三·44题）

（3）调解不成的，应当及时判决——针对一般情形。

当然，除了以上两种特殊的调解，二审案件审理中，还有很多案件都是可以调解的，此时调解不成，应当及时判决，不需要发回重审或告知当事人另行起诉。如合同纠纷的上诉案件，既不存在漏掉一审诉讼请求，也没有漏掉共同诉讼人，更没有提出新的诉讼请求，此时调解不成，判决即可。

【注意】二审调解结案的，必须制作调解书。调解书送达后，原审人民法院的判决即视为撤销。

例：某借款纠纷案二审中，双方达成调解协议，被上诉人当场将欠款付清。应当制作调解书，因为二审法院的调解结果除解决纠纷外，还具有对一审法院的判决效力发生影响的功能。

2.二审的和解。

二审中当事人可以和解，达成和解协议的，有三种选择：

（1）请求法院对双方达成的和解协议进行审查并制作调解书；

（2）申请撤诉，经审查符合撤诉条件的，人民法院应予准许，应当一并裁定撤销一审裁判；

（3）可以撤回上诉，此时一审判决生效。

例：张三起诉李四赔偿其人身损害1万元，一审法院判决李四赔偿8000元。李四不服，提起上诉，在二审案件审理过程中，张三和李四达成和解协议，李四赔偿张三5000元。这个和解协议有没有强制执行力。本案的结案方式有三种：

第一，根据和解协议制作调解书，张三可以根据调解书强制执行5000元。

第二，双方达成了和解协议，张三撤回起诉。法院一并撤销一审判决，张三的诉权丧失。

第三，双方达成了和解协议，李四赔偿张三5000元，李四撤回上诉，一审裁判生效。

【注意】在二审中，因和解而撤诉，可以撤回上诉，也可以撤回起诉，两者的后果不同。撤回上诉，一审判决直接生效，此种情况一般发生在当事人和解的内容与一审判决的内容一致的情况下。撤回起诉，指的是一审原告撤回起诉，因为整个一、二审程序都是在原告起诉的前提下启动的，如果原审原告在二审程序中撤回起诉获得法院准许，之后又重复起诉的，人民法院不予受理。

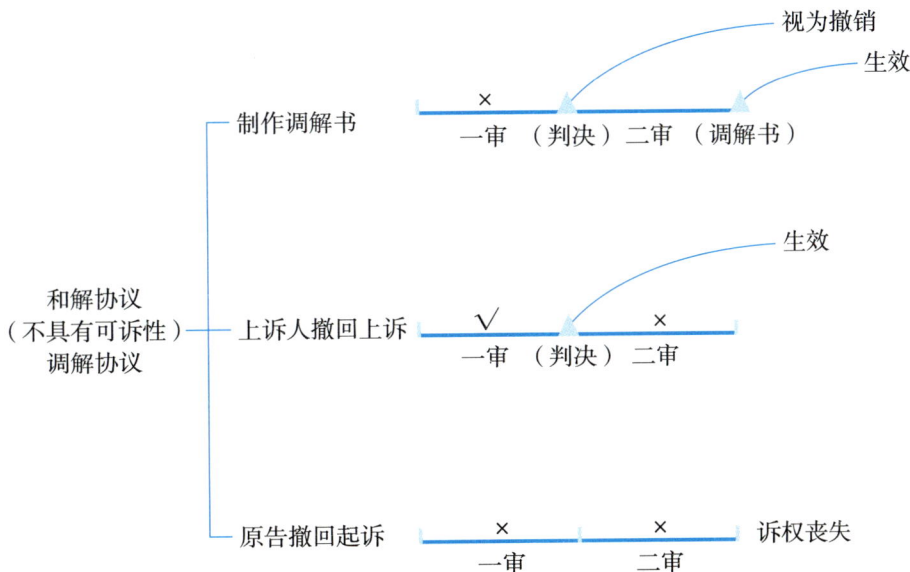

例1： 李某诉赵某解除收养关系，一审判决解除收养关系，赵某不服提起上诉。二审中双方和解，维持收养关系，向法院申请撤诉。二审法院应当准许当事人的撤诉申请。当事人申请撤回起诉，收养关系得以维持，法院同意当事人撤回起诉就可以满足当事人诉求，不必制作调解书（多此一举），更不能改判或撤销原判（原审法院无错误）。（06年·卷三·50题）

例2： 王某诉赵某借款纠纷一案，法院一审判决赵某偿还王某债务，赵某不服，提出上诉。二审期间，案外人李某表示，愿以自己的轿车为赵某偿还债务提供担保。三人就此达成书面和解协议后，赵某撤回上诉，法院准许。一个月后，赵某反悔并不履行和解协议。王某应依一审判决对赵某向法院申请强制执行。（16年·卷三·47题）

例3： 甲公司诉乙公司买卖合同纠纷一案，法院判决乙公司败诉并承担违约责任，乙公司不服提起上诉。在二审中，甲公司与乙公司达成和解协议，并约定双方均将提起之诉予以撤回。应当裁定准许双方当事人的撤诉申请，并裁定撤销一审判决。（16年·卷三·45题）

三、上诉案件的裁判

1.对一审判决提起上诉案件的处理。

判决驳回上诉，维持原判	原判决认定事实清楚，适用法律正确的。	
	（注：原判决、裁定认定事实或者适用法律虽有瑕疵，但裁判结果正确的，第二审人民法院可以在判决、裁定中纠正瑕疵后，予以维持。）	
依法改判、撤销或变更	原判决适用法律错误的。	
	原判决认定事实错误的。	
	原判决认定基本事实不清的。（可以改判，也可以发回重审）	
发回重审	直接发回重审：违法缺席判决等严重违反法定程序的：（1）审判组织的组成不合法的；（2）应当回避的审判人员未回避的；（3）无诉讼行为能力人未经法定代理人代为诉讼的；（4）违法剥夺当事人辩论权利的。	
	调解不成再发回重审	（1）对当事人在一审中已经提出的诉讼请求，原审人民法院未作审理、判决，调解达不成调解协议的。
		（2）必须参加诉讼的当事人在一审中未参加诉讼，调解达不成调解协议的。
		（3）一审判决不准离婚的案件，上诉后，第二审人民法院认为应当判决离婚的，进行调解达不成调解协议的。
裁定撤销原判，驳回起诉	第二审程序审理的案件，认为依法不应由人民法院审理的，可以由第二审人民法院直接裁定撤销原判，驳回起诉。	

【注意】 原审人民法院对发回重审的案件作出判决后，当事人提起上诉的，第二审

人民法院不得再次发回重审。也就是发回重审以一次为限，但这里应理解为因实体问题发回重审的以一次为限；如果因为一审的程序错误发回重审的，不受该限制，可以多次发回重审，理由在于：程序的错误只能在程序的重新进行中纠正，不可能通过改判对一审的程序错误进行纠正。

例：甲诉乙人身损害赔偿一案，一审法院根据甲的申请，冻结了乙的银行账户，并由李法官独任审理。后甲胜诉，乙提出上诉。二审法院认为一审事实不清，裁定撤销原判，发回重审。若重审法院判决甲胜诉，乙再次上诉，二审法院认为重审认定的事实依然错误，则只能在查清事实后改判。（14年·卷三·47题）

2.对一审裁定提起上诉案件的处理。

（1）第二审人民法院对不服第一审人民法院裁定的上诉案件的处理，一律适用裁定。

①原裁定认定事实清楚，适用法律正确的，裁定驳回上诉，维持原裁定。

②原裁定认定事实错误或者适用法律错误的，以裁定方式撤销或变更。

（2）第二审人民法院查明第一审人民法院作出的不予受理、驳回起诉的裁定有错误，应在撤销原裁定的同时，指令第一审人民法院立案受理或继续审理。

【总结】

（1）对判决不服提起上诉，法院若进行实体处理（驳回、改判），应用判决方式。

（2）对判决不服提起上诉，法院若进行程序处理（撤销原判发回重审），应用裁定方式。

（3）对裁定不服提起上诉，法院无论是维持，还是撤销、变更，一律使用裁定。

判断：

1.二审法院认为原判对上诉请求的有关事实认定清楚、适用法律正确，裁定驳回上诉，维持原判。（×）（11年·卷三·44题）

分析：应当适用"判决"驳回上诉，维持原判，而不是适用裁定。

2.二审法院认为原判对上诉请求的有关事实认定清楚，但适用法律有错误，裁定发回重审。（×）（11年·卷三·44题）

分析：应当以判决、裁定方式依法改判、撤销或者变更，而不能裁定发回重审。

3.二审法院认为一审判决是在案件未经开庭审理而作出的，裁定撤销原判，发回重审。（√）（11年·卷三·44题）

分析：二审法院认为一审判决是在案件未经开庭审理而作出的，属于发回重审中严重违反法定程序的情形，应当裁定撤销原判，发回重审。

4.原审原告增加独立的诉讼请求，二审法院合并审理，一并作出判决。（×）（11年·卷三·44题）

分析：原告增加独立的诉讼请求，二审法院合并审理，一并作出判决，对新增加的诉讼请求而言，就是一审终审，损害了当事人的审级利益，二审法院应当先行调解，调解不成的，应当告知当事人另行起诉，但当事人一致同意由二审法院一并审理的，可以由二审法院一并审理。

经典考题：1.甲乙合同价款纠纷，一审法院判决甲向乙支付价款和利息，后一审法院发现利息计算错误。同时甲提起上诉，甲把该计算错误告诉了中级法院，但甲不交诉

讼费。下列说法正确的是：（2019年仿真题，多选）①

    A.二审法院裁定撤销原判，发回重审

    B.一审发起审判监督

    C.二审应当受理，作出裁判

    D.一审法院按撤回上诉处理

2.朱某起诉刘某人身损害赔偿，要求刘某赔偿2万元并赔礼道歉，一审法院经审理判决刘某赔偿1.2万元，但对赔礼道歉请求未作出判决。朱某上诉，要二审法院改判刘某赔偿2万元，二审法院认为事实清楚、适用法律正确，但一审法院没有对赔礼道歉请求进行审理和判决是不正确的，遂判决维持一审法院1.2万元的判决，同时判决刘某向朱某赔礼道歉。关于上述案件下列说法正确的是？（2020年仿真题，多选）②

    A.二审可就当事人上诉请求进行判决，对遗漏请求进行调解，调解不成，撤销原判，发回重审

    B.二审法院超出上诉请求作出判决不当

    C.因一审遗漏了当事人请求，二审法院应裁定撤销原判决，发回重审

    D.二审法院应仅就当事人的上诉请求进行审理判决

3. 2018年8月5日，辛某（男）起诉杨某（女），请求撤销两人的婚姻。一审法院经审理查明，双方于2018年1月相识，3月杨某发现自己意外怀孕，向辛某表示如不尽快结婚就将怀孕之事告知辛某所在单位，二人遂于4月8日登记结婚，5月上旬杨某意外流产。辛某希望协议离婚，但杨某坚决不同意。一审法院于2018年11月底作出判决，驳回辛某的诉讼请求。辛某提起上诉，二审审理过程中，辛某于12月8日向法院申请变更诉

---

① 【答案】BD

  【考点】上诉的条件

  【解析】《民诉解释》第320条规定，一审宣判时或者判决书、裁定书送达时，当事人口头表示上诉的，人民法院应告知其必须在法定上诉期间内递交上诉状。未在法定上诉期间内递交上诉状的，视为未提起上诉。虽递交上诉状，但未在指定的期限内交纳上诉费的，按自动撤回上诉处理。本案中，当事人没有缴纳诉讼费用，视为撤回上诉。D项正确，C项、A项错误。同时一审法院的利息计算错误，属于实体错误，如果当事人上诉，在二审中纠正，当事人不上诉，一审判决生效，只能由一审法院通过再审程序纠正。B项正确。综上所述，本题答案为BD。

② 【答案】AB

  【考点】二审审理范围、二审调解

  【解析】《民诉解释》第323条规定，第二审人民法院应当围绕当事人的上诉请求进行审理。当事人没有提出请求的，不予审理，但一审判决违反法律禁止性规定，或者损害国家利益、社会公共利益、他人合法权益的除外。由此可知，二审人民法院只能审理当事人的上诉请求，对当事人没有上诉的诉讼请求，二审法院不予审查。故B选项正确。《民诉解释》第326条规定，对当事人在第一审程序中已经提出的诉讼请求，原审人民法院未作审理、判决的，第二审人民法院可以根据当事人自愿的原则进行调解；调解不成的，发回重审。A项正确。C项错误在于对遗漏的诉讼请求，应该先行调解，不能直接"裁定撤销原判决，发回重审"。二审以上诉请求为限进行审理，但是遗漏诉讼请求，属于一审法院的错误，二审是可以调解的，调解不成，撤销原判，发回重审，D项错误。综上所述，本题答案为AB。

讼请求为解除双方的婚姻关系。关于本案，下列哪一说法是正确的？（2020年仿真题，单选）①

    A.二审法院应先调解，调解不成的，发回重审

    B.二审法院应判决撤销婚姻

    C.二审法院应依法改判离婚

    D.二审法院应维持原判

---

① 【答案】D

【考点】二审变更诉讼请求

【解析】《民诉解释》第323条规定，第二审人民法院应当围绕当事人的上诉请求进行审理。当事人没有提出请求的，不予审理，但一审判决违反法律禁止性规定，或者损害国家利益、社会公共利益、他人合法权益的除外。由此可知，法院只审理当事人上诉的诉讼请求。另外，二审法院也只审理一审法院审理过的内容，当事人不能在上诉的过程中变更诉讼请求。由此可知，辛某在二审中变更诉讼请求为解除婚姻关系，二审法院是不予受理的，依然针对上诉的撤销婚姻进行审理。《民法典》第1052条、1053条分别规定了可撤销婚姻的事由：胁迫结婚、婚前隐瞒重大疾病，在本题中，杨某仅以怀孕为由，让辛某和其结婚，杨某虽说如果不结婚就去辛某单位告知怀孕之事，但并不是本条规定的胁迫情形，也难以认定达到了胁迫程度，辛某也没有处在不能表达自己意愿的地位，因此不属于可撤销婚姻情形。故二审法院会维持原判，驳回辛某的诉讼请求。故D选项正确。综上所述，本题答案为D。

专题十一　审判监督程序

命题点拨

本专题是法考中的重点。重要知识点有：三种不同的主体启动再审程序的条件和差异；申请再审的范围；当事人申请检察建议或抗诉。本专题的重点和难点在于当事人申请启动再审程序。

知识体系图

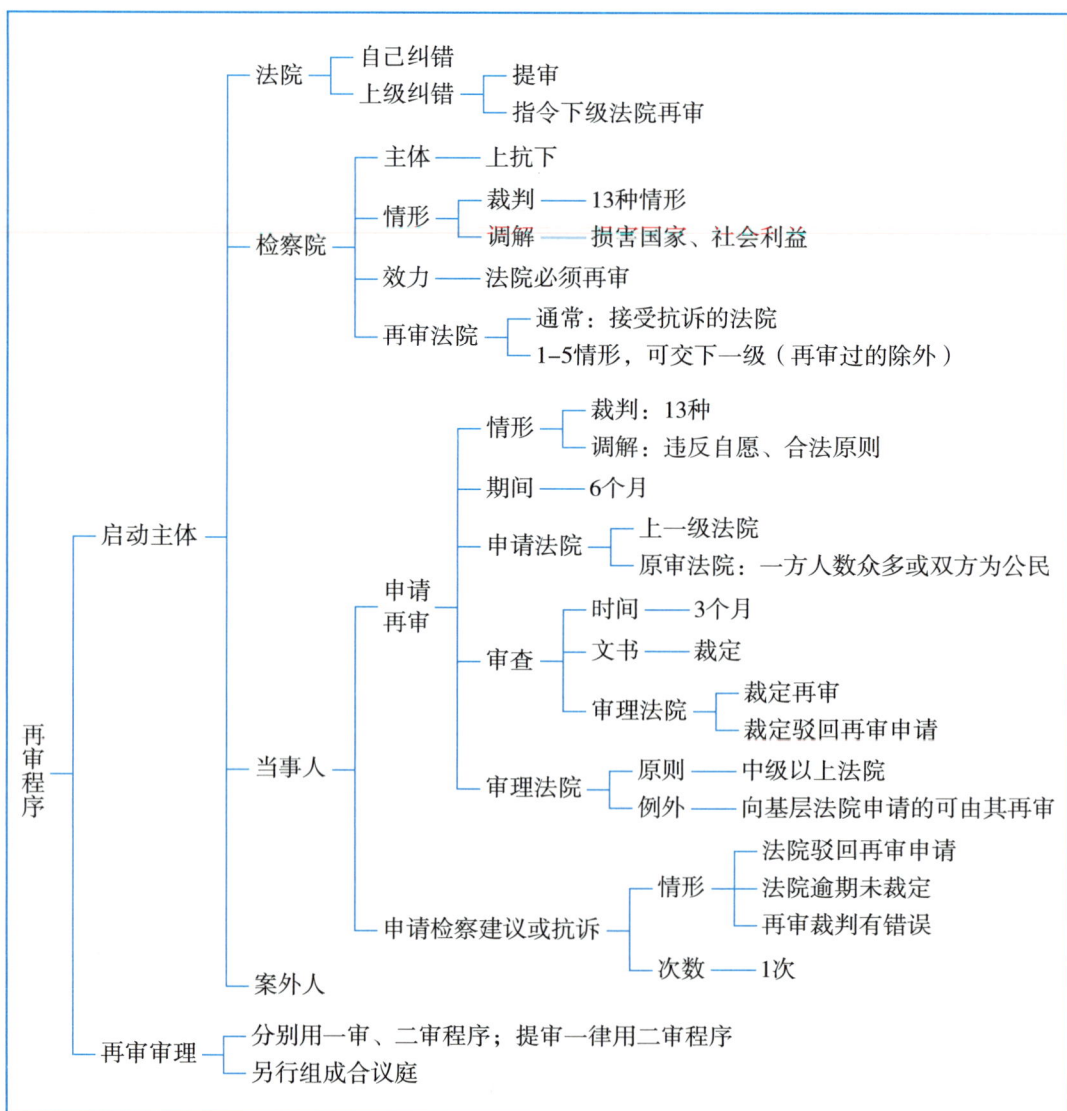

一、审判监督程序概述

审判监督程序即再审程序，是指对已经发生法律效力的判决、裁定、调解书，人民法院认为确有错误，对案件再行审理的程序。审判监督程序只是纠正生效裁判错误的法定程序，不是案件审理的必经程序，也不是诉讼的独立审级。

二、审判监督程序的启动

（一）人民法院决定再审

1.人民法院决定再审的条件。

（1）提起再审的客体必须是人民法院已经发生法律效力的判决、裁定、调解书。

（2）已经发生法律效力的判决、裁定、调解书确有错误。确有错误，是指原审裁判在事实认定、法律适用和程序运行中有重大缺陷，导致裁判结果的不公正。

【注意】可以提起再审的民事裁定仅限于不予受理的裁定、驳回起诉的裁定和按自动撤回上诉处理的裁定。

2.人民法院提起再审的主体。

（1）本院提起再审。

各级人民法院院长对本院已经发生法律效力的判决、裁定、调解书，发现确有错误，认为需要再审的，应当提交审判委员会讨论决定。

【注意】最终是由审判委员会讨论决定是否再审，而不是院长；同时没有院长提交，审判委员会也不能直接决定。院长和审判委员会共同启动再审程序，缺一不可。

（2）最高人民法院和上级人民法院提起再审（剥夺原审法院和与原审同级法院的再审权）。

最高人民法院对地方各级人民法院已经发生法律效力的判决、裁定、调解书，上级人民法院对下级人民法院已经发生法律效力的判决、裁定、调解书，发现确有错误的，有权提审或者指令下级人民法院再审。

此时指令下级法院再审也必须提审。也就是只能指令比原审法院级别高的法院再审，不能指令原审法院或与其同级的法院再审，因为指令原审法院或与原审法院同级的法院再审就不构成提审。

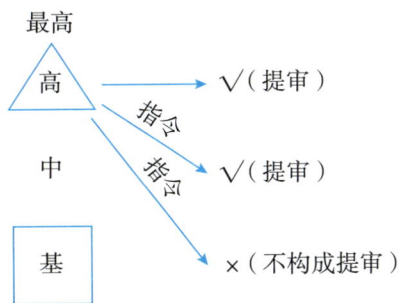

（二）人民检察院抗诉引起的再审

1.再审事由。

（1）判决、裁定的再审事由：

①有新的证据，足以推翻原判决、裁定的。

②原判决、裁定认定的基本事实缺乏证据证明的。

"认定的基本事实缺乏证据证明"包括：认定的基本事实没有证据支持，或者认定的基本事实所依据的证据虚假、缺乏证明力的；认定的基本事实所依据的证据不合法的；对基本事实的认定违反逻辑推理或者日常生活法则的；认定的基本事实缺乏证据证明的其他情形。

③原判决、裁定认定事实的主要证据是伪造的。

④原判决、裁定认定事实的主要证据未经质证的。

⑤对审理案件需要的主要证据，当事人因客观原因不能自行收集，书面申请人民法院调查收集，人民法院未调查收集的。

⑥原判决、裁定适用法律确有错误的。

"适用法律确有错误"包括：适用的法律与案件性质明显不符的；认定法律关系主体、性质或者法律行为效力错误的；确定民事责任明显违背当事人有效约定或者法律规定的；适用的法律已经失效或者尚未施行的；违反法律溯及力规定的；违反法律适用规则的；适用法律明显违背立法本意的；适用诉讼时效规定错误的；适用法律错误的其他情形。

⑦审判组织的组成不合法或者依法应当回避的审判人员没有回避的。

"审判组织的组成不合法"包括：应当组成合议庭审理的案件独任审判的；人民陪审员参与第二审案件审理的；再审、发回重审的案件没有另行组成合议庭的；审理案件的人员不具有审判资格的；审判组织或者人员不合法的其他情形。

⑧无诉讼行为能力人未经法定代理人代为诉讼或者应当参加诉讼的当事人，因不能归责于本人或者其诉讼代理人的事由，未参加诉讼的。

⑨违反法律规定，剥夺当事人辩论权利的。

"违反法律规定，剥夺当事人辩论权利"包含：不允许或者严重限制当事人行使辩论权利的；应当开庭审理而未开庭审理的；违反法律规定送达起诉状副本或者上诉状副本，致使当事人无法行使辩论权利的；违法剥夺当事人辩论权利的其他情形。

⑩未经传票传唤，缺席判决的。

⑪原判决、裁定遗漏或者超出诉讼请求的。

⑫据以作出原判决、裁定的法律文书被撤销或者变更的。

⑬审判人员审理该案件时有贪污受贿，徇私舞弊，枉法裁判行为的。

审判人员在审理该案件时有贪污受贿，徇私舞弊，枉法裁判行为，是指该行为已经相关刑事法律文书或者纪律处分决定确认的情形。

【注意】上述法定13种情形中，属于第6种和第13种情形的，检察院必须抗诉，不得提出检察建议；属于其他11种情形的，检察院可以抗诉，可以提出检察建议，但如果判决、裁定是经同级人民法院再审后作出的或判决、裁定是经同级人民法院审判委员会讨论作出的，则应当抗诉。

（2）调解书的再审事由：损害国家利益、社会公共利益。

2.提出抗诉的主体。

除最高人民检察院可以直接针对最高人民法院的生效裁判直接抗诉外，只能由上级检察院针对下级法院的生效裁判提出抗诉。

地方各级人民检察院针对自己同级法院的生效裁判，只能提请自己的上级检察院提出抗诉，或向同级法院提出检察建议。

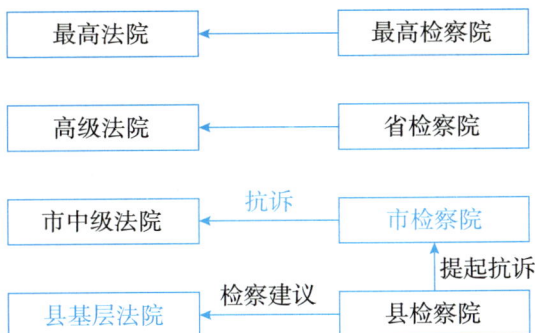

3.抗诉的效力。

检察院应当制作抗诉书。

检察院提出抗诉的案件，法院应当受理，应当自收到抗诉书之日起30日内作出提起再审的裁定。

例：张某诉季某人身损害赔偿一案判决生效后，张某以法院剥夺其辩论权为由申请再审，在法院审查张某再审申请期间，检察院对该案提出抗诉。法院直接裁定再审，再审时，对当事人的再审事由一并审查。（10年·卷三·47题）

4.抗诉案件的审理法院。

（1）通常为接受抗诉的法院。

（2）接受抗诉的人民法院在下列5种情况下可以交下一级人民法院再审，但经该下一级人民法院再审过的除外（限制原审法院和与原审同级的法院的再审权。原审原级法院只有在"有证据问题"且"没有再审过"，才能审理再审案件）。

①有新的证据，足以推翻原判决、裁定的。

②原判决、裁定认定的基本事实缺乏证据证明的。

③原判决、裁定认定事实的主要证据是伪造的。

④原判决、裁定认定事实的主要证据未经质证的。

⑤对审理案件需要的主要证据，当事人因客观原因不能自行收集，书面申请人民法院调查收集，人民法院未调查收集的。

【注意】上述5种情况全部与证据有关，属于实体错误。

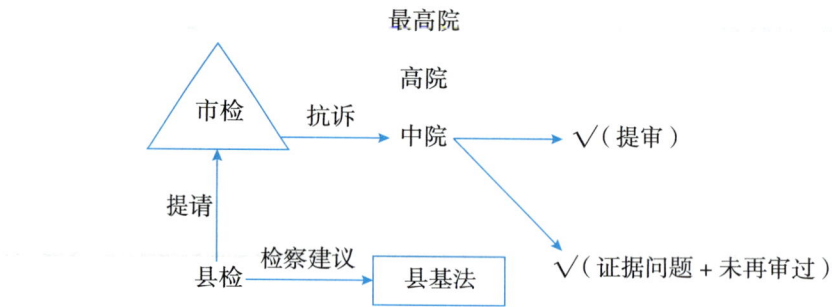

例：广州市白云区法院作出的一审生效裁判，发现错误后法院自己已经再审过，广州市检察院仍然认为该再审判决错误，以原判决缺乏证据证明为由向广州市中级人民法院提起抗诉。则广州中院只能自己审理，不能交由白云区法院审理。因为此案虽然符合可以交下一级法院再审的情形，但下一级法院的白云区法院已经对此案再审过，不能由白云区法院再审。但可以交给与白云区法院同级的其他基层法院审理。

5.抗诉案件的审理：再审时，应当通知检察院派员出席法庭。

6.检察院的调查取证权：检察院因履行法律监督职责提出检察建议或者抗诉的需要，可以向当事人或者案外人调查核实有关情况。

（三）当事人申请再审

1.申请再审的对象：判决、裁定、调解书。

2.申请再审的事由：针对判决和裁定的事由与检察院抗诉的法定事由相同，针对调解书的事由是调解违反自愿原则或者调解协议的内容违反法律。

3.申请再审的法定期间。

（1）当事人申请再审，应当在判决、裁定、调解书发生法律效力后6个月内提出。

（2）有下述情形之一的，自知道或者应当知道之日起6个月内提出：

①有新的证据，足以推翻原判决、裁定的；

②原判决、裁定认定事实的主要证据是伪造的；

③据以作出原判决、裁定的法律文书被撤销或者变更的；

④审判人员审理该案件时有贪污受贿，徇私舞弊，枉法裁判行为的。

【注意】法院决定再审和检察院抗诉，没有期限的限制，任何时候发现均可启动再审程序。

4.法院对再审申请的审查。

（1）时间：3个月。

人民法院应当自收到再审申请书之日起3个月内审查，公告期间、当事人和解期间等不计入审查期限，有特殊情况需要延长的，由本院院长批准。

（2）文书：裁定。

①对于再审申请，法院用裁定处理。符合法定情形的，裁定再审；不符合法定情形的，裁定驳回申请。

【注意】不符合法定情形的，是裁定驳回再审申请，而不是裁定驳回起诉。裁定驳回再审申请，原裁判效力未被否定；在再审程序审理中，如果发现原审法院受理案件错误，则可以撤销原一、二审裁判，驳回起诉，此时，原裁判的效力是被否定了。

②法院裁定不予受理：法院准许撤回再审申请或者按撤回再审申请处理后，再审申请人再次申请再审的；再审申请被驳回后再次提出申请的；对再审判决、裁定提出申请的；在人民检察院对当事人的申请作出不予提出再审检察建议或者抗诉决定后又提出申请的。

（3）组织形式：合议庭审查。

对当事人的再审申请，人民法院应当组成合议庭进行审查。

5.申请再审的法院。

（1）通常为上一级人民法院。

（2）当事人一方人数众多或者当事人双方为公民的案件：可以向上一级和原审人民法院申请。

（3）当事人一方人数众多或者当事人双方为公民的案件，当事人分别向原审人民法院和上一级人民法院申请再审且不能协商一致的，由原审人民法院受理。

【注意1】原告、被告或者第三人一方为三人以上的案件可以作为当事人一方人数众多的案件。

【注意2】如果不属于"当事人一方人数众多或者当事人双方为公民"的案件，只能向生效法律文书作出法院的上一级法院申请再审。

6.审理法院：由中级以上法院审理，但当事人一方人数众多或双方是公民，向原审法院（基层法院）申请再审的除外。（限制基层法院的再审权）

【注意】当事人申请再审的情况下，基层法院享有管辖权的条件：一方人数众多或双方是公民＋向基层法院申请再审。

（1）最高人民法院、高级人民法院裁定再审的案件，由本院再审或者交由其他人民法院再审，也可以交原审人民法院再审。

①因当事人申请裁定再审的案件一般应当由裁定再审的人民法院审理。有下列情形之一的，最高人民法院、高级人民法院可以指令原审人民法院再审：原判决、裁定认定事实的主要证据未经质证的；对审理案件需要的主要证据，当事人因客观原因不能自行收集，书面申请人民法院调查收集，人民法院未调查收集的；违反法律规定，剥夺当事人辩论权利的；发生法律效力的判决、裁定、调解书是由第一审法院作出的；当事人一方人数众多或者当事人双方为公民的；经审判委员会讨论决定的其他情形。

②虽然符合可以指令再审的条件，但有下列情形之一的，应当提审：原判决、裁定系经原审人民法院再审审理后作出的；原判决、裁定系经原审人民法院审判委员会讨论作出的；原审审判人员在审理该案件时有贪污受贿，徇私舞弊，枉法裁判行为的；原审人民法院对该案无再审管辖权的；需要统一法律适用或裁量权行使标准的；其他不宜指令原审人民法院再审的情形。

（2）中级人民法院和基层人民法院裁定再审的案件，只能由其本院审理。如图：

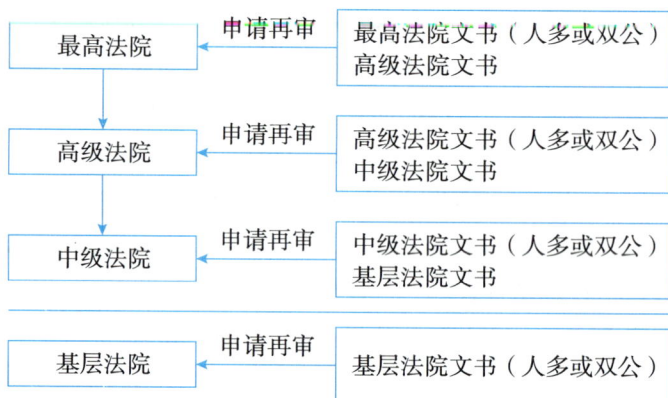

小结： 自己的案件永远自己审。上级发现下级有错：法院：剥夺原审原级的再审权；检察院：限制原审原级的再审权（有证据+无再审）；当事人：限制基层法院的再审权（一多双公+申请）

例1：（1）张三和李四的合同纠纷，经基层人民法院作出生效法律文书，张三想申请再审，因为双方是公民，张三既可以向基层法院申请，也可以向中级法院申请。

（2）甲公司和乙公司的合同纠纷，经基层法院作出生效法律文书，甲公司想申请再审，只能向中级法院申请再审，因为它不属于"当事人一方人数众多或者当事人双方为公民"的情形。

（3）张三和甲公司的合同纠纷，经基层法院作出生效法律文书，张三想申请再审，向哪个法院申请？向中级法院申请，因为它不属于"当事人一方人数众多或者当事人双方为公民"的情形。

例2：曹某起诉的合同纠纷案件，经中级法院作出生效法律文书，两审终审。现在曹某欲申请再审，是否只能向高级法院申请再审？不是。因为题中未指明另一方当事人是谁，如果另一方是自然人，双方当事人都是公民，曹某可以向原审法院即中级法院申请再审；如果另一方是公司，则不属于"当事人一方人数众多或者当事人双方为公民"的情形，只能向上一级法院即高级法院申请再审。

例3：（1）张三和李四的合同案件，经基层法院作出生效法律文书，张三想要申请再审。当事人申请基层人民法院再审的，只能由基层法院适用一审程序审理。当事人就此案向中级法院申请再审的，则只能由中级法院适用二审程序审理，不能发回原审基层法院适用一审程序审理（限制基层法院的再审权）。

（2）张三李四的合同纠纷经中级人民法院作出二审生效法律文书，现在张三想申请再审。张三可以向中院申请再审，只能由中院适用二审程序审理：向原审法院申请再审，由原审法院适用原审二审程序。张三可以向高院申请再审，则可以由高院适用二审程序审理：因为高院提审是二审。高院也可以发回中院适用原审程序——二审程序审理。

（3）张三李四的合同纠纷经中级人民法院作出一审生效法律文书，如果张三想申请再审。张三可以向中院申请再审，中院用一审程序审。张三可以向高院申请再审，高院审理此案可以适用二审程序审理，也可以发回中院适用一审程序审理。

例4：张三和李四的合同纠纷经中级法院作出一审生效法律文书，现在高级法院裁定再审。

高级法院可以适用二审程序自己审理（提审），可以交由中级法院适用一审程序审理（只限制基层法院的再审权）。

7.不能申请再审的案件：

（1）已经发生法律效力的解除婚姻关系的判决书、调解书；

（2）就离婚案件中的财产分割问题申请再审的，如涉及判决中已分割的财产，可以申请再审；如涉及判决中未作处理的夫妻共同财产，应告知当事人另行起诉；

（3）按照特别程序、督促程序、公示催告程序、破产程序审理的案件。

（四）当事人申请检察建议或者抗诉

当事人向检察院申请，要求其对民事案件提出检察建议或抗诉，这是除检察院自身发现生效法律文书有错误从而行使检察监督权以外，检察院行使检察监督权的重要线索来源。这项制度既增加了当事人对生效法律文书行使监督权的方式：除了向法院抗诉，还可以向检察院申请其提出检察建议或抗诉，也有利于检察院抗诉的实现。

1.法定情形：（1）法院驳回再审申请的；（2）法院逾期未对再审申请作出裁定的；（3）再审判决、裁定有明显错误的。

2.处理：检察院应当在3个月内作出提出或者不予提出检察建议或者抗诉的决定。

3.只能申请1次：检察院作出决定后，当事人不得再次向检察院申请检察建议或者抗诉。

先法院，后检察院：当事人向检察院申请检察建议或抗诉前，该案件必须先经过法院处理过（该案的再审申请被驳回或未被处理，或该案已经法院再审过），然后才能向检察院提出申请。

检察院具有终局性：检察院认为不应该启动再审，作出提出或者不予提出检察建议或者抗诉的决定，当事人再向法院申请再审，法院不予受理。

（五）案外人申请再审

1.案外人申请再审的期限：6个月内申请再审。

2.案外人申请再审的两种主要情形：

（1）案外人是必要共同诉讼人。

必须共同进行诉讼的当事人因不能归责于本人或者其诉讼代理人的事由未参加诉讼的，可以自知道或者应当知道之日起6个月内申请再审。

人民法院因上述当事人申请而裁定再审，按照第一审程序再审的，应当追加其为当事人，作出新的判决、裁定；按照第二审程序再审，经调解不能达成协议的，应当撤销原判决、裁定，发回重审，重审时应追加其为当事人。

（2）案外人是有独立请求权的第三人。

案外人对驳回其执行异议的裁定不服，认为原判决、裁定、调解书内容错误损害其民事权益的，可以自执行异议裁定送达之日起6个月内，向作出原判决、裁定、调解书的人民法院申请再审。

经审理，再审请求成立的，撤销或者改变原判决、裁定、调解书；再审请求不成立的，维持原判决、裁定、调解书。

【小结】案外人是必要共同诉讼人，申请再审有两条途径：以案外人身份直接申请再审；以案外人身份对执行标的提异议，法院作出裁定，对裁定不服以案外人身份申请再审。

案外人是必要共同诉讼人以外的人（有独立请求权的第三人），只能以一种方法申请再审：以案外人身份对执行标的提异议，法院作出裁定，对裁定不服的，以案外人身份申请再审。

三、再审案件的审理与裁判

1.当事人申请再审，不会中止原判决、裁定的执行。但法院决定再审、检察院抗诉启动再审的案件，裁定中止原判决、裁定、调解书的执行。

追索赡养费、扶养费、抚养费、抚恤金、医疗费用、劳动报酬等案件，可以不中止执行。

2.再审的审理组织。

依照审判监督程序进行再审的案件，应当另行组成合议庭进行审理，不得适用简易程序进行独任审判，原合议庭成员或者独任审判员不能参加新组成的合议庭。

3.再审适用的审判程序。

（1）生效裁判是一审法院作出的，适用一审程序，所作判决、裁定可以上诉。

（2）生效裁判是二审法院作出的，适用二审程序，所作判决、裁定不得上诉。

（3）上级法院提审的，无论生效裁判是一审还是二审法院作出的，一律适用二审程序，所作判决、裁定不得上诉。

4.再审的审理范围。

人民法院应当在具体的再审请求范围内或在抗诉支持当事人请求的范围内审理再审案件。当事人超出原审范围增加、变更诉讼请求的，不属于再审审理范围：符合另案起诉条件的，人民法院告知其另行起诉；不符合另案起诉条件的，裁定不予受理。

（1）但涉及国家利益、社会公共利益，或者当事人在原审诉讼中已经依法要求增加、变更诉讼请求，原审未予审理且客观上不能形成其他诉讼的除外。

（2）新的证据证明原判决、裁定确有错误的，被申请人等当事人因申请再审人或者申请抗诉的当事人的过错未能在原审程序中及时举证，请求补偿其增加的差旅、误工等诉讼费用的，人民法院应当支持；请求赔偿其由此扩大的直接损失，可以另行提起诉讼解决。

（3）人民法院经审理，撤销原判，发回重审。此时原审被告反诉的，人民法院应予受理并审理。

【注意】再审是纠错程序，当事人在再审中新提出的诉讼请求或增加、变更的诉讼请求，显然不属于原审法院的错误，因而再审程序不审，当事人只能通过另行起诉的方式救济。因此，在再审程序审理中提出反诉，显然也属于新的诉求，而且这个诉求是可以通过另诉的方式解决的，因此，再审程序中的反诉，无论是适用一审程序审理还是适用二审程序审理，都应是直接告知当事人另诉解决。通常情况下，一审中的反诉和本诉合并审理，调解不成的，及时判决；二审中的反诉先行调解，调解不成的，告知当事人另行起诉，但在再审中，只要提起反诉，因再审不审新诉求，不能适用一审、二审中关于反诉的处理方式，应当一律告知当事人另行起诉。

例1：韩某起诉翔鹭公司要求其依约交付电脑，并支付迟延履行违约金5万元。经县市两级法院审理，韩某均胜诉。后翔鹭公司以原审适用法律错误为由申请再审，省高院裁定再审后，韩某变更诉讼请求为解除合同，支付迟延履行违约金10万元。再审法院最终维持原判。再审法院对韩某变更后的请求应当不予审查。（13年·卷三·82题）

例2：张三诉李四人身损害赔偿1万元，经过两审终审，李四败诉，申请再审。在再审中，李四反诉张三人身赔偿，此时法院适用二审程序审理再审案件，不能"调解不成，告知另行起诉"，应"直接告知另行起诉"。

例3：张三诉李四人身损害赔偿1万元，张三败诉，申请再审。再审中张三增加诉讼请求，要求精神损害赔偿5000元，法院裁定不予受理。

例4：甲因民事合同纠纷对乙提起诉讼，一审判决生效，乙败诉。乙向上级法院提出再审申请，再审中，乙提出反诉，甲此时提出撤诉，法院应准许甲撤回起诉，继续审理乙的反诉。（2020年仿真题）

5.再审案件的裁判。

（1）维持原判。

经再审审理认为，原判决、裁定认定事实清楚、适用法律正确的，应予维持；原判决、裁定在认定事实、适用法律、阐述理由方面虽有瑕疵，但裁判结果正确的，人民法院应在再审判决、裁定中纠正上述瑕疵后予以维持。

（2）依法改判。

人民法院按照第二审程序审理再审案件，发现原判决认定事实错误或者认定事实不清的，应当在查清事实后改判。另外，有新的证据证明原判决、裁定确有错误的，人民法院应予改判。

（3）发回重审。

法院在审理中发现原一、二审判决违反法定程序，可能影响案件正确判决、裁定的，裁定撤销一、二审判决，发回重审。

法院发现原一、二审判决遗漏必要共同诉讼人，能调则调，调解不成，裁定撤销一、二审判决，发回重审。

（4）驳回起诉。

任何程序中，只要不符合起诉条件，只有一种处理方式，即驳回起诉：一审中直接裁定驳回起诉；二审中裁定撤销一审判决，驳回起诉；审判监督中裁定撤销一、二审判决，驳回起诉。

6.再审程序中的特殊情形的处理。

（1）检察院撤回抗诉，人民法院应予准予，同时恢复对原裁判的执行。

（2）当事人撤回再审申请，由人民法院裁定是否准予；裁定准予的，终结再审程序，恢复原裁判文书的执行。

（3）按照第一审程序审理再审案件时，一审原告申请撤回起诉的，应当征得其他当事人同意，是否准许由人民法院裁定。裁定准许的，应当同时裁定撤销原判决、裁定、调解书。

判断：

1.在再审中，当事人提出新的诉讼请求的，原则上法院应根据自愿原则进行调解，调解不成的，告知另行起诉。（×）（10年·卷三·82题）

分析：在再审中，当事人提出新的诉讼请求，是新诉求，不是再审案件的审理范围。因此法院不应当对其进行调解。

2.在再审中，当事人增加诉讼请求的，原则上法院应根据自愿原则进行调解，调解不成的，裁定发回重审。（×）（10年·卷三·82题）

分析：在再审中，当事人增加诉讼请求，是新诉求，不是再审案件的审理范围。因此法院不应当对其进行调解。

3.按照第一审程序再审案件时，经法院许可，原审原告可撤回起诉。（√）（10年·卷三·82题）

分析：按照第一审程序审理再审案件时，一审原告申请撤回起诉的，是否准许由人民法院裁定。裁定准许的，应当同时裁定撤销原判决、裁定、调解书。

4.在一定条件下，案外人可申请再审。（√）（10年·卷三·82题）

分析：能够申请再审的，除了当事人，还有案外人，可以是必要共同诉讼人，也可以是有独立请求权等第三人。

例1：万某起诉吴某人身损害赔偿一案，经过两级法院审理，均判决支持万某的诉讼请求，吴某不服，申请再审。再审中万某未出席开庭审理，也未向法院说明理由。对此，法院应缺席判决。（14年·卷三·50题）

例2：林某诉张某房屋纠纷案，经某中级法院一审判决后，林某没有上诉，而是于收到判决书20日后，向省高级法院申请再审。期间，张某向中级法院申请执行判决。省高级法院经审查，认为一审判决确有错误，遂指令作出判决的中级法院再审。中级法院应裁定中止原裁判的执行，中级法院应适用一审程序再审该案。（09年·卷三·88题）

例3：赵某与黄某因某项财产所有权发生争议，赵某向法院提起诉讼，经一、二审法院审理后，判决该项财产属赵某所有。此后，陈某得知此事，向二审法院反映其是该财产的共同所有人，并提供了相关证据。二审法院经审查，决定对此案进行再审。二审法院可以直接通知陈某参加再审程序，并根据自愿原则进行调解，调解不成的，裁定撤销一、二审判决，发回原审法院重审。（08年·卷三·35题）

经典考题： 1.当事人以法律适用错误为由申请再审，原生效法律文书的执行停止，再审中发现执行时已达成和解，并履行完毕。法院应当怎么处理？（2019年仿真题，

单选）①

A.执行回转   B.再审继续

C.驳回再审申请   D.恢复执行原判决

2.甲、乙对某区法院作出的判决未提出上诉，一段时间后，甲先向中级法院申请再审，乙向原区法院申请再审。甲、乙之间未协商一致，则本案应当由哪个法院受理？（2020年仿真题，单选）②

A.中级法院   B.原区法院

C.中级法院裁定受理法院   D.先作出裁定受理的法院

3.甲和乙有纠纷，后达成调解协议，法院制作调解书，送达甲、乙签收。后来甲发现调解书和调解协议有不同，违反甲的意愿，甲如何救济？（2019年仿真题，单选）③

A.申请法院再审   B.法院收回调解书重新制作

C.法院作裁定补正   D.要求法院根据调解协议重做调解书

---

① 【答案】C

【考点】再审的审查、执行和解协议

【解题指引】执行回转是指执行完毕后，据以执行的判决、裁定和其他法律文书确有错误，被人民法院撤销的，对已被执行的财产，人民法院应当作出裁定，责令取得财产的人返还；拒不返还的，强制执行。

【解析】《民诉解释》第402条规定："再审申请审查期间，有下列情形之一的，裁定终结审查：……（三）当事人达成和解协议且已履行完毕的，但当事人在和解协议中声明不放弃申请再审权利的除外……"本案中，当事人的执行和解协议已经履行完毕，当事人在和解协议中没有声明不放弃申请再审的权利。所以当事人再申请的，人民法院应当裁定终结审查，驳回再审申请。故C项正确。ABD三项错误。综上所述，本题答案为C。

② 【答案】B

【考点】当事人申请再审的法院

【解题指引】当事人一方人数众多或者当事人双方为公民的案件，当事人分别向原审人民法院和上一级人民法院申请再审且不能协商一致的，由原审人民法院受理。简化记忆：一多、双公。

【解析】《民诉解释》第379条规定，当事人一方人数众多或者当事人双方为公民的案件，当事人分别向原审人民法院和上一级人民法院申请再审且不能协商一致的，由原审人民法院受理。由此可知，甲、乙的再审申请，应当由原审法院即区法院受理。故B选项正确，ACD选项错误。综上所述，本题答案为B。

③ 【答案】C

【考点】生效法律文书的救济

【解题指引】法院作裁定补正的情形：在民事诉讼中，补正判决适用的情形包括判决书中有笔误的、当事人和其他诉讼参与人认为对自己的陈述记录有遗漏或者差错等。

【解析】《最高人民法院关于人民法院民事调解工作若干问题的规定》第13条规定，当事人以民事调解书与调解协议的原意不一致为由提出异议，人民法院审查后认为异议成立的，应当根据调解协议裁定补正民事调解书的相关内容。C项正确，其他选项错误。综上所述，本题答案为C。

专题十二　特别程序

命题点拨

　　本专题法考考查内容不多。通常考查的重点为：特别程序的特点和选民资格案件。但新增的确认调解协议案件和实现担保物权案件经过两年的高密度考查，仍将是法考的热点。

知识体系图

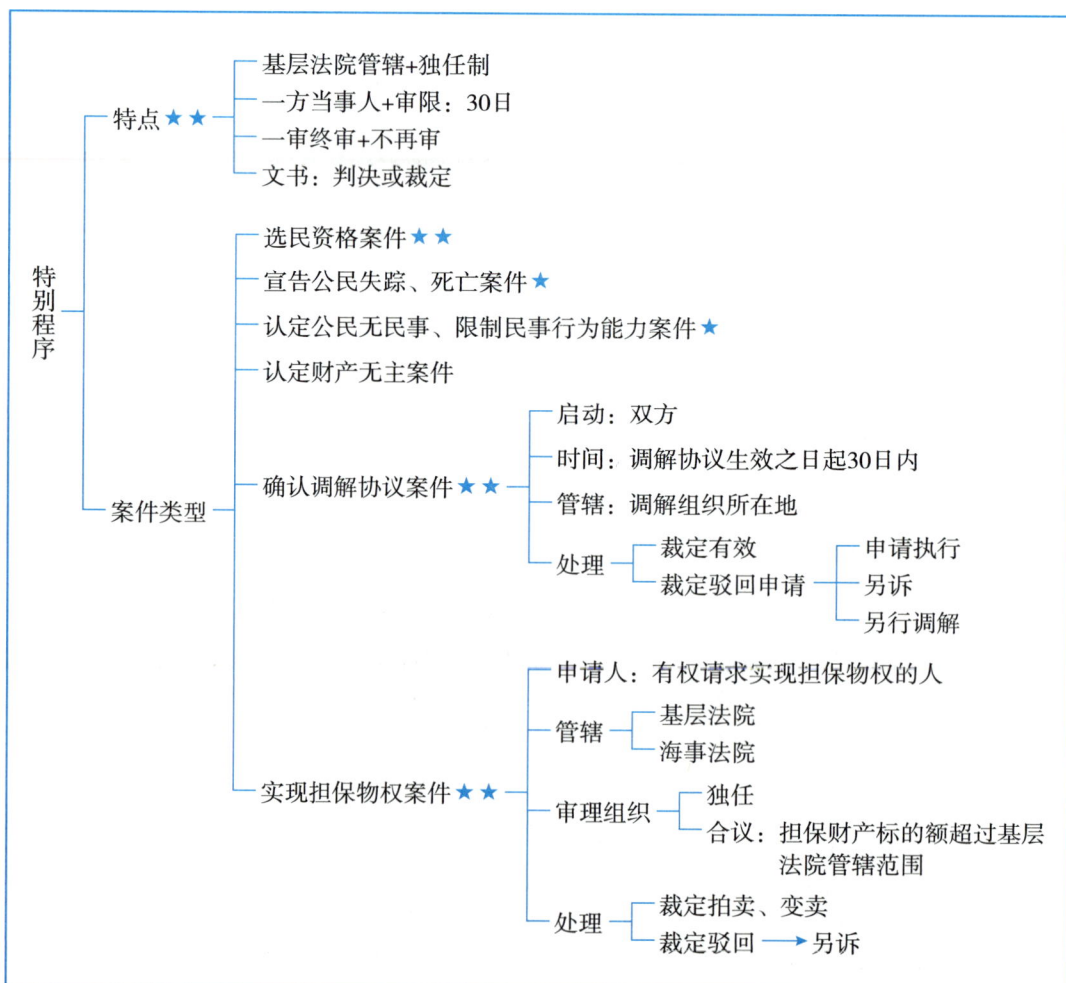

一、特别程序的特点

1. 审级：一审终审，生效法律文书不能上诉。

2. 审判组织：<u>独任审理</u>。但对于<u>选民资格案件、重大疑难的案件、担保财产标的额超过基层法院管辖范围的实现担保物权案件</u>，由审判员组成合议庭审理。

3. 当事人：<u>除选民资格案件外</u>，其他案件都没有对立的双方当事人，而只有一方当事人，启动程序的当事人，<u>不一定</u>与本案有直接利害关系。

4. 审理期限：应当在<u>立案之日起30日内或者公告期满30日内审结</u>（公告期不计入审理期限）。有特殊情况需要延长的，由本院院长批准。但审理选民资格案件必须在<u>选举日前审结</u>。

5. 救济：判决发生效力后，如发现认定事实或适用法律确有错误，无需启动再审程序（不存在再审），由当事人、利害关系人向原审法院提出<u>异议</u>，撤销或改变原判决、裁定。

6. 管辖：由相关<u>基层人民法院</u>管辖。

7. 文书：<u>确认调解协议和实现担保物权案件用裁定，其他均为判决</u>。

判断：

1. 适用特别程序审理的案件都是非讼案件。（×）（12年·卷三·44题）

分析：特别程序包括：选民资格案件，宣告公民失踪、死亡案件，认定公民无行为能力、限制行为能力案件，认定财产无主案件。其中，选民资格案件并非严格意义上的非讼案件，首先它不具有"民事性"，而是涉及选民的选举资格及正常的选举秩序；其次，选民资格案件因具备双方当事人（起诉人与选举委员会）而不具备非讼案件的基本特征，《民事诉讼法》将其规定在特别程序中，只是立法技术的需要。该说法过于绝对。

2. 特别程序的起诉人或申请人与案件都有直接的利害关系。（×）（12年·卷三·44题）

分析：特别程序中，起诉人或申请人有时与案件有直接的利害关系，有时与案件并没有直接的利害关系，比如选民资格案件中由于起诉人无限制，起诉人可能是没有直接利害关系的人。

3. 适用特别程序审理的案件都是一审终审。（√）（12年·卷三·44题）

4. 陪审员通常不参加适用特别程序案件的审理。（×）（12年·卷三·44题）

分析：陪审员是为克服职业法官审理争议案件思维局限性而设立的制度，陪审员一定不会参加特别程序的审理，而不是"通常不参加"。

二、选民资格案件

1. 申诉处理前置：对选民名单有不同意见的，应先向选举委员会申诉，对申诉决定不服的，再向人民法院起诉。

2. 起诉时间：起诉人在选举日的5日以前起诉。

3. 对起诉人无限制：主体不一定是选民本人。

4. 管辖：选区所在地基层人民法院。

5. 审理中的参与人特殊：起诉人、选民资格本人以及选举委员会的代表应参加案件的审理。

6.审限：选举日前审结。

7.判决书：法院的判决书，应当在选举日前送达选举委员会和起诉人，并通知有关公民。

例1：某基层人民法院在审理一个选民资格案件的过程中，对案件进行了调解，该案最终以调解的方式结案。该基层人民法院的做法不正确。因为选民资格案件是通过审判程序来解决选举委员会公布的选民名单有无错写或漏写的问题，所以选民资格案件不能适用调解的方式结案。

例2：在基层人大代表换届选举中，村民刘某发现选举委员会公布的选民名单中遗漏了同村村民张某的名字，遂向选举委员会提出申诉。选举委员会认为，刘某不是本案的利害关系人无权提起申诉，故驳回了刘某的申诉，刘某不服诉至法院。张某、刘某和选举委员会的代表都必须参加诉讼，选民资格案件关系到公民的重要政治权利，只能由审判员组成合议庭进行审理，法院对选民资格案件作出的判决是终审判决，当事人不得对此提起上诉。（09年·卷三·49题）

三、宣告公民失踪、死亡案件

（一）宣告公民失踪案件

1.宣告公民失踪的条件：

（1）该公民须有下落不明的客观事实存在。

（2）下落不明的期间须持续满2年。

（3）只能由该公民的利害关系人提出申请。利害关系人是指该公民的配偶、父母、子女、兄弟姐妹等近亲属及其他与被申请人有民事权利义务关系的人。

（4）申请人必须以书面形式向人民法院提出申请。

2.公告期：法院受理宣告公民失踪案件后，应发出寻找下落不明人的公告，公告期为3个月。

3.管辖：下落不明人住所地基层人民法院。

4.失踪人财产的管理：由他或她的配偶、成年子女、父母、其他愿意担任财产代管人的人代为管理。

5.财产代管人的变更：

（1）失踪人的财产代管人经人民法院指定后，代管人申请变更代管的，比照《民事诉讼法》特别程序的有关规定进行审理。

（2）失踪人的其他利害关系人申请变更代管人的，法院应告知其以原指定的代管人为被告起诉，并按普通程序进行审理。

6.冲突：对同一自然人，有的利害关系人申请宣告死亡，有的利害关系人申请宣告失踪，符合本法规定的宣告死亡条件的，人民法院应当宣告死亡。

7.失踪人重新出现后的处理：

（1）该公民本人或者他的利害关系人有权向作出失踪宣告判决的法院提出申请。

（2）法院审查属实后，应当作出新判决，撤销原判决。

（3）原判决撤销后，财产代管人应对其代管的财产进行清理，并将该代管财产返还给失踪人。

（二）宣告公民死亡案件

1.宣告公民死亡的条件：

（1）该公民须有下落不明的客观事实存在。

（2）下落不明达法定期间。

①一般情况下落不明的时间持续满4年，战争期间下落不明的，从战争结束之日起算持续满4年。

②因意外事件下落不明，从公民音讯消失的次日起算持续满2年。

③经有关机构证明该公民不可能生存的，不受时间的限制。

（3）只能由该公民的利害关系人提出申请。

利害关系人，包括配偶；父母、子女；祖父母、外祖父母、孙子女、外孙子女；其他利害关系人。与宣告失踪不同，此处的利害关系人的申请有顺序限制，当意见不一致时，以前一顺序利害关系人意见为准；同一顺序利害关系人间，有人同意宣告死亡，有人不同意宣告死亡的，只要符合宣告死亡条件，应当宣告死亡。

2.公告：

人民法院受理宣告死亡案件后，应当发出寻找下落不明人的公告。

公告期一般情况为1年；特殊情况：因意外事件下落不明，经有关机构证明该公民不可能生存的为3个月。

3.管辖：下落不明人住所地的基层人民法院。

4.宣告公民死亡的法律后果：公民被宣告死亡后，其法律效果与自然死亡基本相同。其民事权利义务随之消失，原有的夫妻关系也因此而消灭。继承法律关系开始。

5.被宣告死亡的人重新出现的处理：

（1）该公民本人或者他的利害关系人有权向作出死亡宣告判决的法院提出申请。

（2）法院审查属实后，应当作出新判决，撤销原判决。

（3）原判决撤销后，财产关系应当恢复，即继承人应当将所继承的财产返还，原物不能返还的，作价返还。

（4）原判决撤销后，夫妻关系能否自行恢复取决于配偶是否再婚：只要是没有再婚，都可以自行恢复；如果配偶再婚了，就不能自行恢复，即便是再婚后又离婚或再婚后配偶死亡的，也不得自行恢复。

例：李某因债务人刘某下落不明申请宣告刘某失踪。法院经审理宣告刘某为失踪人，并指定刘妻为其财产代管人。判决生效后，刘父认为由刘妻代管财产会损害儿子的利益，要求变更刘某的财产代管人。刘父提起诉讼变更财产代管人，法院适用普通程序审理（争讼）。如果是刘妻要求变更财产代管人，自己不做财产代管人了，法院适用特别程序审理（非讼）。（17年·卷三·47题）

四、认定公民无行为能力或者限制行为能力的案件

（一）提出申请的主体

利害关系人或有关组织（居民委员会、村民委员会、学校、医疗机构、妇女联合会、

残疾人联合会、依法设立的老年人组织、民政部门等）。

（二）申请必须是书面的

例：公民甲长期神志不清、思维混乱，现有人欲申请甲为无民事行为能力人或限制民事行为能力人，则甲的配偶乙及其儿子丙、甲所在单位或负有监护责任的组织、甲的债权人丁和甲的同事戊及朋友己中，只有甲的同事及朋友无权申请，其他三类人都有权作为申请人提出申请。

（三）确定代理人：为被申请人确定一个法定诉讼代理人

1.申请人以外的该公民的近亲属为代理人。

2.其他亲属。

3.朋友（被申请人所在单位或者住所地的居民委员会、村民委员会同意，且愿意担任代理人的关系密切的）。

4.被申请人住所地的居民委员会、村民委员会或者民政部门。

（四）对案件的处理

法院经审理认为申请有事实根据的，判决该公民为无民事行为能力人或者限制民事行为能力人；认定申请没有事实根据的，应当判决予以驳回。

判决认定为无民事行为能力人或限制民事行为能力人的，法院应当为其指定监护人，被指定人不服的，应在接到通知书次日起30日内向法院起诉。

（五）原判决的撤销

经本人、利害关系人或者有关组织的申请，证实该公民无民事行为能力或者限制民事行为能力的原因已经消除的，应当作出新判决，撤销原判决。

（六）其他诉讼中当事人的民事行为能力需要认定：中止原诉讼，按照特别程序处理

五、认定财产无主案件

1.对象：以有形财产为限。

2.管辖：财产所在地基层人民法院。

3.条件：公告期满1年无人认领。

4.案外人对标的物提出要求：若案外人在公告期内提出财产请求，法院应当裁定终结特别程序，告知申请人另行起诉，适用普通程序进行审理。

5.财产所有人出现的处理：判决认定财产无主后，原财产所有人或者继承人出现，《民法典》规定的诉讼时效期间即3年内可以对财产提出请求，法院审查属实后，应当作出新判决，撤销原判决。

六、确认调解协议案件

司法确认案件是指对于涉及当事人之间民事权利义务的纠纷，经依法设立的调解组织调解达成具有民事合同性质的协议后，由双方当事人自调解协议生效之日起30日内，共同到人民法院申请确认调解协议的法律效力的一种新的案件类型。

协议范围为经依法设立的调解组织条件达成的调解协议。

1.启动：双方当事人申请（有无争议均可）。

2.管辖法院：

（1）人民法院邀请调解组织开展先行调解的，向作出邀请的人民法院提出；

（2）调解组织自行开展调解的，向当事人住所地、标的物所在地、调解组织所在地的基层人民法院提出；调解协议所涉纠纷应当由中级人民法院管辖的，向相应的中级人民法院提出。

3.时间：自调解协议生效之日起30日内。

4.撤回申请：确认调解协议的裁定作出前，当事人撤回申请的，人民法院可以裁定准许。

当事人无正当理由未在限期内补充陈述、补充证明材料或者拒不接受询问的，人民法院可以按撤回申请处理。

5.处理：

（1）符合法律规定的：

①裁定调解协议有效；

②一方当事人拒绝履行或者未全部履行的，对方当事人可以向人民法院申请执行。

（2）不符合法律规定的：

①裁定不予受理的情形：不属于人民法院受理范围的；不属于收到申请的人民法院管辖的；申请确认婚姻关系、亲子关系、收养关系等身份关系无效、有效或者解除的；涉及适用其他特别程序、公示催告程序、破产程序审理的；调解协议内容涉及物权、知识产权确权的。

受理后发现有上述情形的，裁定驳回当事人的申请。

```
督促程序 ┬ 争讼
（债权债务纠纷）└ 非讼 ┬ 达成调解协议——确认
                        └ 督促程序
```

②裁定驳回申请的情形：违反法律强制性规定的；损害国家利益、社会公共利益、他人合法权益的；违背公序良俗的；违反自愿原则的；内容不明确的；其他不能进行司法确认的情形。

裁定驳回申请的，当事人可以通过调解方式变更原调解协议或者达成新的调解协议，也可以向人民法院提起诉讼。

例1：2015年4月，居住在B市（直辖市）东城区的林剑与居住在B市西城区的钟阳（二人系位于B市北城区正和钢铁厂的同事）签订了一份借款合同，约定钟阳向林剑借款20万元，月息1%，2017年1月20日前连本带息一并返还。合同还约定，如因合同履行发生争议，可向B市东城区仲裁委员会仲裁。至2017年2月，钟阳未能按时履约。2017年3月，二人到正和钢铁厂人民调解委员会（下称调解委员会）请求调解。调解委员会委派了三位调解员主持该纠纷的调解。如调解成功，林剑与钟阳在调解委员会的主持下达成了调解协议，应由林剑、钟阳共同向有管辖权的法院申请，应在调解协议生效之日起30日内提出申请，申请可以是书面方式，也可以是口头方式。（17年·卷三·97题）

例2：李云将房屋出售给王亮，后因合同履行发生争议，经双方住所地人民调解委员会调解，双方达成调解协议，明确王亮付清房款后，房屋的所有权归属王亮。为确保调解协议的效力，双方约定向法院提出司法确认申请，李云随即长期出差在外。本案的调解协议内容涉及物权确权，法院不予受理（15年·卷三·45题）

七、实现担保物权案件

（一）申请主体

1.担保物权人。

具体包括抵押权人、质权人、留置权人。

2.其他有权请求实现担保物权的人。

（1）《民法典》第437条规定的"出质人"。

即"出质人可以请求质权人在债务履行期届满后及时行使质权；质权人不行使的，出质人可以请求人民法院拍卖、变卖质押财产。"

（2）《民法典》第454条规定的"财产被留置的债务人"。

即"债务人可以请求留置权人在债务履行期届满后行使留置权；留置权人不行使的，债务人可以请求人民法院拍卖、变卖留置财产。"

（3）《民法典》第807条规定的"建设工程承包人"。

即"发包人未按照约定支付价款的，承包人可以催告发包人在合理期限内支付价款。发包人逾期不支付的，除按照建设工程的性质不宜折价、拍卖的以外，承包人可以与发包人协议将该工程折价，也可以申请人民法院将该工程依法拍卖。建设工程的价款就该工程折价或者拍卖的价款优先受偿。"

（4）《海商法》、《民用航空器法》等法律中规定的船舶抵押权人、民用航空器抵押权人。

（二）管辖法院

担保财产所在地或者担保物权登记地基层人民法院。

特殊情形：

1.实现票据、仓单、提单等有权利凭证的权利质权案件，可以由权利凭证持有人住所地人民法院管辖；无权利凭证的权利质权，由出质登记地人民法院管辖。

2.实现担保物权案件属于海事法院等专门人民法院管辖的，由专门人民法院管辖。

（三）多个担保同时存在的处理

1.既有物的担保又有人的担保，当事人对实现担保物权的顺序有约定，实现担保物权的申请违反该约定的，人民法院裁定不予受理；没有约定或者约定不明的，人民法院应当受理。

2.同一财产上设立多个担保物权，登记在先的担保物权尚未实现的，不影响后顺位的担保物权人向人民法院申请实现担保物权。

（四）审理组织

由审判员一人独任审查。担保财产标的额超过基层人民法院管辖范围的，应当组成合议庭进行审查。

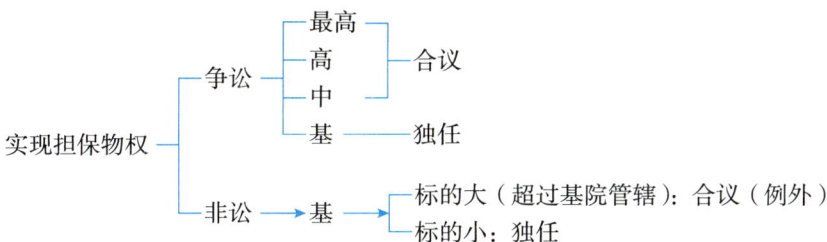

```
                              ┌── 最高 ┐
                       ┌── 争讼 ┤  高   ├── 合议
                       │        │  中   │
 实现担保物权 ──────────┤        └── 基  ──── 独任
                       │        ┌── 标的大（超过基院管辖）：合议（例外）
                       └── 非讼 ── 基 ┤
                                    └── 标的小：独任
```

（五）法院处理

1.人民法院受理申请后，经审查，符合法律规定的，<u>裁定拍卖、变卖担保财产</u>，当事人依据该裁定可以向人民法院申请执行。

2.不符合法律规定的，裁定驳回申请，当事人可以向人民法院提起诉讼。

例：甲公司与银行订立了标的额为8000万元的贷款合同，甲公司董事长美国人汤姆用自己位于W市的三套别墅为甲公司提供抵押担保。贷款到期后甲公司无力归还，银行向法院申请适用特别程序实现对别墅的抵押权。如果法院经过审查，驳回银行申请，银行可就该抵押权益向法院起诉。（14年·卷三·44题）

（六）程序错误的救济：提出异议

1.对人民法院作出的确认调解协议、准许实现担保物权的裁定，当事人有异议的，应当自收到裁定之日起15日内提出；利害关系人有异议的，自知道或者应当知道其民事权益受到侵害之日起6个月内提出。

2.异议成立或者部分成立的，作出新的判决、裁定撤销或者改变原判决、裁定；异议不成立的，裁定驳回。

【注意】对于确认调解协议和实现担保物权案件，只有"确认"调解协议、"准许实现"担保物权的肯定的裁定，当事人和利害关系人才有异议权；如果法院作出了驳回申请的否定的裁定，当事人和利害关系人是没有异议权的，此时当事人之间没有实体权利义务关系被法院确定下来，如果其不服，只能就原来的法律关系——调解协议所涉及的法律关系和担保物权问题向法院另行起诉。

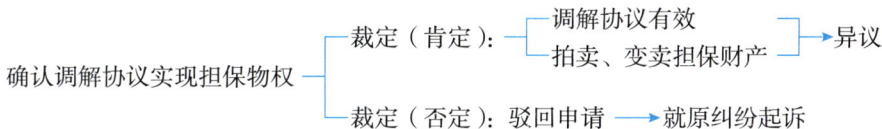

```
                          ┌── 裁定（肯定）：┌─ 调解协议有效 ┐
 确认调解协议实现担保物权 ──┤                └─ 拍卖、变卖担保财产 ──── 异议
                          └── 裁定（否定）：驳回申请 ──── 就原纠纷起诉
```

经典考题：甲起诉乙要人身损害赔偿，双方经调解达成调解协议：乙向甲支付1万元。双方向法院请求确认调解协议的效力，履行完毕后，甲做了伤残鉴定，觉得让乙赔1万元赔少了，问甲应该怎么做？（2019年仿真题，单选）①

————————————————————

① 【考点】确认调解协议裁定的法律效力

　　【答案】B

　　【解题指引】确认调解协议程序的案件，法院确定调解协议有效后，当事人之间的民事纠纷已经有生效法律文书解决，除非有新的损害发生，当事人可以就新的损害另行起诉，否则当事人不能就同一纠纷向法院起诉。（转下页）

A.请求上一级法院再审

B.属于一事不再理，不予受理

C.按照简易程序审理

D.按照特别程序审理

（接上页）【解析】确认调解协议程序属于特别程序，特别程序的案件不能再审。A项错误。法院确定调解协议有效后，当事人之间的民事纠纷已经有生效法律文书解决，除非有新的损害发生，当事人可以就新的损害另行起诉，否则当事人不能就同一纠纷向法院起诉。本案中，甲做了伤残鉴定，认为让乙赔1万元赔少了，不是新的损害，只是对之前的赔偿金额的反悔。所以法院裁定不予受理正确。B项正确。特别程序的案件已经结案的，不能再审，也不能重新起诉或重新启动特别程序。C项和D项错误。综上所述，本题答案为B。

专题十三　督促程序

命题点拨

　　本专题不是重点考查的内容，分值一般为1~2分，但考查频率较高。本专题重点问题如下：申请支付令的条件、支付令的效力、支付令异议、支付令的送达、诉讼程序和督促程序的转换。

　　督促程序是指债权人请求人民法院发布附有条件的命令，督促债务人在一定期间内履行一定的给付义务的特别程序。附有条件的命令就是人民法院基于债权人的请求，对债务人发布的支付令。

知识体系图

```
                        管辖 ★ —— 债务人住所地基层法院

                                ┌── 给付金钱或有价证券
                        适用条件 ★├── 已到期且数额确定
                                ├── 无其他债务纠纷
                                └── 支付令能送达债务人

                        支付令效力 ★★ ┌── 限制履行
                                    └── 强制执行
    督促程序
                                ┌── 期限 —— 15日内
                                ├── 方式 —— 书面
                        异议 ★★├── 内容 —— 实体上拒绝
                                ├── 可撤回 —— 撤回后不可反悔
                                └── 对象 —— 发出支付令的法院

                                ┌── 异议成立 ┌── 转入诉讼程序
                        程序转化 ★★│          └── 申请人不同意的（7日内）—— 另诉
                                └── 诉讼 —— 可转入督促程序
```

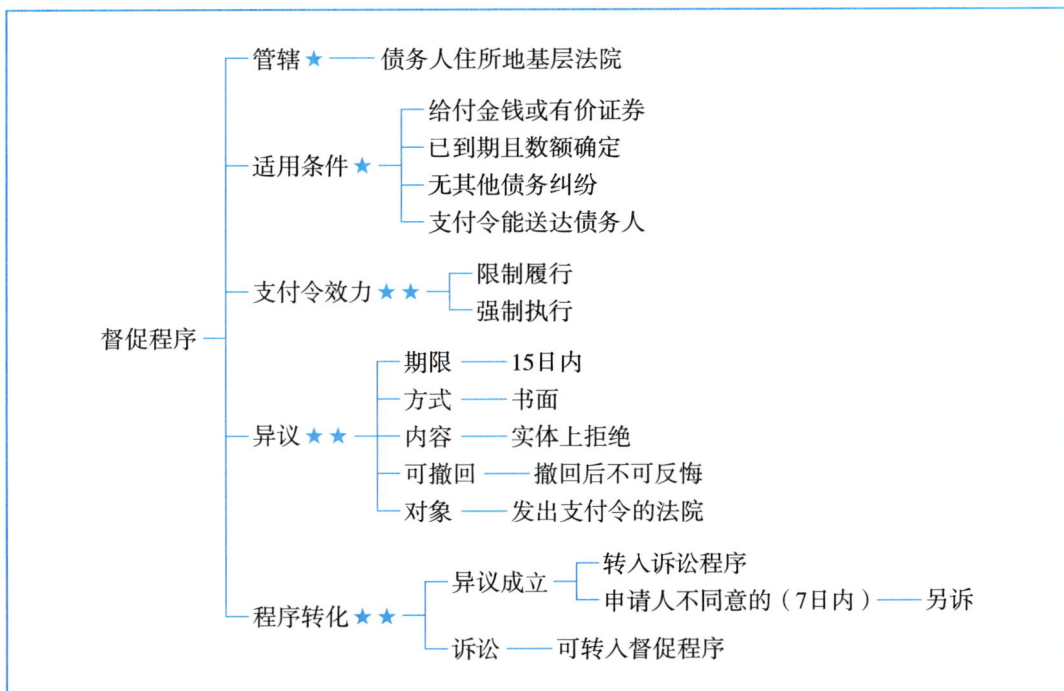

一、督促程序的管辖、审判组织与审级

　　1.债务人住所地的基层人民法院。中级以上的人民法院不能适用督促程序审理案件。

　　2.独任审判。

　　3.实行一审终审，且不得申请再审。

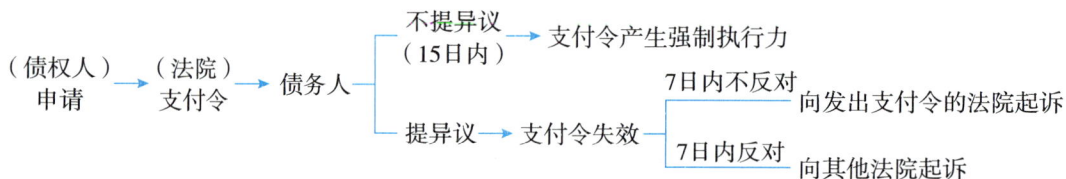

二、申请支付令的条件

1.适用范围：金钱、有价证券（汇票、本票、支票、股票、债券、国库券、可转让存款单）。

2.请求给付的金钱或有价证券已到履行期且数额确定。

3.债权人和债务人之间不存在对待给付义务。

4.支付令能够送达债务人。债务人不在我国境内的，或者虽在我国境内但下落不明的，不适用督促程序。支付令只能对债务人本人适用留置送达。

例1：在督促程序中，人民法院向债务人发出支付令后，债务人地址不对，无法送达支付令，此种情况属于支付令无法送达的情形，督促程序应当终结。

例2：某公司聘请一个外国技术人员从事研发工作，签订劳动合同，约定年薪800万元，后公司经营不善，无力支付其薪资，欠了这个外国人1200万元，当地1000万元以上标的额的案件归中院管，这个外国人可选择下列救济方式：向区调解委员会请求调解；向区法院申请支付令；可向中院提起诉讼；向当地仲裁委员会提请仲裁。（2020年仿真题）

三、支付令的效力

1.债务人限期清偿债务的效力：支付令一经制作发出，即具有限期（15日内）债务人履行或提出书面异议的效力。

2.具有强制执行效力：15日异议期满，债务人无人提出异议或提出异议被驳回，则支付令具有强制执行的效力。

四、支付令的异议

1.异议期限：债务人应当自收到支付令之日起15日内向人民法院提出。

2.异议的形式：必须是书面的，口头异议无效。

3.异议提出的方式：

（1）向发出支付令的法院提出书面异议。

（2）向发出支付令的法院起诉。

例1：甲公司购买乙公司的产品，丙公司以其房产为甲公司提供抵押担保。因甲公司未按约支付120万元货款，乙公司向A市B县法院申请支付令。法院经审查向甲公司发出支付令，甲公司拒绝签收。甲公司未在法定期间提出异议，而以乙公司提供的产品有质量问题为由向A市C区法院提起诉讼。甲公司拒绝签收支付令，法院可采取留置送达；甲公司提起诉讼，法院应裁定中止督促程序；乙公司不可依支付令向法院申请执行丙公司的担保财产。（17年·卷三·83题）

　　例2：甲公司因乙公司拖欠货款向A县法院申请支付令，经审查，甲公司的申请符合法律规定，A县法院向乙公司发出支付令。乙公司收到支付令后在法定期间没有履行给付货款的义务，而是向A县法院提起诉讼，要求甲公司承担因其提供的产品存在质量问题的违约责任。支付令失效，甲公司不可以持支付令申请强制执行；A县法院应当受理乙公司的起诉。（11年·卷三·85题）

　　4.异议的内容：应针对债务关系本身，必须是实体上的拒绝，无须附加理由。

　　（1）对清偿能力、期限、方式等提出不同意见的，不影响支付令的效力。

　　（2）就多个诉讼请求中的一个或部分提出异议的，异议的效力不及于其他请求。

　　（3）债权人基于同一债权债务关系，就可分之债向多个债务人提出支付请求，多个债务人中的一个或几人提出异议的，不影响其他请求的效力。

　　（4）债务人就一项请求中的部分内容提出异议，异议的效力及于全部请求。

　　（5）对设有担保的债务的主债务人发出的支付令，对担保人没有拘束力。债权人就担保关系单独提起诉讼的，支付令自人民法院受理案件之日起失效。

　　5.对异议的审查。

　　（1）经审查，异议成立的，裁定终结督促程序。

　　【注意】法院不对异议进行实质性审查，而是审查异议是否是按照督促程序的要求提出的，比如是否只是提出没有清偿能力，只要当事人对实体问题有争议，无论理由是否成立，都应当裁定终结督促程序。

　　（2）支付令失效的，转入诉讼程序，但申请支付令的一方当事人不同意提起诉讼的除外。

　　【注意】人民法院发出支付令前，申请人撤回申请的，裁定终结督促程序；人民法院作出终结督促程序前，债务人请求撤回异议的，应当准许，但异议撤回后不可反悔。

　　例：甲向乙借款20万元，丙是甲的担保人，现已到偿还期限，经多次催讨未果，乙向法院申请支付令。法院受理并审查后，向甲送达支付令。甲在法定期间未提出异议，但以借款不成立为由向另一法院提起诉讼。债务人在收到支付令后，未在法定期间提出书面异议，而向其他人民法院起诉的，不影响支付令的效力。（15年·卷三·47题）

五、督促程序和普通程序的转换

　　1.诉讼程序转为督促程序：对已按照诉讼程序受理的案件，当事人没有争议，符合督促程序规定条件的，可以转入督促程序。

　　2.督促程序转为诉讼程序：支付令失效的，转入诉讼程序，但申请支付令的一方当事人不同意提起诉讼的除外。

　　支付令失效后，申请支付令的一方当事人不同意提起诉讼的，应当自收到终结督促程序裁定之日起7日内向受理申请的人民法院提出。申请支付令的一方当事人不同意提起诉讼的，不影响其向其他有管辖权的人民法院提起诉讼。

　　支付令失效后，申请支付令的一方当事人自收到终结督促程序裁定之日起7日内未向受理申请的人民法院表明不同意提起诉讼的，视为向受理申请的人民法院起诉。债权人提出支付令申请的时间，即为向人民法院起诉的时间。

例1： 张三是北京人，李四是上海人，张三向上海的法院申请支付令，要求李四给付2万元，李四提出异议。支付令失效，自行转入诉讼程序——由上海的法院审理。此时申请方张三不同意向上海的法院起诉，且在7日内向受理案件的上海的法院提出。张三可以向有管辖权的其他法院——北京的法院起诉。

例2： 单某将八成新手机以4000元的价格卖给卢某，双方约定：手机交付卢某，卢某先付款1000元，待试用一周没有问题后再付3000元。但试用期满，卢某并未按约定支付余款，多次催款无果后，单某向M法院申请支付令。M法院经审查后向卢某发出支付令，但卢某拒绝签收，法院采取了留置送达。20天后，卢某向N法院起诉，以手机有质量问题要求解除与单某的买卖合同，并要求单某退还1000元。卢某拒绝签收支付令，M法院采取留置送达是正确的，向债务人本人送达支付令，债务人拒绝接收的，人民法院可以留置送达。卢某在M法院向其发出支付令后，不向M法院起诉，却向N法院起诉，该起诉不构成异议，支付令生效。单某可以根据生效的支付令向法院申请强制执行。（16年·卷三·82题）

例3： 黄某向法院申请支付令，督促陈某返还借款。送达支付令时，陈某拒绝签收，法官遂进行留置送达。12天后，陈某以已经归还借款为由向法院提起书面异议。黄某表示希望法院彻底解决自己与陈某的借款问题。本案中，债务人提出异议，异议针对债权债务关系提出，异议成立，支付令失效。同时，债权人黄某表示希望法院彻底解决自己与陈某的借款问题，说明其不反对提起诉讼，因此，法院应依职权将案件转入诉讼程序。（14年·卷三·46题）

例4： 胡某向法院申请支付令，督促彗星公司缴纳房租。彗星公司收到后立即提出书面异议称，根据租赁合同，彗星公司的装修款可以抵销租金，因而自己并不拖欠租金。法院收到该异议后，应终结督促程序，将案件转为诉讼程序审理，但胡某不同意的除外。（13年·卷三·84题）

经典考题： 1.三峰公司因安宇公司未依约支付贷款向法院申请支付令，法院审查后依法向安宇公司发出支付令，安宇公司收到支付令后向A法院提出书面异议，承认自己确实拖欠贷款，但主张已经与三峰公司协商会在3个月后支付，异议提出后6日，安宇公司发现三峰公司交付的产品存在质量问题，又以此为由向法院提出异议，并称要追究三峰公司的违约责任，于是安宇公司向B法院提起了诉讼。关于本案，下列哪一选项说法正确？（2020年仿真题，单选）①

---

① **【答案】** A

【考点】 对支付令的异议

【解题指引】 债务人在收到支付令后，未在法定期间提出书面异议，而向其他人民法院起诉的，不影响支付令的效力。

【解析】《民诉解释》第433条规定，债务人在收到支付令后，未在法定期间提出书面异议，而向其他人民法院起诉的，不影响支付令的效力。债务人超过法定期间提出异议的，视为未提出异议。本题中，安宇公司是向B法院提起的诉讼，并不影响支付令的效力，故A选项正确，BCD选项错误。综上所述，本题答案为A。

A.安宇公司提出的异议不影响支付令的效力

B.安宇公司已提出了诉讼，支付令失效

C.A法院应裁定终结督促程序，并将案件移送B法院

D.安宇公司已依法提出了异议，支付令失效

2.甲欠乙钱，丙为甲担保。到期后乙向甲发支付令。下列说法正确的是：（2019年仿真题，多选）①

A.支付令仅对甲生效

B.支付令对甲、丙均生效

C.如果乙起诉担保人丙，支付令的效力不受影响

D.如果乙起诉担保人丙，则支付令失效

---

① 【答案】AD

【考点】支付令的效力

【解题指引】对设有担保的债务的主债务人发出的支付令，对担保人没有拘束力。

【解析】《民诉解释》第436条规定，对设有担保的债务的主债务人发出的支付令，对担保人没有拘束力。债权人就担保关系单独提起诉讼的，支付令自人民法院受理案件之日起失效。债权人乙对债务人甲发的支付令，对担保人丙没有拘束力。A项正确，B项错误。如果乙起诉担保人丙，则对甲发出的支付令失效，而不是效力不受影响。D项正确，C项错误。综上所述，本题答案为AD。

专题十四 公示催告程序

命题点拨

本专题在法考中所占分值不大，常为1~2分，考查频率常为三年考一次。考查重点为：权利申报和利害关系人的救济方式。另外，公示催告程序的适用对象、程序特点和审理方式是较为重要的内容。

知识体系图

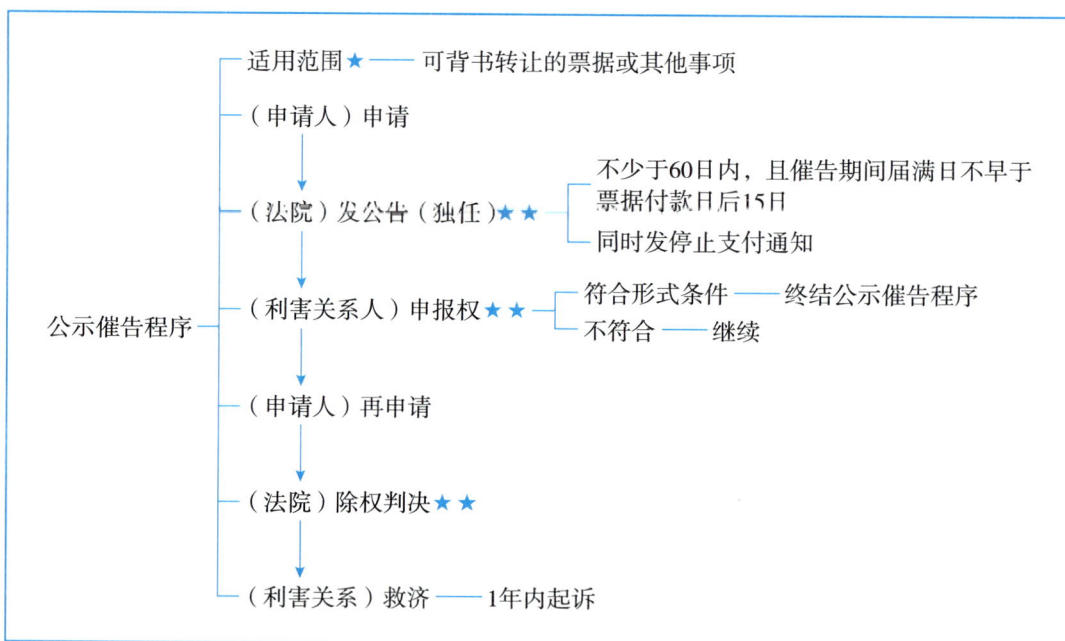

一、公示催告程序的特点

公示催告程序是指票据持有人的票据等权利凭证被盗、遗失或灭失时，当事人向法院申请，以公告的方式，告知并催促权利凭证的不明利害关系人在指定的期限内向法院申报权利，如果逾期不申报权利或者申报被驳回，将依申请人的申请作出除权判决的程序。

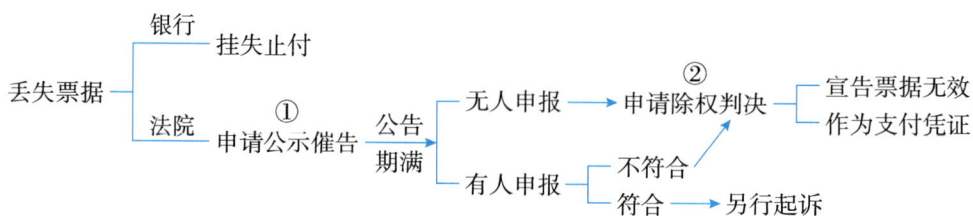

1.程序的非讼性。程序的启动基于权利人的申请，无答辩程序。

2.适用范围的特定性。

（1）可以背书转让的票据被盗、遗失或灭失的。

（2）依照法律规定可以申请公示催告的其他事项，包括记名股票、提单、仓单等提货凭证。

3.管辖的特殊性。基层人民法院管辖。

4.审理程序简略。只有公示催告和除权判决两个阶段，采用书面审查的方式。

5.审判组织的特殊性。在公示催告阶段，审判组织可以适用独任制，而在除权判决阶段，则必须适用合议制。

6.审理的形式特殊。以不开庭的形式对票据或其他事项上的实质性权利的归属进行审查。

7.实行一审终审，且不得申请再审。

判断：

1.公示催告程序仅适用于基层人民法院。（√）（06年·卷三·76题）

2.公示催告程序实行一审终审。（√）（06年·卷三·76题）

3.公示催告程序中没有答辩程序。（√）（06年·卷三·76题）

4.公示催告程序中没有开庭审理程序。（√）（06年·卷三·76题）

二、申请公示催告的条件

1.申请人须是权利凭证的最后合法持有人。

2.申请的对象是可以背书转让的票据以及法律规定允许公示催告的事项。

3.申请的原因必须是权利凭证被盗、遗失或灭失，同时利害关系人处于不明确状态。

例：甲有一张可以背书转让的汇票，一天甲不小心将该汇票丢失，当甲正准备向人民法院申请公示催告程序时，无意得知自己的汇票被乙捡到，甲没有直接向乙询问，而是向人民法院提出申请，并将自己所知的这一事实告知了法院。甲的申请不符合公示催告程序的条件，所以法院对其申请不予受理。申请公示催告程序的条件之一就是票据被盗、遗失或灭失，同时利害关系人处于不明确状态。本案中，甲的汇票遗失符合条件，但同时应当注意的是，甲在申请公示催告前得知乙捡到了自己的汇票，说明此时利害关系人处于明确的状态，所以本案不符合申请公示催告的条件，应适用诉讼程序要求乙归还汇票。

4.申请的方式必须是书面形式。

5.必须向有管辖权的法院提出申请：票据支付地等的基层人民法院。

三、公示催告

1.人民法院决定受理的，应当同时通知支付人停止支付。

2.受理后3日内发出公告，催促利害关系人申报权利。

公告期间不得少于60日，且公示催告期间届满日不得早于票据付款日后15日。

例1：张三的票据是2021年5月1日丢的，支付行是农业银行，金额为100万元。张三的这张票据是6个月之后到期，即11月1日到期。张三5月2日就向法院申请公示催告。法院在5月3日发出了公示催告的公告，公示催告期间届满日是8月2号。法院的做法合法吗？

　　分析：不合法。这个公告期间虽然不少于60日，但是它比票据的付款日还要早。

　　例2：上述案情下，张三如果是10月8日弄丢的票据，10月9日向法院申请发布公告，确定了公示催告期间届满日是11月20日。法院的做法合不合法？

　　分析：不合法。虽然该公告期间不早于票据付款日后15日，但少于60天。

四、申报权利

　　1.时间：除权判决作出之前都可以申报，并不限于公示催告期间。

　　例：海昌公司因丢失票据申请公示催告，期间届满无人申报权利，海昌公司遂申请除权判决。在除权判决作出前，家佳公司看到权利申报公告，向法院申报权利。对此，法院应裁定终结公示催告程序。（17年·卷三·48题）

　　2.审查：形式审查，仅审查申请公示催告的票据和利害关系人出示的票据是否一致，对权利凭证的实际归属不作实质审查。

　　①符合形式条件的申报，裁定终结公示催告程序。
　　②不符合形式条件的申报，裁定驳回利害关系人的申报。

　　例：大界公司就其遗失的一张汇票向法院申请公示催告，法院经审查，受理案件并发布公告。在公告期间，盘堂公司持被公示催告的汇票向法院申报权利。对于盘堂公司的权利申报，法院应当通知大界公司到法院查看盘堂公司提交的汇票，若盘堂公司出具的汇票与大界公司申请公示的汇票不一致，则应当驳回盘堂公司的申请。（16年·卷三·83题）

　　3.公示催告期间，转让票据权利的行为无效。

　　例1：甲公司因票据遗失向法院申请公示催告。在公示催告期间届满的第3天，乙向法院申报权利。法院应当对乙的申报进行形式审查，并通知甲到场查验票据。（12年·卷三·46题）

　　例2：甲公司因遗失汇票，向A市B区法院申请公示催告。在公示催告期间，乙公司向B区法院申报权利。对乙公司的申报，法院只就申报的汇票与甲公司申请公示催告的汇票是否一致进行形式审查，不进行权利归属的实质审查。乙公司申报权利成立时，法院应当裁定终结公示催告程序。（09年·卷三·89题）

五、除权判决

　　除权判决是指在公示催告期间，无利害关系人申报权利或申报权利被驳回，人民法院根据申请人的申请所作出的，宣告已丧失的票据或其他事项无效的判决。

　　1.作出除权判决的条件：
　　（1）公示催告期间届满，无利害关系人申报权利或申报权利被驳回。
　　（2）申请人申请作出除权判决。
　　（3）申请人在申报权利期间届满次日起1个月内提出申请。

2.除权判决的效力。

（1）票据等权利凭证失去效力。

（2）丧失票据等权利凭证的申请人依此判决实现权利，即自判决公告之日起，申请人有权向支付人请求支付。

（3）除权判决应当公告，并通知支付人，除权判决自公告之日起生效，当事人不得上诉。

例： 甲公司财务室被盗，遗失金额为80万元的汇票一张。甲公司向法院申请公示催告，法院受理后即通知支付人A银行停止支付，并发出公告，催促利害关系人申报权利。在公示催告期间，甲公司按原计划与材料供应商乙企业签订购货合同，将该汇票权利转让给乙企业作为货款。公告期满，无人申报，法院即组成合议庭作出判决，宣告该汇票无效。A银行应当停止支付，直至公示催告程序终结；法院若判决宣告汇票无效，应当组成合议庭。（15年·卷三·85题）

六、对利害关系人的救济

利害关系人因正当理由不能在判决前向法院申报的，自知道或者应当知道判决公告之日起1年内，可以向作出判决的法院起诉。

例： 甲的汇票遗失，向法院申请公示催告。公告期满后无人申报权利，甲申请法院作出了除权判决。后乙主张对该票据享有票据权利，只是因为客观原因而没能在判决前向法院申报权利，则乙可以在知道或者应当知道判决公告之日起1年内，向作出除权判决的法院起诉。（07年·卷三·46题）

专题十五　执行程序

命题点拨

　　本专题是法考的重点考查内容。重点问题如下：执行根据、执行管辖、执行行为异议、案外人执行异议、执行和解、参与分配、执行担保与执行回转；申请执行的条件；移送执行的案件；执行措施；执行中止与执行终结的法定情形。特别是关于执行根据、执行管辖、执行行为异议、案外人执行异议、执行和解的问题均为高频考点，应当成为考生复习的重点内容。

知识体系图

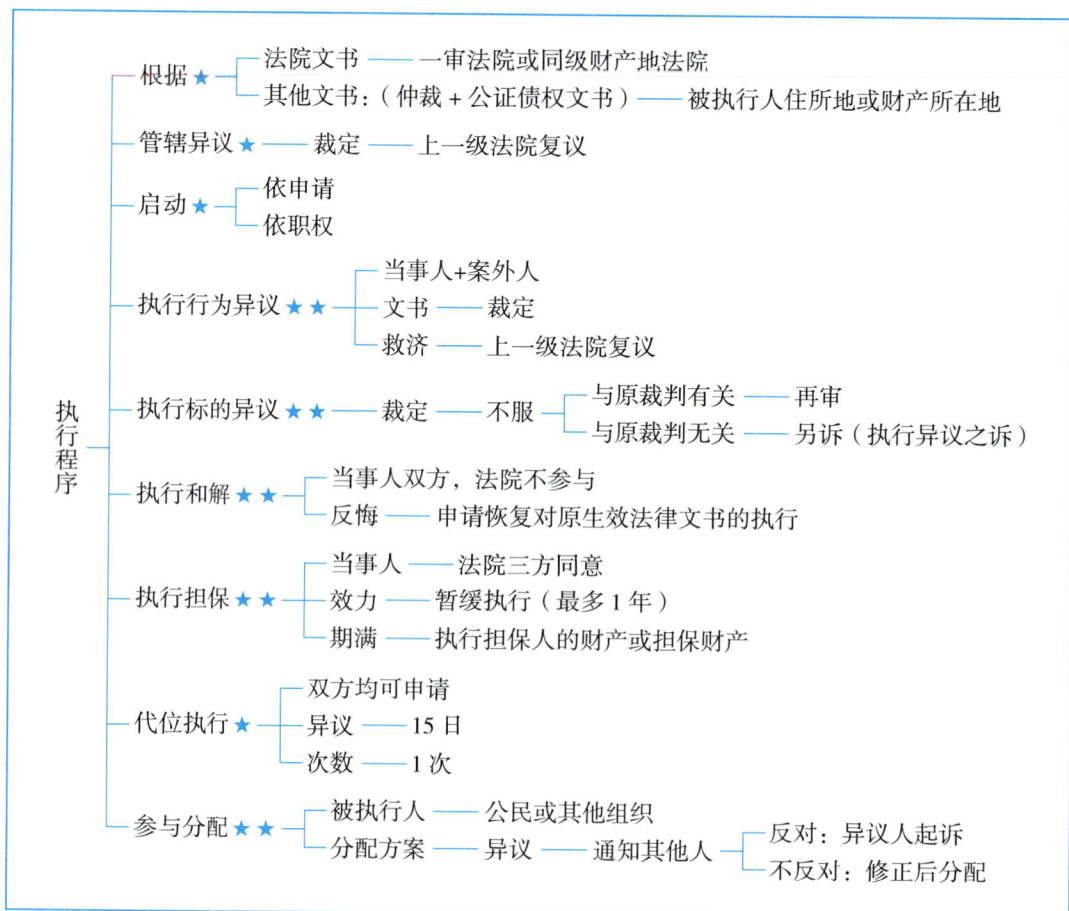

一、执行依据

在执行程序中，可以作为人民法院民事执行根据的应当是发生法律效力的法律文书，具体包括：人民法院制作的民事判决书、裁定书、调解书，刑事附带民事诉讼的判决书、调解书，人民法院制作的支付令，公证机关制作的赋予强制执行效力的债权文书，仲裁机构制作的仲裁裁决书、调解书，经人民法院裁定承认其效力的外国法院作出的判决、裁定，以及国外仲裁机构作出的仲裁裁决，法律规定由人民法院执行的其他法律文书。

【注意】外国法院的生效判决或仲裁机构的生效裁决不属于我国民事执行的根据。根据《最高人民法院关于人民法院执行工作若干问题的规定》（以下简称《执行规定》）第2条第5项的规定，经人民法院裁定承认其效力的外国法院作出的判决、裁定，以及国外仲裁机构作出的仲裁裁决可以作为执行根据。即外国法院的判决、裁定和仲裁机构的裁定不能直接作为执行根据，只有我国人民法院对其予以承认和执行，并制作出予以承认、执行的裁定，此时该判决、裁定才能成为民事执行根据。

判断：关于民事审判程序与民事执行程序的关系，下列哪些说法是错误的？（09年·卷三·86题）

1.民事审判程序是确认民事权利义务的程序，民事执行程序是实现民事权利义务关系的程序。（√）

2.法院对案件裁定进行再审时，应当裁定终结执行。（×）

分析：法院决定再审后，使用裁定的方式中止执行程序，而不是裁定"终结"执行。

3.民事审判程序是民事执行程序的前提。（×）

分析：仲裁裁决、公证机关依法赋予强制执行效力的债权文书、刑事判决、裁定中的财产部分等均是民事执行的依据，能够引起民事执行程序。

4.民事执行程序是民事审判程序的继续。（×）

分析：民事执行程序的存在具有相对的独立性，并非民事审判程序的继续。一个案件经过审判程序作出相应的裁判，当事人依法履行了裁判文书中的确定义务，就不存在执行的问题。

二、执行管辖

执行管辖，是指划分人民法院办理执行案件的权限和分工，即据以执行的法律文书具体由哪一个法院执行。

（一）执行的地域管辖

1.人民法院制作的具有财产给付内容的民事判决书、裁定书、调解书和刑事判决书、裁定书中的财产部分，由第一审人民法院或者与第一审人民法院同级的被执行财产所在地人民法院执行。

人民法庭审结的案件，由人民法庭负责执行。其中复杂、疑难或者被执行人不在本法院辖区的案件，由执行机构执行。

2.发生法律效力的支付令，由制作支付令的人民法院负责执行。

3.其他文书：由<u>被执行人住所地或者被执行财产所在地</u>人民法院执行。

仲裁机构作出的仲裁裁决（包括国内仲裁裁决和涉外仲裁裁决），由<u>被执行人住所地或者被执行财产所在地中级</u>人民法院执行。

当事人在仲裁中申请财产保全：国内仲裁中，由被申请人住所地或被申请保全财产所在地、对案件有管辖权的基层人民法院裁定并执行；涉外仲裁中，由上述相应的中级人民法院裁定并执行。

当事人在仲裁中申请证据保全：国内仲裁中，由证据所在地的、对案件有管辖权的基层人民法院裁定并执行；涉外仲裁中，由上述相应的中级人民法院裁定并执行。

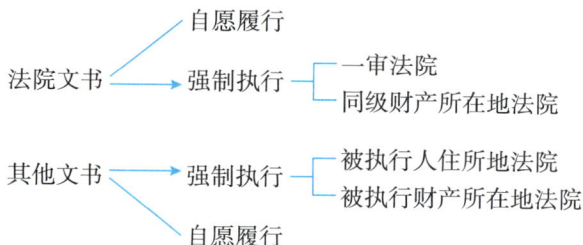

法院文书　→　自愿履行

法院文书　→　强制执行　→　一审法院 / 同级财产所在地法院

其他文书　→　强制执行　→　被执行人住所地法院 / 被执行财产所在地法院

其他文书　→　自愿履行

例： 甲公司与乙公司的合同纠纷，甲公司向A县法院申请诉前保全（没交代有没有提供担保），A县法院冻结了对方乙公司银行账款800万元，然后甲公司向B县法院起诉，A县法院将保全的相关资料移送B县法院，B县法院和中级法院经审理。均支持了甲公司的诉讼请求，甲公司可向A县法院申请强制执行。（2020年仿真题）

（二）共同管辖的处理：由最先立案的法院执行

对两个以上人民法院都有管辖权的执行案件，人民法院在立案前发现其他有管辖权的人民法院已经立案的，不得重复立案。立案后发现其他有管辖权的人民法院已经立案的，<u>应当撤销案件</u>；已经采取执行措施的，应当将控制的财产交先立案的执行法院处理。

（三）执行管辖权异议

人民法院受理执行申请后，当事人对管辖权有异议的，应当自收到执行通知书之日起<u>10日</u>内提出。人民法院对当事人提出的异议，应当审查。异议成立的，应当撤销执行案件，并告知当事人向有管辖权的人民法院申请执行；异议不成立的，裁定驳回。当事人对裁定不服的，可以向<u>上一级</u>人民法院申请复议。管辖权异议审查和复议期间，<u>不停止执行</u>。

【注意】 诉讼中和执行中，当事人都可以提出管辖权异议，法院均以裁定处理。但对诉讼管辖权异议，当事人不服的可以上诉，对执行管辖权异议不服的，是向上一级人民法院申请复议；诉讼管辖权异议成立的，法院应当移送管辖，而执行管辖权异议成立的，法院应撤销案件。

例： 甲诉乙侵权一案经某市东区法院一审终结，判决乙赔偿甲6万元。乙向该市中级法院提出上诉，二审法院驳回了乙的上诉请求。乙居住在该市南区，家中没有什么值钱的财产，但其在该市西区集贸市场存有价值5万元的货物。甲应当向该市东区法院、该市西区法院申请执行。第一审人民法院或者与第一审人民法院同级的被执行的财产所在地人民法院均可执行。（05年·卷三·44题）

三、执行程序的启动

执行程序的开始方式一般有两种情形：申请执行和移送执行。

（一）申请执行

申请执行是指有给付内容的法律文书生效后，享有权利的一方当事人在对方拒不履行义务的情况下，可以向有管辖权的人民法院申请强制执行，以实现其民事权益的诉讼行为。

1.申请执行的条件：

（1）申请执行的法律文书已经生效。

（2）申请执行人是法律文书确定的权利人或其继承人、权利承受人。

（3）申请执行人在法定期限2年内提出申请。

【注意1】申请执行时效的中止、中断，适用法律有关诉讼时效中止、中断的规定。上述第（3）条规定的期间，从法律文书规定的履行期间的最后1日计算；法律文书规定分期履行的，从最后一期履行期限届满之日起计算；法律文书未规定履行期间的，从法律文书生效之日起计算。诉讼时效不仅可以中止、中断，还可以延长。

【注意2】申请执行人超过申请执行时效期间向人民法院申请强制执行的，人民法院应予受理。被执行人对申请执行时效期间提出异议，人民法院经审查异议成立的，裁定不予执行。

（4）申请执行的法律文书具有给付内容，且执行标的和被执行人明确。

（5）属于受申请执行的人民法院管辖。

（6）义务人在生效法律文书确定的期限内未履行义务。

2.不予执行的情形：

（1）当事人申请执行的公证债权文书确有错误的，人民法院裁定不予执行。

（2）被申请人提出证据证明仲裁裁决有下列情形之一的，经人民法院审查核实，裁定不予执行：

①当事人在合同中没有订有仲裁条款或者事后没有达成书面仲裁协议的。

②裁决的事项不属于仲裁协议的范围或者仲裁机构无权仲裁的。

③仲裁庭的组成或者仲裁的程序违反法定程序的。

④裁决所根据的证据是伪造的。

⑤对方当事人向仲裁机构隐瞒了足以影响公正裁决的证据的。

⑥仲裁员在仲裁该案时有贪污受贿、徇私舞弊、枉法裁决行为的。

⑦人民法院认定执行裁决违背社会公共利益的，裁定不予执行。

（二）移送执行

移送执行是指人民法院制作的法律文书生效后，由审理该案的审判人员依职权直接将案件交付执行机构强制执行的诉讼行为。下列发生法律效力的法律文书可以移送执行：

1.判决、裁定具有给付赡养费、扶养费、抚养费、医药费和劳动报酬等内容的法律文书。

2.人民法院作出的民事制裁决定书。

3.刑事附带民事判决、裁定、调解书中含有财产执行内容的法律文书。

4.审判人员认为确应移送执行的其他法律文书。

四、执行异议

执行异议分为对执行标的的异议和对执行行为的异议。

（一）对执行标的的异议

对执行标的的异议是指在执行过程中，案外人对被执行的财产的全部或一部分主张权利，要求法院停止并变更执行的请求。

1.执行标的异议的条件。

（1）执行过程中。

（2）提出异议的主体必须是案外人。

【注意】当事人不能成为执行异议的主体。

（3）针对执行标的。

2.执行标的异议的程序问题。

（1）异议应采用书面形式，并提供相应的证据。

（2）审查期限：法院应当自收到书面异议之日起15日内审查。

①执行法院应当进行实质性审查，以确认异议人是否真的对执行标的享有权利。

②审查期间可以对财产采取查封、扣押、冻结等保全措施，但不得进行处分。

（3）异议的处理：

①审查认为异议成立的，由执行员报请院长批准，裁定中止执行。中止执行应当限于案外人提出异议部分的财产范围。对被执行人的其他财产，不应中止执行。

②理由不成立的，裁定驳回。

3.对执行标的的异议裁定不服的救济。

（1）案外人、当事人对裁定不服，认为原判决、裁定错误的，依照审判监督程序处理：异议成立，由当事人申请再审；异议不成立，由案外人申请再审。

①向作出原判决、裁定、调解书的法院的上一级人民法院申请再审。

②因案外人申请人民法院裁定再审的，人民法院经审理认为案外人应为必要的共同诉讼当事人，按第一审程序再审时，应追加其为当事人，作出新的判决；按第二审程序再审时，经调解不能达成协议的，应撤销原判，发回重审，重审时应追加案外人为当事人。

例：张某诉江某房屋所有权纠纷案件的判决生效后进入执行程序，案外人李某向法院主张其为房屋共有人。本案属于案外人对执行标的提出的执行异议。作为执行依据的确权判决有错误，因此案外人通过审判监督程序办理，案外人李某以案外人身份申请再审。

（2）与原判决、裁定无关的，可以自裁定送达之日起15日内向人民法院提起诉讼：

异议成立，由申请执行人以案外人为被告向法院起诉，被执行人反对的，以其为共同被告；异议不成立，由案外人以申请执行人为被告向法院起诉，被执行人反对的，以其为共同被告。案外人或者申请执行人提起的诉讼，均由执行法院管辖。

　　例1：甲诉乙借款20万元的纠纷，经法院审理作出判决，甲胜诉。执行过程中，乙无20万元现金，但其院子里有一辆价值20万元的车，法院决定对该车进行执行。此时丙提出车为其出资购买，借给乙使用。本案为对执行标的的异议。如丙的异议被驳回，丙对法院作出的执行异议的裁定不服，因与判决无关，应通过提起诉讼的方式解决。丙提起诉讼的，以甲为被告，若被执行人乙反对丙对车辆主张所有权，则以甲和乙为共同被告。若丙的异议成立，则由申请执行人甲对丙起诉，若被执行人乙反对甲对车辆的强制执行，则甲以丙和乙为共同被告起诉。

　　例2：甲公司申请强制执行乙公司的财产，法院将乙公司的一处房产列为执行标的。执行中，丙银行向法院主张，乙公司已将该房产抵押贷款，并以自己享有抵押权为由提出异议。乙公司否认将房产抵押给丙银行。经审查，法院驳回丙银行的异议。丙银行拟向法院起诉，丙银行应当以甲公司和乙公司为共同被告起诉。（10年·卷三·49题）

（二）对执行行为的异议

　　对执行行为的异议，是指当事人、利害关系人对人民法院的执行行为提出质疑，从而要求人民法院变更或停止执行行为的请求。

　　1.异议主体：当事人、利害关系人。

　　2.异议理由：执行行为违反法律规定。

　　3.异议形式：书面异议。

　　4.异议审查：人民法院应当自收到异议之日起15日内进行审查，经审查理由成立的，裁定撤销或者改正；理由不成立的，裁定驳回。

　　5.对审查结果的救济：当事人和利害关系人如果对裁定不服，还可以自裁定送达之日起10日内向上一级人民法院申请复议。执行异议审查和复议期间，不停止执行。

　　例：对于甲和乙的借款纠纷，法院判决乙应归还甲借款。进入执行程序后，由于乙无现金，法院扣押了乙住所处的一架钢琴准备拍卖。乙提出钢琴是其父亲的遗物，申请用一台价值与钢琴相当的相机替换钢琴。法院认为相机不足以抵偿乙的债务，未予同意。乙认为扣押行为错误，提出异议。法院经过审查，驳回该异议。本案中，乙认为扣押行为错误，提出异议，是被执行人乙对执行行为的异议，当事人或案外人认为执行行为异议的裁定错误的，其救济手段是向执行法院的上一级法院申请复议。（14年·卷三·49题）

五、对逾期执行的救济

　　1.适用情形：执行法院自收到申请执行之日起6个月未执行的。

　　2.救济途径：申请执行人可以向上一级人民法院申请。

　　3.救济方式：上一级人民法院经审查，可以责令原人民法院在一定期限内执行，也可以决定由本院执行或者指令其他人民法院执行。

　　4.救济后果：执行法院在指定期间内无正当理由仍未执行完结的，上一级人民法院应当裁定由本院执行或者指令本辖区其他人民法院执行。

六、委托执行

委托执行是指有管辖权的人民法院遇到特殊情况，依法将应由本法院执行的案件送交有关的法院代为执行。依照民事诉讼法的规定，被执行人或者被执行财产在外地的，负责执行的人民法院可以委托当地人民法院代为执行，也可以直接到当地执行。直接到当地执行的，负责执行的人民法院可以要求当地人民法院协助执行，当地人民法院应当根据要求协助执行。

1.委托执行程序：

被执行人或被执行财产在外地的，执行法院可以直接到当地执行，由当地法院协助执行，也可以委托当地法院代为执行。

（1）受托法院在收到委托函后，应在15日内开始执行，不得拒绝。执行完毕，将执行结果函告委托法院；30日内未执行完毕的，也要将执行情况函告委托法院。

（2）自收到委托函件15日内不执行的，委托人民法院可以请求受委托人民法院的上级人民法院指令受委托人民法院执行。

2.受委托法院无权对委托执行的生效法律文书进行实体审查；若发现法律文书有错误，应及时向委托法院反映。

3.受委托法院遇有需要中止或终结执行的情形，应及时函告委托法院，由委托法院裁定，在此期间，可以暂缓执行。受委托法院不得自行裁定中止或终结执行。

4.委托执行中，案外人对执行标的提出异议的。受委托法院应当函告委托法院，由委托法院通知驳回或作出中止执行的裁定，在此期间，暂缓执行。

七、执行和解

执行和解是指在执行过程中，双方当事人就执行标的自愿协商，达成协议，经人民法院审查后结束执行程序的行为。

（一）执行和解的效力

1.执行和解协议不具有强制执行力。

2.执行和解协议不具有撤销原执行文书的效力。

3.执行和解具有中止或终结执行的效力：当事人达成执行和解协议，执行中止；当事人按照和解协议履行完毕的，法院按执行结案处理，执行终结。

例：法院受理甲出版社、乙报社著作权纠纷案，判决乙赔偿甲10万元，并登报赔礼道歉。判决生效后，乙交付10万元，但未按期赔礼道歉，甲申请强制执行。执行中，甲、乙自行达成口头协议，约定乙免于赔礼道歉，但另付甲1万元。法院允许，将当事人协议内容记入笔录，由甲、乙签字或盖章，不能制作调解书。（10年·卷三·45题）

（二）不履行执行和解协议

1.申请执行人可以申请恢复执行原生效法律文书，也可以就履行执行和解协议向执行法院提起诉讼。恢复执行后，对申请执行人就履行执行和解协议提起的诉讼，人民法院不予受理。

申请执行人因受欺诈、胁迫与被执行人达成和解协议，申请执行人只能向人民法院申请恢复对原生效法律文书的执行。

例：A区甲公司拿着B区法院的生效判决找D区法院执行位于C区的乙公司的财产，在执行中甲、乙两公司达成了和解，乙公司履行了和解协议的一部分后便不再履行，对于乙公司的行为，甲公司有如下救济手段：（1）向法院申请恢复执行；（2）就和解协议向D区法院起诉。（2020年仿真题）

2.当事人、利害关系人认为执行和解协议无效或者应予撤销的，可以向执行法院提起诉讼。执行和解协议被确认无效或者撤销后，申请执行人可以据此申请恢复执行。

被执行人以执行和解协议无效或者应予撤销为由提起诉讼的，不影响申请执行人申请恢复执行。

（三）尽可能有效原则

1.执行过程中，被执行人根据当事人自行达成但未提交人民法院的和解协议，或者一方当事人提交人民法院但其他当事人不予认可的和解协议，依照《民事诉讼法》的规定提出异议的，人民法院按照下列情形，分别处理：

（1）和解协议履行完毕的，裁定终结原生效法律文书的执行；

（2）和解协议约定的履行期限尚未届至或者履行条件尚未成就的，裁定中止执行，但符合《民法典》第578条规定情形的除外；

（3）被执行人一方正在按照和解协议约定履行义务的，裁定中止执行；

（4）被执行人不履行和解协议的，裁定驳回异议；

（5）和解协议不成立、未生效或者无效的，裁定驳回异议。

2.申请执行期限因达成执行中的和解协议而中断，从中断时起，申请执行时效期间重新计算。

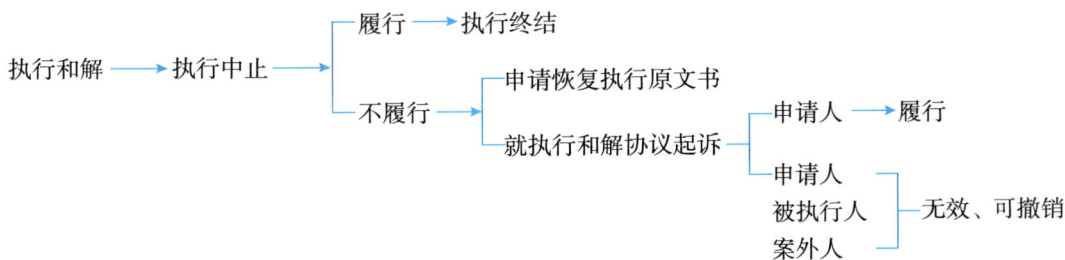

例1：生效法律文书判决给付200万元，在执行的过程中，双方达成和解协议，申请执行人表示，被执行人可以用2万吨钢铁来抵这200万元。后来，被执行人反悔，表示不会给付钢铁。

（1）执行人可以申请恢复执行原生效法律文书，也可以就履行执行和解协议（钢铁增值）向执行法院提起诉讼。执行在人这个时候有选择权，既可以选择让执行和解协议的产生效力，也可以选择让原来的生效法律文书产生效力。

（2）诉其无效和可撤销：

对申请执行人而言，如果钢铁贬值，可以执行和解协议无效或可撤销为由提起诉讼；被执行人可以直接履行执行和解协议，不用起诉和解协议有效。

对被执行人而言，如果钢铁增值，其可以执行和解协议无效或应予撤销为由提起诉讼。

对案外人而言，如果执行人和被执行人拿案外人存放在被执行人仓库里的钢铁达成执行和解协议，可以执行和解协议无效或可撤销为由提起诉讼。

例2： 甲诉乙返还10万元借款。胜诉后进入执行程序，乙表示自己没有现金，只有一枚祖传玉石可抵债。法院经过调解，说服甲接受玉石抵债，双方达成和解协议并当即交付了玉石。后甲发现此玉石为赝品，价值不足千元，遂申请法院恢复执行。法院不应在执行中劝说甲接受玉石抵债；本案中，被执行人以赝品充当正品玉石折抵借款达成和解协议，该和解协议是因欺诈达成，申请执行人申请恢复对原生效法律文书的执行，人民法院应当恢复执行。（14年·卷三·85题）

例3： 在执行程序中，甲和乙自愿达成和解协议：将判决中确定的乙向甲偿还1万元人民币改为给付价值相当的化肥、农药。和解协议履行完毕后，甲以化肥质量不好向法院提出恢复执行程序。和解协议已履行完毕，法院应作执行结案处理。（07年·卷三·42题）

八、执行担保

执行担保，是指在执行过程中，经执行权利人的同意，执行义务人或第三人（即担保人）为实现法律文书所确定的权利而向人民法院提供保证，由人民法院决定暂缓执行的制度。

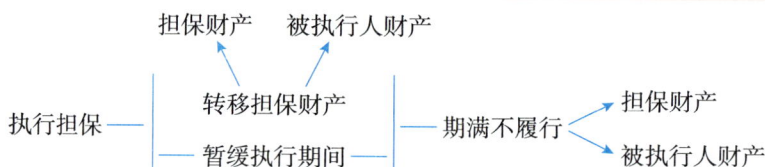

（一）执行担保的方式
1.由被执行人向法院提供担保。
2.由被执行人向法院提供第三人作担保。

（二）执行担保的条件
1.由被执行人或第三人向人民法院提供担保。
2.取得申请执行人的同意。
3.取得人民法院的准许。

【注意】执行和解仅要求当事人双方同意即可，但执行担保还必须经人民法院的同意。

（三）执行担保的后果
1.如果担保是有期限的，暂缓执行的期限应与担保期一致，但最长不超过1年。

例： 在执行中，公民丙为甲提供6个月的担保，经申请执行人同意，人民法院遂决定暂缓1年执行生效判决。人民法院的这种做法错误。因为暂缓执行的期限应当与担保期限一致，最长不得超过1年。本案中的担保期限是6个月，故暂缓执行的期限也应当为6个月。

2.被执行人逾期仍不履行的，法院有权直接执行担保财产，或裁定执行担保人的财产，但担保人的责任以担保人应当履行义务部分的财产为限。

3.被执行人或担保人对担保财产在暂缓执行期间有转移、隐匿、变卖、毁损等行为的，法院可以恢复对被执行人的强制执行，也可以执行担保财产或担保人的财产。

以上两种情形，均可以执行担保财产或担保人的财产，均不得将担保人追加和变更为被执行人。

　　例：在民事执行中，被执行人朱某申请暂缓执行，提出由吴某以自有房屋为其提供担保，申请执行人刘某同意。法院作出暂缓执行裁定，期限为6个月。暂缓执行期限届满后，朱某仍不履行义务，法院可以直接裁定执行吴某的担保房产（不用刘某另行起诉），也可以同时依朱某申请恢复对被执行人朱某的强制执行。（09年·卷三·50题）

九、执行回转

执行回转，是指执行完毕后，由于法定原因使已经被执行的财产的一部分或全部返还给被执行人，从而恢复到执行程序开始前的状况。

（一）执行回转发生的情形

1.执行完毕后，据以执行的判决、裁定和其他法律文书确有错误，被人民法院撤销的。

2.法律规定由法院执行的其他法律文书执行完毕后，该法律文书被有关机关依法撤销的，经当事人申请，适用执行回转。

（二）适用执行回转的条件

1.执行程序已经完毕。

2.执行根据依法被撤销。

3.根据新的法律文书执行。

（三）执行回转的方式

对已经执行的财产，人民法院应当作出裁定，责令取得财产的人返还；拒不返还的，强制执行。

十、代位执行

代位执行是指被执行人不能清偿债务，但对案外的第三人享有债权的，人民法院可以依申请执行人或被执行人的申请，对该第三人强制执行。

（一）适用条件

1.依申请执行人或被执行人的申请。

2.被执行人不能清偿债务，但对第三人有到期债权。

（二）第三人的异议

1.必须在法定期间15日内提出。

2.对异议不进行实质审查。

3.经有效异议，人民法院不得对第三人强制执行。

（三）对第三人的措施

1.第三人既不提出异议也不履行的，人民法院可以强制执行。

2.第三人收到人民法院的履行通知后，擅自向被执行人履行，造成财产不能追回的，在已履行的财产范围内与被执行人承担连带清偿责任，且可以追究其妨害执行的责任。

（四）代位执行以一次为限

第三人也无财产可供执行时，不能对第三人的债务人再进行代位执行。

例1： 甲公司对乙公司的50万元债权经法院裁判后进入到强制执行程序，被执行人乙公司不能清偿债务，但对第三人（即丙公司）享有30万元的到期债权。甲公司欲申请法院对被执行人的到期债权予以执行。第三人的异议必须在15日内提出。第三人异议可以口头提出，也可以书面提出。法院对第三人的异议不进行实体审查，因为第三人与被执行人之间的法律关系没有生效的法律文书确定，而执行法院对实体问题，即权利义务关系的享有问题是无权审查的。代位执行以一次为限，如果第三人丙公司无财产可供执行，但对第四人有到期债权，法院也不得对第四人进行代位执行，否则就可能会无限代位下去。（07年·卷三·84题）

例2： 甲向法院申请执行乙的财产，乙除对案外人丙享有到期债权外，并无其他财产可供执行。法院根据甲的申请，通知丙向甲履行债务。但丙提出其与乙之间的债权债务关系存在争议，拒不履行。法院不得对丙强制执行。（06年·卷三·78题）

十一、参与分配

参与分配，是指在执行程序中，因债务人的财产不足以清偿各债权人的全部债权，申请执行人以外的其他债权人凭有效执行依据也申请加入已经开始的执行程序，各债权人从执行标的物的变价中获得公平清偿的制度。

（一）参与分配的条件

1.申请参与分配的债权人的资格：被执行人的其他已经取得金钱债权执行依据的债权人；对人民法院查封、扣押、冻结的财产有优先权、担保物权的债权人，可以直接申请参与分配，主张优先受偿权。

2.申请执行及参与分配的债权均为金钱债权。

3.须有多个债权人对同一债务人的财产进行执行。

4.参与分配的时间：参与分配申请应在执行程序开始后，被执行人的财产被清偿前提出。

5.债务人限于公民和其他组织。如果债务人为企业法人，则适用破产还债程序办理。

6.须被执行人的财产不能清偿所有债权。

（二）参与分配方案的确定程序

1.参与分配方案是由人民法院制作的并送达各债权人和被执行人，而非多个债权人协议制作。

2.有异议的债权人或被执行人应自收到分配方案之日起15日内向执行法院提出书面异议。

3.执行法院将书面异议通知未提出异议的债权人或被执行人。

4.未提出异议的债权人或被执行人自收到通知之日起15日内，没有提出反对意见的，执行法院以异议人的意见修正分配方案，并依此进行分配；提出反对意见的，通知异议人。异议人自收到通知之日起15日内，以提出反对意见的人和被执行人为被告向执行法院提起诉讼；逾期未诉讼的，按原分配方案执行。

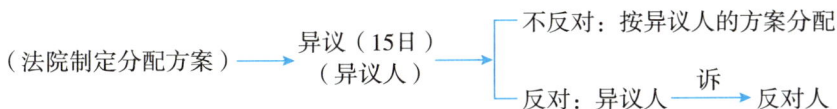

例：甲向法院申请执行郭某的财产，乙、丙和丁向法院申请参与分配，法院根据郭某财产以及各执行申请人的债权状况制定了财产分配方案。甲和乙认为分配方案不合理，向法院提出了异议，法院根据甲和乙的意见，对分配方案进行修正后，丙和丁均反对。甲、乙应以丙和丁为被告向执行法院提起诉讼。（16年·卷三·48题）

十二、执行措施

执行措施，是指人民法院依照法定程序，强制执行生效法律文书的方法和手段。

（一）一般的执行措施

1.查询、冻结、划拨被执行人的存款。

2.扣留、提取被执行人的收入。

3.查封、扣押、拍卖、变卖被执行人的财产（债券、股票、基金份额均在此财产范围内）。

4.搜查被执行人的财产。

5.强制被执行人交付法律文书指定的财物或票证。

6.强制被执行人迁出房屋或退出土地。

7.强制被执行人履行法律文书指定的行为。

8.办理财产权证照转移手续。

9.对判决、裁定和其他法律文书指定的行为，被执行人未按执行通知履行的，人民法院可以强制执行或者委托有关单位或者其他人完成，费用由被执行人承担。

例1：龙前铭申请执行郝辉损害赔偿一案，法院查扣了郝辉名下的一辆汽车。查扣后，郝辉的两个哥哥向法院主张该车系三兄弟共有。法院经审查，确认该汽车为三兄弟共有。关于该共同财产的执行，法院可查扣该共有财产；共有人可对该共有财产协议分割，经债权人同意有效，龙前铭可对该共有财产提起析产诉讼。（17年·卷三·84题）

例2：执行法院对财产不得采取执行措施：被执行人未发表的著作；被执行人及其所扶养家属完成义务教育所必需的物品；金融机构交存在中国人民银行的存款准备金和备付金；金融机构的营业场所。（08年·卷三·89题）

例3：甲在网上发表文章指责某大学教授乙编造虚假的学术经历，乙为此起诉。经审理，甲被判决赔礼道歉，但甲拒绝履行该义务。对此，法院可采取下列措施：由甲支付迟延履行金；采取公告、登报等方式，将判决的主要内容公布于众，费用由甲负担；决定罚款、拘留。（05年·卷三·73题）

（二）报告财产

1.报告财产由被执行人向人民法院报告，申请执行人可以向法院请求查询，法院应当允许，申请执行人应当保密。

财产报告内容包括四项：

（1）当前财产情况。

（2）收到执行通知之日前一年的财产情况。

（3）收到执行通知之日起前一年至当前财产发生变动的，对变动情况进行报告。

（4）报告财产后，财产状况发生变动影响申请执行人债权实现的，自财产变动之日起10日内向法院作补充报告。

2.金钱债权执行中，报告财产令应当与执行通知同时发出。

3.被执行人不履行生效法律文书确定的义务，申请执行人可以向人民法院书面申请发布悬赏公告查找可供执行的财产。

有关人员提供人民法院尚未掌握的财产线索，使申请发布悬赏公告的申请执行人的债权得以全部或部分实现的，人民法院应当按照悬赏公告发放悬赏金。

悬赏金从前述规定的申请执行人应得的执行款中予以扣减。特定物交付执行或者存在其他无法扣减情形的，悬赏金由该申请执行人另行支付。

有关人员为申请执行人的代理人、有义务向人民法院提供财产线索的人员或者存在其他不应发放悬赏金情形的，不予发放。

（三）人民法院对被执行人及其住所或者财产隐匿地进行搜查

必须符合以下条件：

1.生效法律文书确定的履行期限已经届满。

2.被执行人不履行法律文书确定的义务。

3.认为有隐匿财产的行为。

4.搜查人员必须按规定着装并出示搜查令和身份证件。

（四）支付迟延履行利息和迟延履行金

1.对于金钱债务，如果义务人逾期不履行义务，应当加倍支付延迟履行期间的债务利息；对于非金钱债务，应当支付迟延履行金：已经造成损失的，双倍补偿申请执行人已经受到的损失；没有造成损失的，迟延履行金可以由人民法院根据具体案件情况决定。

2.与调解协议中约定的民事责任竞合：适用当事人的约定。

例：田某拒不履行法院令其迁出钟某房屋的判决，因钟某已与他人签订租房合同，房屋无法交给承租人，使钟某遭受损失，钟某无奈之下向法院申请强制执行。法院受理后，责令田某15日内迁出房屋，但田某仍拒不履行。田某不履行的是非金钱债务，责令田某双倍补偿钟某所受到的损失。（16年·卷三·84题）

（五）限制出境

1.被执行人不履行法律文书确定的义务的，人民法院可以对其采取或者通知有关单位协助采取限制出境；

2.依申请或依职权；

3.可对法定代表人、主要负责人、直接责任人、法定代理人采取；

4.提供担保或申请执行人同意的可解除。

（六）征信系统记录

被执行人拒不履行法律文书确定的义务，法院可以将被执行人或被执行单位的法定代表人、负责人不履行义务的信息记录在个人征信系统中。

（七）通过媒体公布不履行义务信息

依申请或依职权；被执行人承担费用；申请执行人申请的，应当垫付。

（八）限制高消费：

方式：依申请或依职权。

（九）后果

纳入失信被执行人名单，向其所在单位、征信机构以及其他相关机构通报等。

十三、执行中追加、变更当事人

（一）原则：

实体法中承担民事责任的主体，都可被变更、追加为被执行人。

（二）情形

1.法定变更：

（1）公民：继承人；

失踪人：财产代管人；

（2）法人：合并、分立后的主体；

（3）个人独资企业：投资人；

合伙企业：普通合伙人；

有限合伙企业：未按期足额缴纳出资的有限合伙人；

（4）分支机构：法人及其他分支机构；

（5）法人：分支机构；

未缴纳或未足额缴纳出资的股东、出资人或依公司法规定对该出资承担连带责任的发起人；抽逃出资的股东、出资人；

（6）公司：股东未依法履行出资义务即转让股权，申请执行人申请变更、追加该原股东或依公司法规定对该出资承担连带责任的发起人；

公司：未经清算即办理注销登记，有限责任公司的股东、股份有限公司的董事和控股股东；

一人有限责任公司：不能证明公司财产独立于自己财产的股东；

（7）法人或其他组织：被注销或出现被吊销营业执照、被撤销、被责令关闭、歇业等解散事由后，其股东、出资人或主管部门无偿接受其财产，致使该被执行人无遗留财产或遗留财产不足以清偿债务，申请执行人申请变更、追加该股东、出资人或主管部门为被执行人；

法人或其他组织：未经依法清算即办理注销登记，书面承诺对被执行人的债务承担清偿责任的第三人；

法人或其他组织：依行政命令被无偿调拨、划转给第三人，致使该被执行人财产不足以清偿生效法律文书确定的债务，申请执行人申请变更、追加该第三人为被执行人，在接受的财产范围内承担责任。

例：钱某在甲、乙、丙三人合伙开设的饭店就餐时被砸伤，遂以营业执照上登记的字号"好安逸"饭店为被告提起诉讼，要求赔偿医疗费等费用25万元。法院经审理，判决被告赔偿钱某19万元。执行过程中，"好安逸"饭店支付了8万元后便再无财产可赔。对此，法院应裁定追加甲、乙、丙为被执行人，执行其财产。（17年·卷三·49题）

2.意定变更：

（1）申请执行人将生效法律文书确定的债权依法转让给第三人，且书面认可第三人取得该债权，该第三人申请变更、追加其为申请执行人的，人民法院应予支持。

（2）向执行法院书面承诺自愿代被执行人履行生效法律文书确定的债务的第三人，可以被追加和变更为被执行人。

（三）救济

1.一般：裁定——上一级复议。

被申请人、申请人或其他执行当事人对执行法院作出的变更、追加裁定或驳回申请裁定不服的，可以自裁定书送达之日起10日内向上一级人民法院申请复议。

2.特殊：裁定——执行异议之诉。

有限合伙企业的有限合伙人、公司的股东，对作出的变更、追加裁定或驳回申请裁定不服的，可以自裁定书送达之日起15日内，向执行法院提起执行异议之诉。

（1）被申请人提起执行异议之诉的，以申请人为被告：理由成立的，判决不得变更、追加被申请人为被执行人或者判决变更责任范围；理由不成立的，判决驳回诉讼请求。

（2）申请人提起执行异议之诉的，以被申请人为被告：理由成立的，判决变更、追加被申请人为被执行人并承担相应责任或者判决变更责任范围；理由不成立的，判决驳回诉讼请求。

例1：执行中追加变更被执行人

（1）张三起诉李四，请求李四偿还50万元，张三胜诉但李四发现没有财产可供执行。张三债权虽然生效，但执行过程中却一分钱都拿不到。于是，张三把生效法律文书以书面方式转让给了王五。王五取得了该债权，此时变更王五为申请执行人，王五可以拿着张三的生效法律文书和转让文书向法院申请强制执行。

（2）李四欠张三200万元，执行过程中，案外人王五表示愿意代李四还钱，且作出了书面承诺。执行员到王五家去执行的时候，王五不能以案外人身份对执行标的提出异议，法院可以把王五追加和变更为被执行人。

例2：追加变更当事人的救济途径

（1）李四去世了，李四生前欠张三50万元，李四的儿子叫李小四，法院应当把李小四追加和变更为被执行人，但是法院误把王五追加为被执行人了，如果王五不服，他的救济途径是向上一级法院申请复议。

（2）甲公司诉乙公司返还合同货款2000万元的案件，甲公司胜诉了，但乙公司没有2000万元可以执行。甲公司认为乙公司的股东A没有足额缴纳出资，申请法院将A追加为被执行人：①法院将A追加为被执行人，A不服，提起执行异议之诉，以甲公司为被告；②法院不予追加，甲公司提执行异议之诉，以股东A为被告。

甲公司 —2000万元— 胜诉 → 乙公司（无钱）

甲公司 —（申请追加）→ A股东（抽逃、未足额缴纳出资）

裁定追加：A ——→ 甲公司+乙公司（A未出资）┐
裁定不追加：甲公司 ——→ A+乙公司（A已出资）┘ 均由A证明履行出资义务

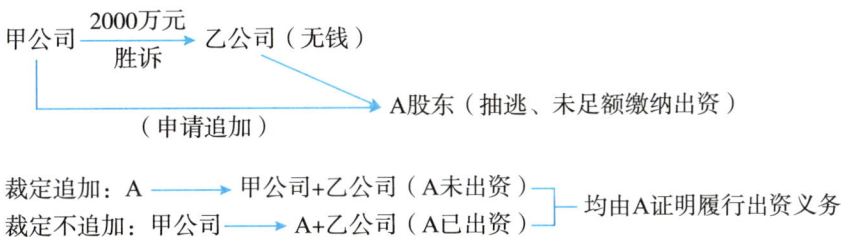

十四、执行中止和执行终结

（一）执行中止

执行中止是指在执行过程中，由于某种特殊情况的发生而暂时停止执行程序，待该情况消除后再恢复执行程序的制度。

1.执行中止的适用情形：

（1）申请人表示可以延期执行的。

（2）案外人对执行标的提出确有理由的异议的。

（3）作为一方当事人的公民死亡，需要等待继承人继承权利或承担义务的。

（4）作为一方当事人的法人或其他组织终止，尚未确定权利义务承受人的。

（5）人民法院已经受理以被执行人为债务人的破产申请的。

（6）被执行人确无财产可供执行的。

（7）执行的标的物是其他法院或仲裁机构正在审理的案件争议的标的物，需要等待该案件审理完毕确定权属的。

（8）一方当事人申请执行仲裁裁决，另一方当事人申请撤销仲裁裁决的。

（9）仲裁裁决的被申请执行人提出不予执行请求，并提供适当担保的。

（10）人民法院认为应当中止执行的其他情形。

2.中止执行，法院应以裁定的方式作出，该裁定送达当事人后生效。

3.执行中止的原因消失后，根据当事人申请或人民法院依职权恢复执行。

（二）执行终结

1.执行终结的适用情形：

（1）申请人撤销申请。

（2）据以执行的法律文书被撤销的。

（3）作为被执行人的公民死亡，无遗产可供执行，又无义务承担人的。

（4）追索赡养费、扶养费、抚养费案件的权利人死亡的。

（5）作为被执行人的公民因生活困难无力偿还借款，无收入来源，又丧失劳动能力的。

（6）人民法院认为应当终结执行的其他情形。

【注意】破产程序的特殊问题：①法院受理破产申请后，执行程序应当中止；②法院裁定宣告破产的，裁定终结执行。

2.执行终结以裁定方式作出，该裁定送达后立即生效。当事人既不能上诉也不能申请复议。

3.终结本次执行。

（1）经过财产调查未发现可供执行的财产，在申请执行人签字确认或者执行法院组成合议庭审查核实并经院长批准后，可以裁定终结本次执行程序。申请执行人发现被执行人有可供执行财产的，可以再次申请执行。再次申请不受申请执行时效期间的限制。

（2）因撤销申请而终结执行后，当事人在规定的申请执行时效期间内再次申请执行的，人民法院应当受理。

经典考题：1.甲成立一个一人公司，后甲因为个人原因与乙发生债务纠纷，甲欠乙500万元未清偿，法院执行了300万元，后乙查到该一人公司账上有200万元，于是向执行法院申请追加该一人公司为被执行人。对于乙的请求，下列说法正确的是：（2020年仿真题，单选）①

A.法院应裁定驳回申请，当事人可以提出异议

B.法院裁定追加，一人公司可以提起执行异议之诉

C.对法院执行异议的裁定，乙可以提起复议

D.法院裁定不予受理，乙可以提起执行异议之诉

2.A区甲公司拿着B区法院的生效判决找D区法院执行位于C区的乙公司的财产，在执行中，甲乙两公司达成了和解，乙公司履行了和解协议的一部分后便不再履行。对

---

①【答案】C

【考点】执行异议

【解题解析】《最高人民法院关于人民法院办理执行异议和复议案件若干问题的规定》是一份重要的文件，执行异议的考题基本出自该文件，考生需要重点理解。另外，需要注意复议的申请时间。

【解析】《最高人民法院关于民事执行中变更、追加当事人若干问题的规定》第13条规定，作为被执行人的个人独资企业，不能清偿生效法律文书确定的债务，申请执行人申请变更、追加其投资人为被执行人的，人民法院应予支持。个人独资企业投资人作为被执行人的，人民法院可以直接执行该个人独资企业的财产。《最高人民法院关于民事执行中变更、追加当事人若干问题的规定》第30条规定，被申请人、申请人或其他执行当事人对执行法院作出的变更、追加裁定或驳回申请裁定不服的，可以自裁定书送达之日起10日内向上一级人民法院申请复议，但依据本规定第32条的规定应当提起诉讼的除外。根据上述规定，申请执行人乙要求追加该公司为被执行人，是对执行行为提出了异议，法院应作出裁定，对该裁定不服，不属于《最高人民法院关于民事执行中变更、追加当事人若干问题的规定》第32条规定的应当提起执行异议之诉的情形，而应申请复议。故BD两项错误，C项正确。《最高人民法院关于人民法院办理执行异议和复议案件若干问题的规定》第2条规定，执行异议符合《民事诉讼法》规定条件的，人民法院应当在3日内立案，并在立案后3日内通知异议人和相关当事人。不符合受理条件的，裁定不予受理；立案后发现不符合受理条件的，裁定驳回申请。异议人对不予受理或者驳回申请裁定不服的，可以自裁定送达之日起10日内向上一级人民法院申请复议。上一级人民法院审查后认为符合受理条件的，应当裁定撤销原裁定，指令执行法院立案或者对执行异议进行审查。乙提出申请追加被执行人，法院裁定驳回申请，乙如果不满，是对"驳回申请的裁定"这个执行行为不满，其救济途径是向上一级法院复议，而不是提出异议。A项错误。

于乙公司的行为，甲公司有哪些救济手段？（2020年仿真题，多选）①

A.就和解协议向C区法院起诉

B.向法院申请执行

C.就和解协议向D区法院起诉

D.就和解协议向B区法院起诉

---

① 【答案】BC

【考点】执行和解协议

【解题指引】被执行人一方不履行执行和解协议的，申请执行人可以申请恢复执行原生效法律文书，也可以就履行执行和解协议向执行法院提起诉讼。需要注意执行法院与作出生效判决的法院有时会不一致。

【解析】《最高人民法院关于执行和解若干问题的规定》第9条规定，被执行人一方不履行执行和解协议的，申请执行人可以申请恢复执行原生效法律文书，也可以就履行执行和解协议向执行法院提起诉讼。当事人达成执行和解协议后不履行，申请执行人可以选择向法院申请执行，也可以就履行执行和解协议向执行法院D区法院起诉。BC两项正确。AD两项的管辖法院错误。

专题十六　涉外民事诉讼程序

命题点拨

本专题内容，通常以和国内民事诉讼相关制度对比的方式出题。考生只需掌握涉外民事诉讼程序的某些特殊规定即可，如：涉外民事诉讼的牵连管辖、期间、送达、司法协助。

知识体系图

```
                      ┌─范围────财产权益纠纷
         ┌管辖★★─牵连管辖─┤         ┌被告：中国境内无住所
         │            └─条件─┤
         │                  └下列地点在中国：合同签订地、合同履行地、
         │                    诉讼标的物所在地、可供
         │                    扣押财产所在地、侵权行
         │                    为地或者代表机构住所地
         │
牵连管辖──┤            ┌上诉+答辩────30日
         ├期间★────────┼公告+邮寄送达───3个月
         │            └审理期限────无限制
         │
         │            ┌一般★★─┬律师聘请────中国律师
         └司法协助─────┤       └送达、调查取证──使领馆对本国人
                      │       ┌生效判决─┬当事人申请
                      └特殊★──┤        └法院请求
                              └生效仲裁裁决──当事人申请
```

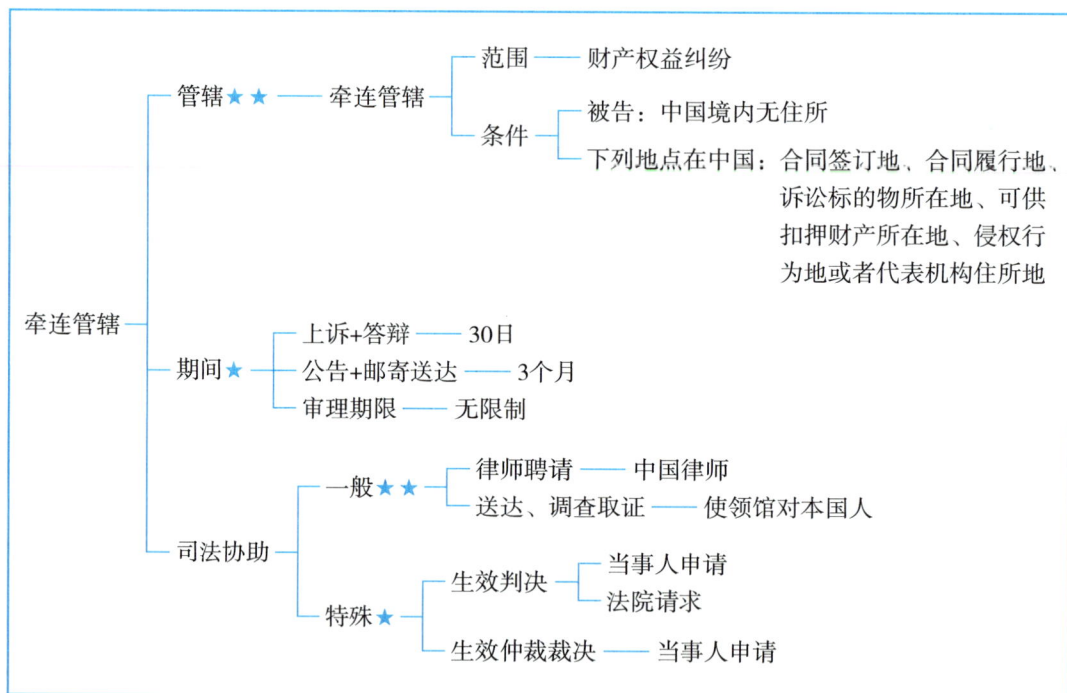

一、涉外民事诉讼管辖

（一）牵连管辖

根据《民事诉讼法》的规定，因合同纠纷或者其他财产权益纠纷，对在中华人民共和国领域内没有住所的被告提起的诉讼，如果合同在中华人民共和国领域内签订或者履行，或者诉讼标的物在中国领域内，或者被告在中国领域内有可供扣押的财产，或者被告在中国领域内设有代表机构，可以由合同签订地、合同履行地、诉讼标的物所在地、可供扣押财产所在地、侵权行为地或者代表机构住所地人民法院管辖。

由此可见，牵连管辖的内容包括三点：

1.案件：适用于合同纠纷和其他财产权益纠纷案件。

2.前提：被告在中国领域内没有住所，但合同在中华人民共和国领域内签订或者履行，或者诉讼标的物在中国领域内，或者被告在中国领域内有可供扣押的财产，或者被告在中国领域内设有代表机构。

【注意】标准是住所，而不是国籍。

3.管辖法院：可以由合同签订地、合同履行地、诉讼标的物所在地、可供扣押财产所在地、侵权行为地或者代表机构住所地法院管辖。

（二）专属管辖

1.涉外专属管辖的案件：在中国境内履行的中外合资经营企业合同、中外合作经营企业合同、中外合作勘探开发自然资源合同纠纷，只能由中国法院管辖。

2.不得由外国法院管辖，但可以协议选择仲裁裁决。

判断：

1.凡是涉外诉讼与我国法院所在地存在一定实际联系的，我国法院都有管辖权，体现了诉讼与法院所在地实际联系原则。（√）（13年·卷三·47题）

2.当事人在不违反级别管辖和专属管辖的前提下，可以约定各类涉外民事案件的管辖法院，体现了尊重当事人原则。（×）（13年·卷三·47题）

分析：涉外民事诉讼的约定管辖，只适用于财产权益纠纷案件，并不是所有涉外案件都可以约定管辖。

3.中外合资经营企业与其他民事主体的合同纠纷，专属我国法院管辖，体现了维护国家主权原则。（×）（13年·卷三·47题）

分析：因在中华人民共和国履行中外合资经营企业合同、中外合作经营企业合同、中外合作勘探开发自然资源合同发生纠纷提起的诉讼，由中华人民共和国人民法院管辖。专属管辖的是中外合资经营企业合同纠纷，中外合资经营企业与其他民事主体的合同纠纷，只是普通的民事纠纷，不适用专属管辖的规定。

4.重大的涉外案件由中级以上的法院管辖，体现了便于当事人诉讼原则。（×）（13年·卷三·47题）

分析：重大的涉外案件由中级法院管辖，而不是由中级以上法院管辖。同时，此类案件由中院管辖，并不便于当事人诉讼，并不是基于便于当事人诉讼原则，而是为了案件能够得到公正审理。

二、涉外期间与送达

（一）期间

1.概念。

涉外民事诉讼中，如果当事人在我国领域内没有住所的，适用关于涉外民事诉讼中关于期间的特别规定；如果当事人在我国领域内有住所的，适用《民事诉讼法》关于期间的一般规定。

【注意】涉外期间适用的判断标准是当事人的住所地，而不是当事人的国籍。

2.涉外民事诉讼期间的特殊规定：答辩期与上诉期均为30日，且当事人可以申请延长，由法院决定是否准许；涉外民事诉讼无审限的规定。

法院对涉外民事案件的当事人申请再审进行审查的期间，不受3个月期限的限制。

（二）送达

1.概念。

涉外民事诉讼中，如果当事人在我国领域内没有住所的，适用涉外民事诉讼中关于送达的特别规定；如果当事人在我国领域内有住所的，适用《民事诉讼法》关于送达的一般规定。

2.涉外送达方式。

（1）依照受送达人所在国与中华人民共和国缔结或者共同参加的国际条约中规定的方式送达。

（2）通过外交途径送达。

（3）对具有中华人民共和国国籍的受送达人，可以委托中华人民共和国驻受送达人所在国的使领馆代为送达。

（4）向受送达人委托的有权代其接受送达的诉讼代理人送达。

（5）向受送达人在中华人民共和国领域内设立的代表机构或者有权接受送达的分支机构、业务代办人送达。

（6）受送达人所在国的法律允许邮寄送达的，可以邮寄送达，自邮寄之日起满3个月，送达回证没有退回，但根据各种情况足以认定已经送达的，期间届满之日视为送达。

（7）采用传真、电子邮件等能够确认受送达人收悉的方式送达。

（8）不能用上述方式送达的，公告送达，自公告之日起满3个月，即视为送达。

例：住所位于我国A市B区的甲公司与美国乙公司在我国M市N区签订了一份买卖合同，美国乙公司在我国C市D区设有代表处。甲公司因乙公司提供的产品质量问题诉至法院，M市N区法院、C市D区法院对本案有管辖权。法院向乙公司送达时，可向乙公司设在C市D区的代表处送达；甲公司居住在我国领域内的，如甲公司不服一审判决，应当在一审判决书送达之日起15日内提起上诉。（10年·卷三·85题）

三、司法协助

（一）司法协助的概念

司法协助，是不同国家的法院之间，根据参加的国际条约或本国缔结的条约，或者按照互惠原则，在司法事务上相互协助，代为一定诉讼行为的制度。

（二）司法协助的种类

1.一般司法协助。

（1）律师聘请：如果委托律师代理，只能委托中国律师。

（2）境外委托书：公证证明——使领馆认证，或条约规定。

（3）送达、调查取证：即不同国家的法院之间，可以相互请求，代为送达文书、调查取证及代为进行其他诉讼行为。

【注意】外国驻中国使、领馆在中国领域内也可以向其本国公民送达诉讼文书和调查取证，但不得采取强制措施，不得违反中华人民共和国的法律。

2.特殊司法协助。

（1）外国法院裁判、仲裁裁决在我国的承认和执行。

①外国法院裁判在我国的承认和执行。由当事人直接向被执行人住所地或其财产所在地的中级人民法院申请；外国法院依照该国与我国之间的条约或互惠关系向上述有管辖权的中级人民法院提出请求。人民法院审查后，可以承认其效力，需要执行的，发出执行令。

②外国仲裁裁决在我国的承认和执行。由当事人直接向被执行人住所地或者其财产所在地的中级人民法院申请。

（2）我国法院裁判、仲裁裁决在外国的承认和执行。

①我国法院裁判在外国的承认和执行。由当事人直接向有管辖权的外国法院申请承认和执行；或者由人民法院请求外国法院承认和执行。

②我国仲裁裁决在外国的承认和执行。由当事人向外国法院申请承认和执行。

【注意】法院判决的承认和执行，有当事人申请和法院请求两种方式；而仲裁裁决的承认和执行，只有当事人申请一种方式；外国法院裁判和仲裁裁决的承认和执行，均由我国中级人民法院管辖。

例1：中国公民甲与外国公民乙因合同纠纷诉至某市中级法院，法院判决乙败诉。判决生效后，甲欲请求乙所在国家的法院承认和执行该判决，可以直接向有管辖权的外国法院申请承认和执行，可以向中国法院申请，由法院根据我国缔结或者参加的国际条约，或者按照互惠原则，请求外国法院承认和执行。（09年·卷三·90题）

例2：根据《民事诉讼法》的规定，我国法院与外国法院可以进行司法协助，互相委托，代为一定的诉讼行为。但是在下列情况下，我国法院应予以驳回或说明理由退回外国法院：委托事项同我国的主权、安全不相容的；不属于我国法院职权范围的；违反我国法律的基本准则或者我国国家利益、社会利益的。（08年·卷三·81题）

专题十七　仲裁与仲裁法概述

命题点拨

本专题内容相对简单，但是法考经常涉及，考生需要重点掌握仲裁法的适用范围、仲裁与诉讼制度的关系和区别。

知识体系图

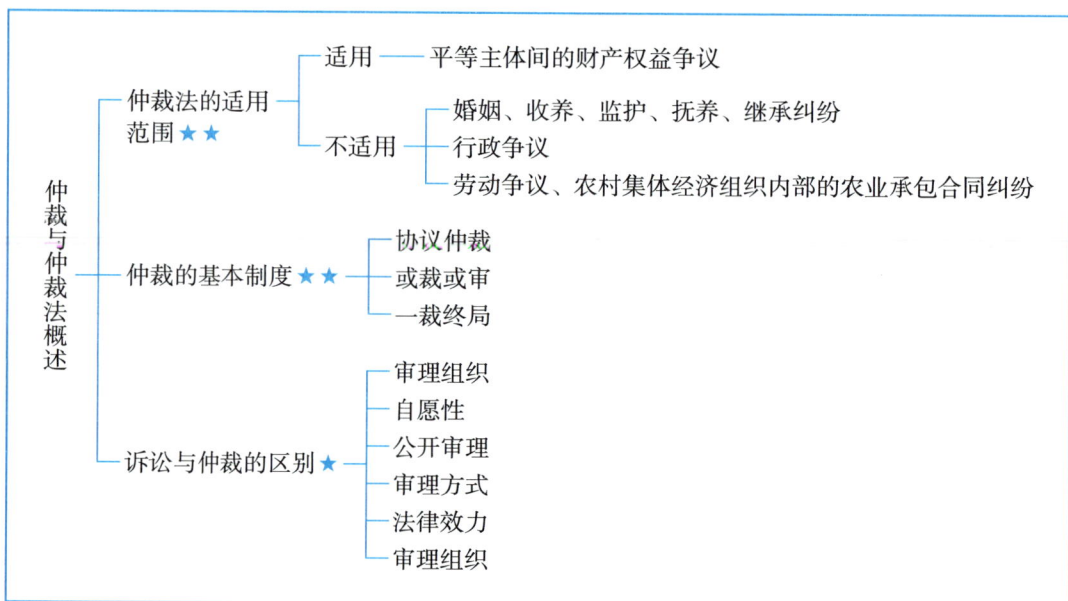

一、仲裁法的适用范围

（一）仲裁的范围

平等主体的公民、法人和其他组织之间的合同纠纷和其他财产权益纠纷。

（二）不能仲裁的情形

1.婚姻、收养、监护、扶养、继承纠纷。

2.依法应当由行政机关处理的行政争议。

3.劳动争议和农村集体经济组织内部的农业承包合同纠纷。

二、仲裁的基本制度

（一）协议仲裁制度

仲裁程序的进行都必须以当事人之间订立的有效仲裁协议为基础，没有仲裁协议就没有仲裁制度。仲裁协议是当事人仲裁意愿的表现。

（二）或裁或审制度

平等主体之间的财产权益的争议，当事人只能在仲裁或诉讼中选择其一适用。有效的仲裁协议可以排除法院对案件的司法管辖权。

（三）一裁终局制度

仲裁裁决作出后，当事人就同一纠纷再申请仲裁或向法院起诉，仲裁委员会或法院不予受理。一方当事人不履行仲裁裁决确定的义务时，另一方当事人可以向人民法院申请强制执行。

【注意】民事诉讼两审终审基本制度和仲裁一裁终局基本制度的差别。

三、民事诉讼与仲裁的区别

	仲　裁	诉　讼
审理组织	民间性机构	人民法院代表国家进行审判
自愿性	以双方当事人的自愿为前提	不以自愿为前提，任何一方都可以起诉
是否公开审判	以不公开为原则，仲裁员及仲裁秘书有保密义务	一般公开审理，只有涉及国家秘密、个人隐私等的案件才不公开审理
审理方式	开庭为原则，例外书面审理	开庭为原则，二审可以不开庭审理
法律效力	一裁终局	两审终审
审理组织	合议庭或独任制当事人可选择	合议庭或独任制当事人不能选择

专题十八　仲裁协议

.

命题点拨

仲裁协议是法考每年的必考内容，主要考点有：仲裁协议的订立、仲裁协议的独立性、仲裁协议的无效与失效。重要考点主要集中在仲裁协议的效力部分。

知识体系图

```
                  ┌─ 类型 ─┬─ 仲裁协议书
                  │        └─ 仲裁条款
                  │
                  │        ┌─ 请求仲裁的意思表示
                  ├─ 内容 ─┼─ 有明确约定的可仲裁的仲裁事项
                  │        └─ 选定有明确、具体的仲裁委员会
                  │
                  │        ┌─ 仲裁协议的独立性原则 ★★
  仲裁协议 ───────┤        │                      ┌─ 法院 ─────┐
                  ├─ 效力 ─┼─ 效力的确定机构 ★★ ─┤            ├─ 法院优先
                  │        │                      └─ 仲裁委员会┘
                  │        │                   ┌─ 单独要求确认
                  │        └─ 效力的确定方式 ★ ─┤
                  │                             └─ 解决争议的同时确认
                  │
                  │           ┌─ 口头仲裁协议
                  │           ├─ 仲裁事项无约定、不明确、超出法定仲裁范围
                  │           ├─ 无民事、限制民事行为能力人制定的
                  └─ 无效情形 ★★ ─┼─ 胁迫手段制定的
                              ├─ 仲裁机构无约定、不明确或不存在
                              └─ 仲裁终局性不确定；或裁或诉的约定
```

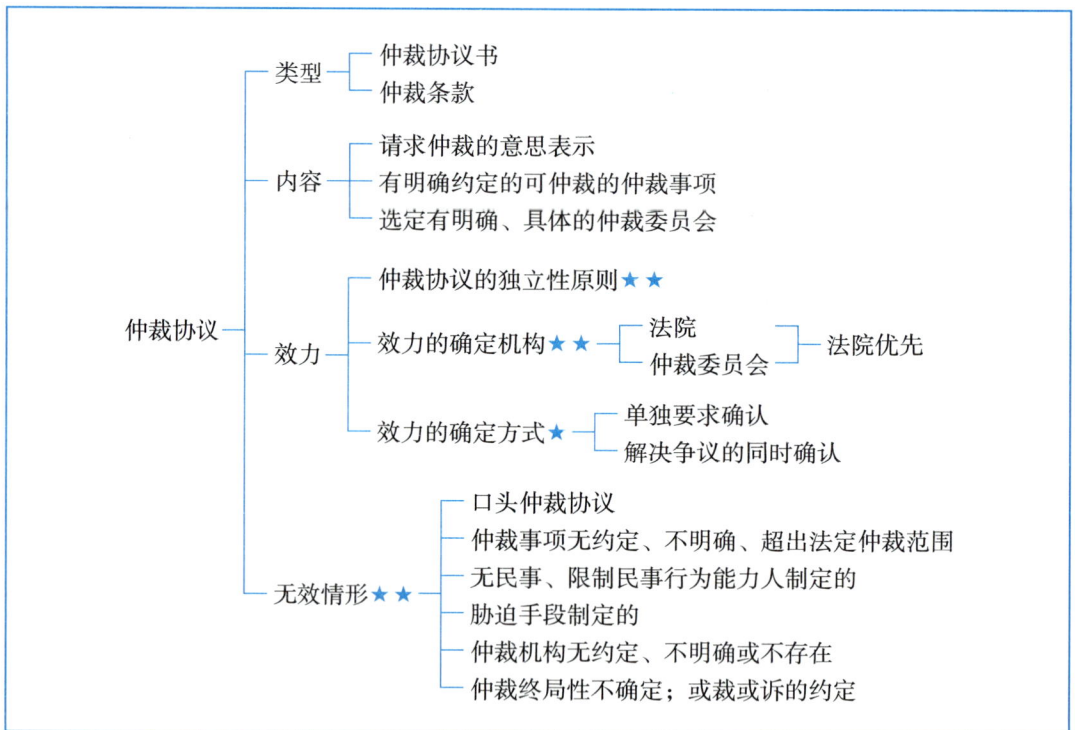

一、仲裁协议的类型

（一）仲裁协议必须采用书面形式

我国只承认书面仲裁协议的法律效力，以口头方式订立的仲裁协议不受法律保护。当事人以口头仲裁协议为依据申请仲裁的，仲裁机构不予受理。

（二）仲裁协议的类型

1.仲裁条款：双方当事人在签订合同中订立的，将可能因本合同所发生的争议提交仲裁的条款。

2.仲裁协议书：在争议发生前或争议发生后，双方当事人订立的同意将可能发生的或已经发生的争议提交仲裁的一种独立的契约。

3.其他有关书面文件中包含的仲裁协议：当事人之间以信函、电报、电传、电子数据交换、电子邮件等方式进行往来并达成的仲裁协议。

二、仲裁协议的内容

（一）请求仲裁的共同意思表示

必须是双方当事人在协商一致的基础上真实的共同意思表示；在欺诈、胁迫、误解等情况下作出的意思表示无效。

（二）有明确约定的可仲裁的仲裁事项

（三）选定有明确、具体的仲裁委员会

1.仲裁协议约定的仲裁机构名称不准确，但能够确定具体的仲裁机构的，应当认定选定了仲裁机构。

2.仲裁协议仅约定纠纷适用的仲裁规则的，视为未约定仲裁机构，但当事人达成补充协议或者按照约定的仲裁规则能够确定仲裁机构的除外。

3.仲裁协议约定两个以上仲裁机构的，当事人可以协议选择其中的一个仲裁机构申请仲裁；当事人不能就仲裁机构的选择达成一致的，仲裁协议无效。

例：仲裁协议约定提交武汉仲裁委员会或长沙仲裁委员会仲裁。仲裁协议原则无效。但事后达成补充协议（书面；一方申请仲裁，另一方不提出异议）的除外。

4.仲裁协议约定由某地的仲裁机构仲裁且该地仅有一个仲裁机构的，该仲裁机构视为约定的仲裁机构。该地有两个以上仲裁机构的，当事人可以协议选择其中的一个仲裁机构申请仲裁；当事人不能就仲裁机构选择达成一致的，仲裁协议无效。

例：仲裁协议约定提交北京市的仲裁机构仲裁。仲裁协议原则无效，因为北京有两个仲裁机构：北京仲裁委员会和中国国际经济贸易仲裁委员会。但事后达成补充协议（书面；一方申请仲裁，另一方不提出异议）的除外。

5.约定的仲裁机构不存在。在我国的仲裁机构设置中，区、县没有仲裁机构。地级市以上的地方才有可能设置仲裁委员会，是否设置由当地根据情况确定；但省会城市、自治区首府、直辖市所在的城市一定设立有仲裁机构。

例：2015年4月，居住在B市（直辖市）东城区的林剑与居住在B市西城区的钟阳（二人系位于B市北城区正和钢铁厂的同事）签订了一份借款合同，约定钟阳向林剑借款20万元，月息1%，2017年1月20日前连本带息一并返还。合同还约定，如因合同履行发生争议，可向B市东城区仲裁委员会仲裁。至2017年2月，钟阳未能按时履约。2017年3月，二人到正和钢铁厂人民调解委员会（下称调解委员会）请求调解。调解委员会委派了三位调解员主持该纠纷的调解。如调解委员会调解失败，解决的办法有：争议的解决方法就只有和解、调解、诉讼三种方式。当事人约定"如因合同履行发生争议，可向B市东城区仲裁委员会仲裁"，我国区、县没有仲裁机构，约定的仲裁机构不存在，则不能通过仲裁的方式进行解决。（17年·卷三·95题）

三、仲裁协议的效力

（一）仲裁协议法律效力的表现

1.对双方当事人的效力。

仲裁协议有效成立后，当事人只能向仲裁协议所确定的仲裁机构申请仲裁解决该纠纷。一方当事人就已约定仲裁的事项向法院起诉的，对方当事人可以存在有效的仲裁协议为由向法院提出抗辩。

2.对法院的效力：有效的仲裁协议排除法院的司法管辖。但在仲裁协议无效或当事人默示放弃仲裁协议（一方起诉，另一方应诉答辩）的情况下，法院可以行使管辖权。

3.对仲裁机构的效力：授予仲裁机构仲裁管辖权并限定仲裁的范围。

（二）仲裁协议的独立性

仲裁协议独立存在，合同的变更、解除、终止或者无效，不影响仲裁协议的效力。

1.合同成立后未生效或被撤销的，不影响仲裁协议的效力。

2.当事人在订立合同时，就争议达成仲裁协议的，合同未成立不影响仲裁协议的效力。

（三）仲裁协议效力的确定

1.确认机构：人民法院或仲裁委员会，二者的关系为法院优先，时间优先。

（1）当事人对仲裁协议的效力有异议，一方请求仲裁委员会作出决定，一方请求人民法院作出裁定的，由人民法院裁定。

（2）仲裁机构对仲裁协议的效力作出决定后，当事人向人民法院申请确认仲裁协议的效力或者申请撤销仲裁机构决定的，人民法院不予受理。

（3）当事人对仲裁协议的效力有异议，一方当事人申请仲裁机构确认仲裁协议的效力，另一方当事人请求人民法院确认仲裁协议无效，如果仲裁机构先于人民法院接受申请并已作出决定，人民法院不予受理；如果仲裁机构接受申请后尚未作出决定，人民法院应予受理，同时通知仲裁机构中止仲裁。

（4）当事人在仲裁庭首次开庭前没有对仲裁协议的效力提出异议，而后向人民法院申请确认仲裁协议无效的，人民法院不予受理。

2.确认的方式。

（1）单独要求确认仲裁协议效力。

当事人单独要求人民法院（无论国内仲裁还是涉外仲裁，都是仲裁机构所在地、仲裁协议签订地、申请人或者被申请人住所地的中级人民法院管辖）或仲裁委员会确认仲裁协议的效力。

人民法院的确认权（使用裁定）优先：一方请求仲裁委员会作出决定，另一方请求人民法院作出裁定的，由人民法院裁定；但仲裁机构先于法院对仲裁协议的效力作出认定的，仲裁机构的认定有效。

例：住所在A市B区的两江公司与住所在M市N区的百向公司，在两江公司的分公司所在地H市J县签订了一份产品购销合同，并约定如发生合同纠纷可向设在W市的仲裁委员会申请仲裁（W市有两个仲裁委员会）。因履行合同发生争议，两江公司向W市的一个仲裁委员会申请仲裁。仲裁委员会受理后，百向公司拟向法院申请认定仲裁协议无效。百向公司应向下列法院提出申请：仲裁委员会所在地的法院无管辖权，但仲裁协议签订地的H市中级人民法院、申请人或者被申请人住所地的中级人民法院，即A市或M市中级人民法院均有管辖权。本案中当事人约定如发生合同纠纷可向设在W市的仲裁委员会申请仲裁，W市有两个仲裁委员会，属于约定的仲裁机构不明确的，仲裁委员会所在地的W市中级人民法院对此案无管辖权。（17年·卷三·50题）

（2）解决争议的同时要求确认仲裁协议效力。

一方当事人向仲裁机构申请仲裁或向人民法院起诉，要求解决民事纠纷，另一方当事人在仲裁庭首次开庭前或法院首次开庭前对仲裁协议的效力提出异议，即认为相应的仲裁机构或法院对该民事纠纷不享有管辖权。则仲裁机构或法院应在解决实体争议前，先行确认仲裁协议的效力，认定自己对案件是否享有管辖权，才能进而对实体争议进行处理。

①仲裁当事人达成仲裁协议，一方向人民法院起诉时未声明有仲裁协议，人民法院受理后，另一方在首次开庭前提交仲裁协议的，人民法院应当驳回起诉，但仲裁协议无效的除外；另一方在首次开庭前未对人民法院受理该案提出异议的，视为放弃仲裁协议，人民法院应当继续审理，此种情形也称为仲裁协议的默示放弃。

②当事人签订仲裁协议后，一方依据仲裁协议向约定的仲裁机构申请仲裁，另一方认为仲裁协议无效的，应当在仲裁庭首次开庭前提出。

例1：住所在北京市C区的甲公司与住所在北京市H区的乙公司在天津市J区签订了一份买卖合同，约定合同履行发生争议，由北京仲裁委员会仲裁或者向H区法院提起诉讼。合同履行过程中，双方发生争议，甲公司到北京仲裁委员会申请仲裁，仲裁委员会受理并向乙公司送达了甲公司的申请书副本。在仲裁庭主持首次开庭的答辩阶段，乙公司对仲裁协议的效力提出异议。仲裁庭对此作出了相关的意思表示。此后，乙公司又向法院提出对仲裁协议的效力予以认定的申请。本案中，当事人约定由北京仲裁委员会仲裁或者向H区法院提起诉讼，约定了两个仲裁机构，仲裁协议原则上无效。在仲裁庭主持首次开庭的答辩阶段，乙公司才对仲裁协议的效力提出异议，视为放弃仲裁协议，仲裁庭对乙公司的申请应予以驳回，继续审理案件。（17年·卷三·85题）

例2：大成公司与华泰公司签订投资合同，约定了仲裁条款：如因合同效力和合同履行发生争议，由A仲裁委员会仲裁。合作中双方发生争议，大成公司遂向A仲裁委员会提出仲裁申请，要求确认投资合同无效。A仲裁委员会受理。华泰公司提交答辩书称，如合同无效，仲裁条款当然无效，故A仲裁委员会无权受理本案。随即，华泰公司向法院申请确认仲裁协议无效，大成公司见状，向A仲裁委员会提出请求确认仲裁协议有效。仲裁委员会和法院两个机构均有权确定仲裁协议是否有效，向两个机构都申请，发生冲突时，法院的决定权优先，因此应由法院作出裁定，认定仲裁协议是否有效。（15年·卷三·50题）

例3：A市水天公司与B市龙江公司签订一份运输合同，并约定如发生争议提交A市的C仲裁委员会仲裁。后因水天公司未按约支付运费，龙江公司向C仲裁委员会申请仲裁。在第一次开庭时，水天公司未出庭参加仲裁审理，而是在开庭审理后的第二天向A

市中级人民法院申请确认仲裁协议无效。C仲裁委员会应当继续审理。当事人对仲裁协议有异议，应在仲裁庭首次开庭前提出，过了这个时间没有提出，视为默示达成仲裁协议或认可仲裁庭的管辖。本案中，被申请人水天公司在仲裁庭开庭审理后的第二天向法院提出仲裁协议效力的异议是无效的，仲裁庭对此案享有管辖权，应当继续审理此案。（07年·卷三·48题）

（四）仲裁协议的承继

1.当事人订立仲裁协议后合并、分立的，仲裁协议对其权利义务的继受人有效；当事人订立仲裁协议后死亡的，仲裁协议对继承其仲裁事项中的权利义务的继承人有效。上述两种情形下，当事人订立仲裁协议时另有约定的除外。

2.债权债务全部或部分转让的，仲裁协议对受让人有效，但当事人另有约定、在受让债权债务时受让人明确反对或者不知单独有仲裁协议的除外。

例：A市甲公司与B市乙公司在B市签订了一份钢材购销合同，约定合同履行地在A市。同时双方还商定因履行该合同所发生的纠纷，提交C仲裁委员会仲裁。后因乙公司无法履行该合同，经甲公司同意，乙公司的债权债务转让给D市的丙公司，但丙公司明确声明不接受仲裁条款。因丙公司已明确声明不接受合同中的仲裁条款，所以仲裁条款对其无效。（07年·卷三·89题）

（五）仲裁协议无效的法定情形和法律后果

1.仲裁协议无效和失效情形的区别：

	无 效	失 效
适用情形	（1）形式：口头方式订立的仲裁协议无效。 （2）事项：约定的仲裁事项超出法律规定的仲裁范围；对仲裁事项无约定、不明确，当事人对此又达不成补充协议的。 （3）主体：无民事行为能力人或者限制民事行为能力人订立的仲裁协议。 （4）手段：一方采取胁迫手段，迫使对方订立仲裁协议的。 （5）机构：对仲裁委员会无约定、约定不明确或选择的仲裁机构不存在，当事人对此又达不成补充协议的。 （6）效力：仲裁终局性不确定；可选择诉讼或仲裁的协议。	（1）基于仲裁协议，仲裁庭作出的仲裁裁决已被当事人自觉履行或者被法院强制执行，即仲裁协议约定的提交仲裁的争议事项得到最终解决。 （2）当事人协议放弃已签订的仲裁协议。 （3）附期限的仲裁协议因期限届满而失效。 （4）基于仲裁协议，仲裁庭作出的仲裁裁决被法院裁定撤销或不予执行。

2.仲裁协议无效或失效后的法律后果。

双方当事人之间的纠纷可以通过向法院起诉解决，也可以重新达成仲裁协议通过仲裁方式解决。

例1：武当公司与洪湖公司签订了一份钢材购销合同，同时约定，因合同效力或合同的履行发生纠纷提交A仲裁委员会或B仲裁委员会仲裁解决。合同签订后，洪湖公司以本公司具体承办人超越权限签订合同为由，主张合同无效。洪湖公司向法院起诉，代表其不愿意接受仲裁，这意味着在仲裁协议选择两个仲裁委员会的情况下，双方不能就

仲裁机构单一确定的选择达成一致，因此，仲裁协议无效，法院应当受理。（12年·卷三·48题）

例2：甲、乙因遗产继承发生纠纷，双方书面约定由某仲裁委员会仲裁。后甲反悔，向遗产所在地法院起诉。法院受理后，乙向法院声明双方签订了仲裁协议。甲、乙之间的遗产继承纠纷是不能约定仲裁的，故甲、乙之间的约定无效。所以，法院应裁定仲裁协议无效，对案件继续审理。（10年·卷三·43题）

例3：甲公司与乙公司签订了一份钢材购销合同，约定因该合同发生纠纷双方可向A仲裁委员会申请仲裁，也可向合同履行地B法院起诉。双方达成的仲裁协议无效，双方达成的管辖协议有效，如甲公司向A仲裁委员会申请仲裁，乙公司在仲裁庭首次开庭前未提出异议，A仲裁委员会可对该案进行仲裁。（10年·卷三·84题）

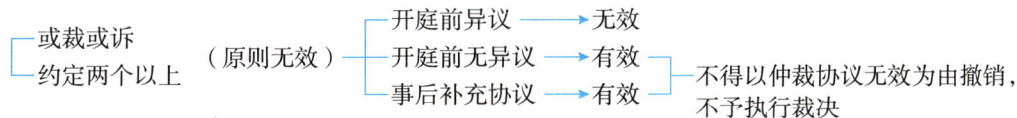

```
┌ 或裁或诉                    ┌ 开庭前异议 ──→ 无效
│                （原则无效）├ 开庭前无异议 ──→ 有效 ┐ 不得以仲裁协议无效为由撤销，
└ 约定两个以上                └ 事后补充协议 ──→ 有效 ┘ 不予执行裁决
```

专题十九　仲裁程序

命题点拨

本专题为法考重点章节。重点知识点为：仲裁庭的组成，仲裁中的和解、调解制度，仲裁中财产保全的程序，仲裁裁决的作出方式和内容，仲裁程序相关制度与诉讼程序的比较。

知识体系图

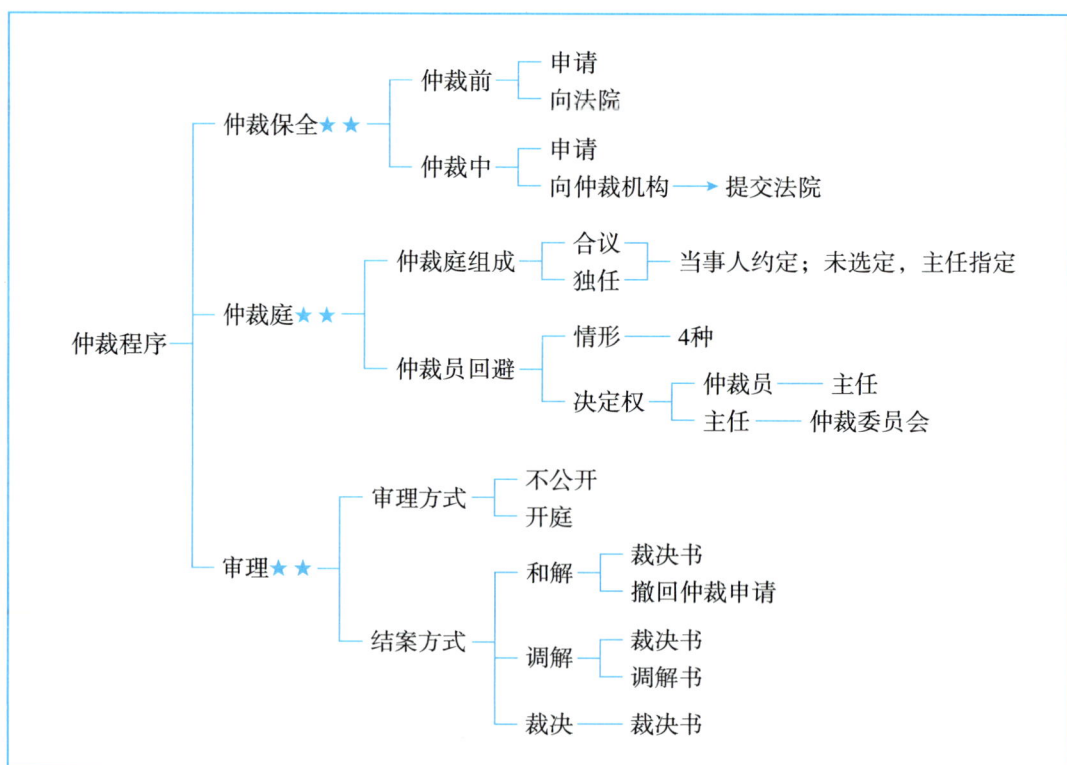

一、仲裁当事人

仲裁当事人是指依据有效的仲裁协议，以自己名义参加仲裁程序，并受仲裁裁决约束的公民、法人和其他组织。

仲裁当事人的特征：

1.双方当事人的法律地位平等。

2.当事人之间必须订有有效的仲裁协议。

3.当事人之间的纠纷必须具有可仲裁性。

【注意】仲裁中没有第三人制度。

二、仲裁庭的组成

（一）仲裁庭的形式

1.仲裁庭的形式分为三名仲裁员组成的合议仲裁庭和一名仲裁员组成的独任仲裁庭。

2.当事人双方不能就仲裁庭的组成形式达成一致意见的，由仲裁委员会主任确定仲裁庭的组成形式。

（二）仲裁员的确定

1.当事人约定。

（1）当事人约定由三名仲裁员组成仲裁庭的：当事人各自选定或各自委托仲裁委员会主任指定一名仲裁员，第三名仲裁员由当事人共同选定或者共同委托仲裁委员会主任指定，第三名仲裁员为首席仲裁员。

（2）当事人约定由一名仲裁员成立仲裁庭：当事人共同选定或共同委托仲裁委员会主任指定该独任仲裁员。

2.仲裁委员会主任指定。

双方当事人未在仲裁规则规定的期限内选定仲裁员的，由仲裁委员会主任指定仲裁员。

当事人未在指定期限内达成一致意见的，由仲裁委员会主任指定。

（三）仲裁员的回避

1.仲裁员回避的情形。

有下列情形之一的，必须回避，当事人也有权提出回避申请：

（1）是本案当事人或者当事人、代理人的近亲属；

（2）与本案有利害关系；

（3）与本案当事人、代理人有其他关系，可能影响公正仲裁的；

（4）私自会见当事人、代理人，或者接受当事人、代理人的请客送礼的。

2.仲裁员的回避形式。

（1）仲裁员自行回避。

（2）当事人提出申请回避。

3.回避的决定。

不论哪种形式的回避，都应当向仲裁委员会提出。该仲裁员是否回避，由仲裁委员会主任决定；仲裁委员会主任担任仲裁员时，由仲裁委员会集体决定。

4.回避的提出时间。

当事人提出回避申请，应当说明理由，并在首次开庭前提出；回避事由在首次开庭后知道的，可以在最后一次开庭终结前提出。

5.回避的效力。

仲裁员因回避或者其他原因不能履行职责的，应当依照《仲裁法》的规定重新选定或者指定仲裁员。因回避而重新选定或者指定仲裁员后，<u>当事人可以请求已进行的仲裁程序重新进行，是否准许，由仲裁庭决定；仲裁庭也可以自行决定已进行的仲裁程序是否重新进行</u>。

例：某仲裁委员会在开庭审理甲公司与乙公司的合同纠纷一案时，乙公司对仲裁庭中的一名仲裁员提出了回避申请。经审查后，该仲裁员依法应予回避，仲裁委员会重新确定了仲裁员。已进行的仲裁程序是否重新进行，仲裁庭有权决定。（12年·卷三·49题）

三、仲裁的审理程序

（一）仲裁审理的原则

仲裁审理以<u>不公开审理</u>为原则，以公开审理为例外。仲裁不公开进行，当事人协议公开的，可以公开进行，但涉及国家秘密的除外。

（二）仲裁审理的方式

1.仲裁以开庭审理为原则。开庭审理是在仲裁庭的主持下，在双方当事人和其他仲裁参与人的参加下。按照法定程序，对案件进行审理并作出裁决的方式。

2.书面审理。当事人协议不开庭的情况下，双方当事人及其他仲裁参与人不用到庭参加审理，由仲裁庭根据仲裁申请书、答辩书以及其他材料作出裁决的仲裁审理方式，是开庭审理的必要补充。

（三）仲裁中的缺席裁决

被申请人经书面通知，无正当理由<u>不到庭</u>或者未经仲裁庭许可<u>中途退庭</u>的，可以<u>缺席裁决</u>。

仲裁庭可以作出缺席裁决的情形：

1.被申请人经书面通知，无正当理由不到庭。

2.被申请人未经仲裁庭的许可中途退庭。

3.仲裁被申请人提出反请求的情况下，如果仲裁申请人经书面通知无正当理由不到庭或未经仲裁庭准许中途退庭时，仲裁庭可以基于反请求对仲裁申请人作出缺席裁决。

4.被申请人的法定代理人经书面通知无正当理由不到庭或者未经仲裁庭许可中途退庭的，可以缺席裁决。

例1：兴邦有限公司诉蒋聪租赁合同争议仲裁案，在仲裁庭审过程中，蒋聪接到电话，其妻发生交通事故，刚被送往医院，蒋聪与仲裁员简单说明情况并经仲裁庭允许后便匆匆离席。仲裁庭不可以在蒋聪缺席的情况下依法继续进行审理并作出缺席裁决。在被申请人经书面通知无正当理由不到庭或未经仲裁庭许可中途退庭的情况下，才可以缺席裁决。而本案中被申请人蒋聪中途退庭是有紧急理由并经仲裁庭许可的，因此不能作出缺席裁决。

例2：甲公司和乙公司签订设备买卖合同，并在合同中约定了仲裁条款，后由于甲公司拒绝支付设备款，乙公司向仲裁委员会申请仲裁，要求甲公司支付设备款。甲公司接到仲裁通知后作出答辩意见，同时提出由于乙公司提供的设备不符合质量规定而造成了经济损失，要求乙公司赔偿经济损失100万元的反请求。仲裁庭依法书面向双方当事人寄送了开庭通知。开庭当日，甲公司没有如期到庭参加庭审，仲裁庭应当在甲公司无故不到庭的情况下，对乙公司的仲裁请求缺席裁决，对甲公司的反请求视为撤回仲裁申请。

四、仲裁保全与仲裁证据保全

（一）仲裁保全

1.仲裁保全的条件。

（1）仲裁案件必须有给付内容。

（2）确有保全的必要，即如果不采取保全措施，将来的仲裁裁决会面临不能执行或难以执行的情形。

（3）仲裁当事人申请财产保全必须符合法定程序。

2.仲裁保全的申请时间：仲裁前或仲裁程序中均可申请仲裁保全，其中仲裁前的保全中，申请人在法院采取措施后30日内不申请仲裁的，法院应当解除保全。

仲裁前的保全，由利害关系人直接向管辖法院提出申请；仲裁中的保全，由仲裁当事人向仲裁委员会提出申请，仲裁委员会将该申请提交有管辖权的法院。

3.仲裁保全的管辖法院。

国内仲裁：被申请人住所地或者被保全财产所在地的基层人民法院。

涉外仲裁：被申请人住所地或者被保全财产所在地的中级人民法院。

例：中国甲公司与某国乙公司发生买卖合同纠纷，在中国仲裁过程中，乙公司申请财产保全，即要求扣押甲公司在某港口的一批机器设备。仲裁委员会将乙公司的申请提交甲公司所在地的中级法院裁定。（05年·卷三·47题）

4.仲裁保全的救济。

（1）仲裁当事人对人民法院的保全裁定不服，可以向人民法院申请复议一次，复议期间不停止裁定的执行。

（2）申请有错误的，申请人应当赔偿被申请人因财产保全遭受的损失，仲裁委员会不承担赔偿责任。

5.仲裁保全和诉讼保全。

（1）程序的启动主体不同：仲裁中的保全只能由利害关系人或当事人申请启动，仲裁机构无权依职权启动保全程序；诉讼保全中利害关系人和当事人可申请启动保全程序，法院也可依职权启动保全程序。

（2）能否采取保全措施的主体不同：仲裁机构无权采取保全措施，仲裁中的保全措施也由人民法院采取；诉讼中，法院当然享有采取保全措施的权力。

（二）仲裁证据保全

1.时间：仲裁程序进行中和仲裁前，在证据可能灭失或以后难以取得的情况下，当事人和利害关系人均可向被申请人住所地、证据所在地的人民法院申请证据保全。

2.管辖：

国内仲裁：证据所在地、被申请人住所地的基层人民法院。

涉外仲裁：证据所在地、被申请人住所地的中级人民法院。

例：甲县的佳华公司与乙县的亿龙公司订立的烟叶买卖合同中约定，如果因为合同履行发生争议，应提交A仲裁委员会仲裁。佳华公司交货后，亿龙公司认为烟叶质量与约定不符，且正在霉变，遂准备提起仲裁，并对烟叶进行证据保全。在仲裁程序启动前，亿龙公司可直接向甲县法院申请证据保全，A仲裁委员会收到保全申请后，应提交给烟叶所在地的基层法院，法院根据亿龙公司的申请采取证据保全措施时，可要求其提供担保。（14年·卷三·77题）

五、仲裁中的和解、调解和裁决

（一）和解

1.和解的时间。

当事人申请仲裁后，可以自行和解。和解的时间在仲裁委员会受理争议案件后，仲裁庭作出仲裁裁决之前。

2.和解的结案方式。

（1）当事人达成和解协议的，可以请求仲裁庭根据和解协议作出裁决书。

（2）当事人达成和解协议的，也可以撤回仲裁申请。如果当事人撤回仲裁申请后反悔的，仍可以根据原仲裁协议申请仲裁。

【注意】撤回仲裁申请后，原仲裁协议继续有效。

3.和解协议的效力。

仲裁和解协议没有强制执行力，当事人无权依和解协议向有管辖权的法院申请强制执行。

例1：南沙公司与北极公司因购销合同发生争议，南沙公司向仲裁委员会申请仲裁，在仲裁中，双方达成和解协议，南沙公司向仲裁庭申请撤回仲裁申请。之后，北极公司拒不履行和解协议。南沙公司可以根据原仲裁协议申请仲裁。（08年·卷三·39题）

例2：甲公司与乙公司之间的买卖合同纠纷，双方在仲裁过程中达成和解协议，此种情况下甲公司可以：请求仲裁庭根据和解协议作出裁决书；撤回仲裁申请；对仲裁协议进行反悔，请求仲裁庭依法作出裁决。（04年·卷三·42题）

（二）仲裁中的调解

1.仲裁调解结案的时间。

仲裁庭在作出裁决前，可以先行调解。当事人自愿调解的，仲裁庭应当调解。调解不成的，应当及时作出裁决。

2.调解的结案方式。

经仲裁庭调解，双方当事人达成协议的，仲裁庭应当制作调解书。仲裁庭除了可以制作仲裁调解书之外，也可以根据协议的结果制作裁决书。

3.调解书的效力。

调解书经双方当事人签收后发生法律效力，调解书和裁决书具有同等法律效力。

如果调解书签收前当事人反悔的，仲裁庭应当及时作出裁决。

（三）仲裁调解和仲裁和解的比较

	仲裁调解	仲裁和解
参加者	在仲裁庭主持下达成调解协议	无需仲裁庭主持，双方自愿达成
结案方式	调解达成协议的，仲裁庭应当制作调解书或者根据调解协议的内容制作裁决书	当事人达成和解协议的，可以请求仲裁庭根据和解协议制作裁决书，也可以撤回仲裁申请
反悔	仲裁调解书经双方当事人签收后发生法律效力，当事人达成调解协议后反悔的可以拒绝签收调解书，仲裁庭根据审理作出裁决	当事人达成和解协议撤回仲裁申请后反悔的，可以根据原仲裁协议申请仲裁

（四）仲裁裁决

1.仲裁裁决的作出方式。

（1）仲裁裁决应当按照多数仲裁员的意见作出，少数仲裁员的不同意见可以记入笔录。按多数仲裁员的意见作出仲裁裁决是裁决的一项基本原则。

（2）仲裁庭不能形成多数意见时，裁决应当按照首席仲裁员的意见作出。

【注意】诉讼中合议庭形不成多数意见时，报审判委员会决定；仲裁中合议庭形不成多数意见时，以首席仲裁员意见为准。

2.仲裁裁决的内容。

（1）仲裁裁决书应当写明仲裁请求、争议事实、裁决理由、裁决结果、仲裁费用的负担和裁决日期。

（2）当事人协议不愿写明争议事实和裁决理由的，可以不写。

例：吉林市甲公司与长春市乙公司发生服装买卖合同纠纷，由北京仲裁委员会进行仲裁，双方当事人约定并请求仲裁庭在裁决书中不要写明下列事项：争议事实；裁决理由。（03年·卷三·65题）

3.裁决书的签名。

对裁决持不同意见的仲裁员，可以在裁决书上签名，也可以不签名。

4.仲裁裁决的生效。

仲裁裁决书自作出之日起发生法律效力。当事人不得就已经裁决的事项再行申请仲裁，也不得就此提起诉讼；仲裁机构不得随意变更已生效的仲裁裁决；其他任何机关或个人均不得变更仲裁裁决；仲裁裁决具有执行力。

判断：

1.当事人可以请求仲裁庭根据双方的和解协议作出裁决。（√）（06年·卷三·85题）

2.仲裁庭可以根据双方当事人达成的调解协议作出裁决。（√）（06年·卷三·85题）

3.仲裁裁决应当根据仲裁庭多数仲裁员的意见作出，形不成多数意见的，由仲裁委员会讨论决定。（×）（06年·卷三·85题）

分析：仲裁庭不能形成多数意见时，裁决应当按照首席仲裁员的意见作出。

4.仲裁裁决一经作出立即发生法律效力。（√）（06年·卷三·85题）

5.仲裁裁决的补正。

当事人自收到裁决书30日内可以请求仲裁庭补正，仲裁庭也可以自行补正。仲裁庭对裁决书的补正，限于以下三项：（1）仲裁裁决书中的文字错误；（2）仲裁裁决书中的计算错误；（3）已经裁决但在仲裁裁决书中被遗漏的事项。

例：根据《仲裁法》，仲裁庭作出的裁决书生效后，裁决书认定的事实错误，仲裁庭不可进行补正。（11年·卷三·50题）

六、仲裁时效

（一）仲裁时效的法律适用

法律对仲裁时效有规定的，适用该规定；

法律对仲裁时效没有规定的，适用诉讼时效的规定。

（二）仲裁时效期间的起算

自知道或应当知道权利被侵害时开始计算。仲裁时效期间的最后6个月内，当事人因不可抗力或者其他障碍不能行使请求权的，仲裁时效中止。从中止时效的原因消除之日起，仲裁时效期间继续计算。

专题二十　仲裁裁决的撤销与不予执行

命题点拨

本专题的重点内容有：申请撤销仲裁裁决的条件和理由、法院对撤销仲裁裁决申请的处理及法律后果、仲裁裁决不予执行的事由、仲裁裁决撤销和不予执行的区别。

知识体系图

```
                          ┌─ 主体 ── 双方当事人
                          ├─ 时间 ── 6个月内
                          ├─ 情形★ ── 7种
                   ┌─ 撤销 ┤                ┌─ 撤销
                   │      ├─ 结果★★ ───────┤ 指令重新仲裁
                   │      │                └─ 驳回申请
                   │      │                ┌─ 另诉
                   │      └─ 效力★★ ───────┤
仲裁裁决 ──────────┤                        └─ 另达成仲裁协议
                   │      ┌─ 主体 ── 被申请执行人
                   │      ├─ 时间 ── 申请执行后
                   │      ├─ 情形★ ── 7种：同撤销情形
                   └─ 不予执行 ┤          ┌─ 不予执行
                          ├─ 结果★ ──────┤
                          │              └─ 驳回申请
                          │              ┌─ 另诉
                          └─ 效力★★ ─────┤
                                         └─ 另达成仲裁协议
```

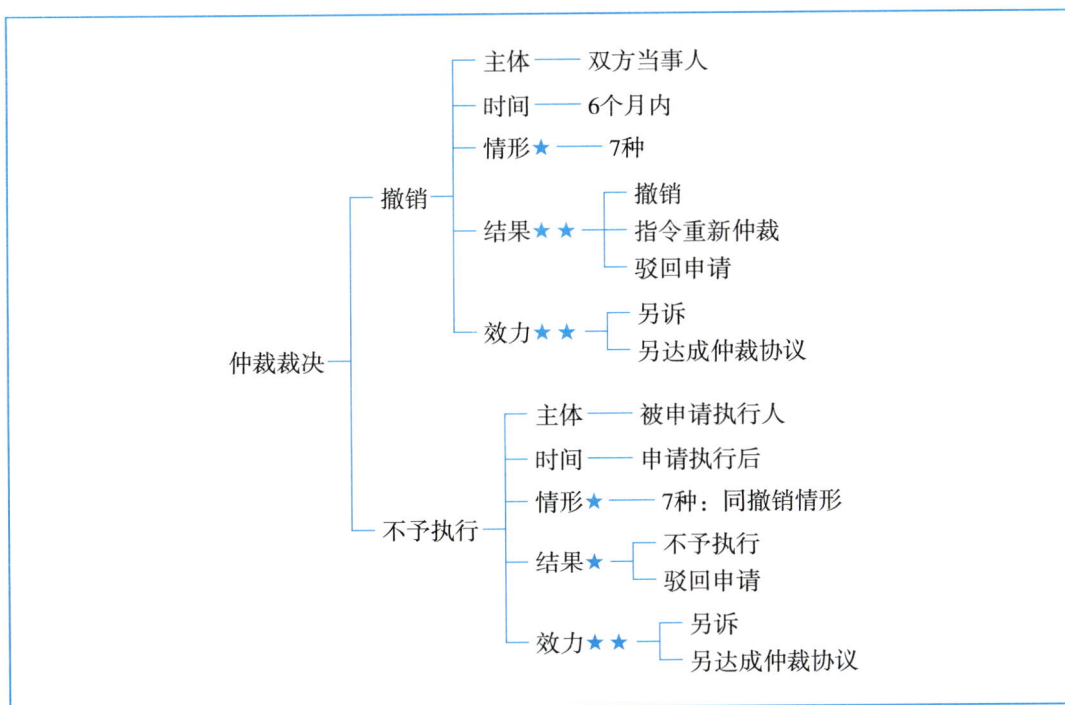

一、撤销与不予执行仲裁裁决的相同点

1.都是司法对仲裁的监督。

2.仲裁裁决被撤销或不予执行后，都可以起诉或另行达成仲裁协议。

二、撤销与不予执行仲裁裁决的区别

	撤销仲裁裁决	不予执行仲裁裁决
提出请求的当事人	任何一方当事人。	被申请执行人、案外人。
提出请求的期限	收到仲裁裁决书之日起6个月内。	15日。
管辖法院	仲裁委员会所在地中级人民法院。	受理申请执行人申请的法院：被执行人住所地或者被执行的财产所在地的中级人民法院。
法定情形	（1）没有仲裁协议。 （2）仲裁的事项不属于仲裁协议的范围或者仲裁委员会无权仲裁。 （3）仲裁庭的组成或者仲裁的程序违反法定程序。 （4）仲裁裁决所依据的证据是伪造的。 （5）对方当事人隐瞒了足以影响公正裁决的证据。 （6）仲裁员在仲裁该案时有索贿受贿、徇私舞弊、枉法裁决的行为。 （7）仲裁裁决违背了社会公共利益。 注：涉外仲裁中无4、5、6项。	（1）当事人在合同中没有仲裁条款或事后没有达成书面仲裁协议的。 （2）裁决的事项不属于仲裁协议的范围或者仲裁机构无权仲裁的。 （3）仲裁庭的组成或者仲裁的程序违反法定程序的。 （4）仲裁裁决所依据的证据是伪造的。 （5）对方当事人隐瞒了足以影响公正裁决的证据的。 （6）仲裁员在仲裁该案时有贪污受贿、徇私舞弊、枉法裁决行为的。 （7）仲裁裁决违背了社会公共利益。 注：涉外仲裁中无4、5、6项。
处理程序	自收到申请之日起2个月内作出裁定： （1）撤销裁决。 （2）驳回申请。 （3）通知仲裁庭在一定期限内重新仲裁，并裁定中止撤销程序。 ①情形：仲裁裁决所依据的证据是伪造的；对方当事人隐瞒了足以影响公正裁决的证据。 ②法院应当在通知中说明要求重新仲裁的具体理由。 ③仲裁庭在人民法院指定的期限内开始重新仲裁的，人民法院应当裁定终结撤销程序；未开始重新仲裁的，人民法院应当裁定恢复撤销程序。	（1）自收到申请之日起2个月内作出裁定。 （2）法院不可以要求仲裁庭重新仲裁。 （3）不予支持的几种情况： ①"一事不再理"：当事人向人民法院申请撤销仲裁裁决被驳回后，又在执行程序中以相同理由提出不予执行抗辩的，人民法院不予支持。 ②当事人在仲裁程序中未对仲裁协议的效力提出异议，在仲裁裁决作出后以仲裁协议无效为由主张撤销仲裁裁决或者提出不予执行抗辩的，人民法院不予支持。 当事人在仲裁程序中对仲裁协议的效力提出异议，在仲裁裁决作出后又以此为由主张撤销仲裁裁决或者提出不予执行抗辩，经审查符合《仲裁法》第58条或者《民事诉讼法》规定的，人民法院应予支持。 ③当事人请求不予执行仲裁调解书或者根据当事人之间的和解协议、调解协议作出的仲裁裁决书的，人民法院不予支持。 （4）申请以一次为限，多个事由应一并提出。

	撤销仲裁裁决	不予执行仲裁裁决
审核报核程序	（1）情形：高级人民法院以违背社会公共利益为由拟同意中级人民法院或者专门人民法院认定仲裁协议无效，不予执行或者撤销我国内地仲裁机构的仲裁裁决。 （2）程序：由高级人民法院审核的案件，高级人民法院应当在作出审核意见之日起15日内向最高人民法院报备。向最高人民法院报核，待最高人民法院审核后，方可依最高人民法院的审核意见作出裁定。	
法律后果	当事人可以重新达成仲裁协议，并根据该协议申请仲裁，也可以向人民法院起诉。	

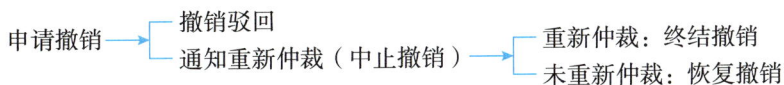

申请撤销 ──→ 撤销驳回
　　　　　　通知重新仲裁（中止撤销）──→ 重新仲裁：终结撤销
　　　　　　　　　　　　　　　　　　　　未重新仲裁：恢复撤销

例1： 甲公司因与乙公司的合同纠纷申请仲裁，要求解除合同。某仲裁委员会经审理裁决解除双方合同，还裁决乙公司赔偿甲公司损失6万元。因仲裁裁决超出了当事人的请求范围，乙公司可申请撤销超出甲公司请求部分的裁决，也可申请不予执行超出甲公司请求部分的仲裁裁决，但不得向法院另行起诉或申请再审。（10年·卷三·86题）

例2： 某仲裁委员会仲裁某一合同争议案件时，根据甲、乙双方当事人的意愿首先进行了调解并达成调解协议，甲方愿意赔偿乙方经济损失1万元，仲裁庭根据调解协议制作了裁决书。仲裁庭制作完成裁决书后，该裁决书即发生法律效力。（08年四川·卷三·34题）

例3： 某仲裁机构对甲公司与乙公司之间的合同纠纷进行裁决后，乙公司不履行仲裁裁决。甲公司向法院申请强制执行，乙公司申请法院裁定不予执行。经审查，法院认为乙公司的申请理由成立，裁定不予执行该仲裁裁决。对此，甲公司与乙公司可以重新达成仲裁协议申请仲裁。（05年·卷三·49题）

三、仲裁法律文书申请撤销、不予执行的区别

	撤销	不予执行
调解书	不能	不能（违背公共利益除外；案外人可以）
根据和解协议制作的裁决书	可以	不能（违背公共利益除外）
根据调解协议制作的裁决书	可以	不能（违背公共利益除外）
仲裁庭依决定作出的裁决书	可以	可以

例1： 张某根据与刘某达成的仲裁协议，向某仲裁委员会申请仲裁。在仲裁审理中，双方达成和解协议并申请依和解协议作出裁决。裁决作出后，刘某拒不履行其义务，张某向法院申请强制执行，而刘某则向法院申请裁定不予执行该仲裁裁决。当事人请求不予执行仲裁调解书或者根据当事人之间的和解协议作出的仲裁裁决书的，人民法院不予支持。所以法院应继续执行，不予审查是否具有不予执行仲裁裁决的情形。（07年·卷三·49题）

例2：甲市L区居民叶某购买了住所在乙市M区的大亿公司开发的位于丙市N区的商品房一套，合同中约定双方因履行合同发生争议可以向位于丙市的仲裁委员会（丙市仅有一家仲裁机构）申请仲裁。因大亿公司迟迟未按合同约定交付房屋，叶某向仲裁委员会申请仲裁。大亿公司以仲裁机构约定不明，向仲裁委员会申请确认仲裁协议无效。经审查，仲裁委员会作出了仲裁协议有效的决定。在第一次仲裁开庭时，大亿公司声称其又向丙市中级法院请求确认仲裁协议无效，申请仲裁庭中止案件审理。在仲裁过程中，仲裁庭组织调解，双方达成了调解协议，仲裁庭根据协议内容制作了裁决书。后因大亿公司不按调解协议履行义务，叶某向法院申请强制执行，而大亿公司则以调解协议内容超出仲裁请求为由，向法院申请不予执行仲裁裁决。

（1）大亿公司向丙市中级法院请求确认仲裁协议无效，对此，丙市中级法院不予受理，仲裁庭应继续开庭审理。大亿公司向丙市中级法院请求确认仲裁协议无效前，已向仲裁委员会要求确认仲裁协议的效力，仲裁委员会已经作出决定，此后再向法院要求确认，法院应当不予受理，而不是受理并审查。（16年·卷三·98题）

（2）双方当事人在仲裁过程中达成调解协议，仲裁庭根据调解协议制作调解书或裁决书。（16年·卷三·99题）

（3）大亿公司以调解协议超出仲裁请求范围请求法院不予执行仲裁裁决，法院应该不支持，继续执行。（16年·卷三·100题）

经典考题： 甲市乙县的A和甲市丙县的B签订了房屋租赁合同，B将丁县的房子租给A，因为A不交租金，B依法向仲裁委员会申请仲裁，仲裁裁决作出后，A向中级法院申请撤销仲裁裁决，法院作出了撤销仲裁裁决的裁定，此时B应当如何救济自己的权利？（2020年仿真题，单选）①

A.向丁县法院起诉

B.向仲裁委员会申请仲裁

C.向中级法院申诉，中级法院院长提交审委会决定对该裁定再审

D.向省检察院提请抗诉

---

① 【答案】A

【考点】不动产专属管辖、仲裁裁决的撤销

【解析】仲裁裁决被撤销或者不予执行的，当事人之间可以重新达成仲裁协议申请仲裁，或者向法院起诉。《民事诉讼法》规定，因不动产纠纷提起的诉讼，由不动产所在地人民法院管辖。《民诉解释》第28条规定，不动产纠纷是指因不动产的权利确认、分割、相邻关系等引起的物权纠纷。农村土地承包经营合同纠纷、房屋租赁合同纠纷、建设工程施工合同纠纷、政策性房屋买卖合同纠纷，按照不动产纠纷确定管辖。由此可知，B可以向丁县法院起诉，主张支付租金。故A选项正确，BCD选项错误。综上所述，本题答案为A。